An

CW00447010

Annerose Buscha / Kirsten Friedrich

Deutsches Übungsbuch

Übungen zum Wortschatz
der deutschen Sprache

LANGENSCHEIDT · VERLAG ENZYKLOPÄDIE
Leipzig · Berlin · München · Wien · Zürich · New York

Unter Mitarbeit von Knuth Noke und Ines Timtschenko

Illustrationen: Tamás Bajor
Janus G. Jauch

Auflage:	5.	4.	3.	2.	1.	Letzte Zahl
Jahr:	2000	1999	98	97	96	maßgeblich

© 1996 Langenscheidt · Verlag Enzyklopädie Leipzig, Berlin, München
Druck: Druckhaus Langenscheidt, Berlin-Schöneberg
Printed in Germany
ISBN 3-324-00703-8

Vorwort

Mit der vorliegenden Neubearbeitung des *Deutschen Übungsbuchs*, das seit 1967 in 16 Auflagen erschien und in wesentlichen Teilen dem Pattern-Drill verpflichtet war, wurde dem Werk eine neue Gestalt verliehen. Die Übungsthematik wurde gestrafft. Beibehalten wurden nur Wortbildung und Wortschatz von Verb, Substantiv und Adjektiv, d. h. die Regularitäten der Wortbildung (z. B. Komposition, Präfigierung und Suffigierung) und des Wortschatzes (z. B. Synonymie und Antonymie). Diese trotz aller theoretischen Abgrenzungsschwierigkeiten getroffene Einteilung fand die Zustimmung unserer Deutsch unterrichtenden Kollegen in aller Welt, wo das Buch zum Kanon der Lehrwerke für die Mittelstufe an Gymnasien und Universitäten gehört.

Man wird viel Vertrautes wiederfinden, anderes wird man als neu begrüßen. So wurden von vielen Nutzern Regelangaben zur Wortbildung und zum Gebrauch von Wörtern gewünscht. Wir wissen, daß das Wortbildungssystem des Deutschen defektiv ist und daß sich der Wortgebrauch nur begrenzt mit Kollokationen beschreiben läßt. Dennoch haben wir, wo es uns möglich schien, den Übungen bzw. Übungskomplexen Erklärungen vorangestellt, die sich am *Großwörterbuch Deutsch als Fremdsprache* (LANGENSCHEIDT 1993) orientieren, um allen eine bewährte und leicht zugängliche Hilfe an die Hand zu geben.

Zugleich haben wir uns bemüht, den von uns nach wie vor als nützlich angesehenen Pattern-Drill mit thematisch und situativ gebundenen Übungen zu verbinden, diese vielfältig zu gestalten, Humor und Unterhaltsames einzubeziehen, um den Lernstoff locker und attraktiv darzubieten.

Das Buch hat das Ziel, im curricularen Unterricht oder im Selbststudium die Voraussetzungen zur eigentlichen **Sprachverwendung** zu schaffen. Dem dienen auch die in die Übungskomplexe integrierten authentischen Texte, wie Anekdoten, Gedichte, Rätsel, Sprichwörter und Witze.

Unser Dank gilt vor allem unseren ausländischen Studenten und Kollegen, die uns zahlreiche Anregungen zur Überarbeitung des Buches gaben. Dank auch unseren Mitarbeitern Manuela Beisswenger, Knuth Noke und Ines Timtschenko sowie Joachim Buscha, der uns bei der Endredaktion mit Rat und Tat zur Seite stand.

Die Autoren

Inhalt

Sachverzeichnis

I. VERB

II. SUBSTANTIV

III. ADJEKTIV

1. Präfixe
    Verneinung 268, 269, 270

2. Suffixe
    -al/-ell 271, 272; *-bar/-lich/-sam* 273, 274, 275; *-er/-isch* 276; *-e(r)n/-ig* 277; *-gemäß/-mäßig* 278, 279; *-haft/-lich* 280; *-ig* 281; *-ig/-lich* 282, 283; *-ig/-lich/-isch* 284; substantivierte Adjektive und Partizipien 285, 286, 287

3. Komposita
    -arm/-reich 288, 289; *-fähig* 290; *-frei/-los* 291, 292; *-voll* 293; adjektivisches Zweitglied 294; Numerale als Zweitglied 295; substantivisches Zweitglied 296, 297, 298

4. Synonyme

4.1. Synonympaare
    eng/schmal 299; *fest/hart* 300; *genau/pünktlich* 301; *scharf/spitz* 302; *schräg/schief* 303

4.2. Synonymgruppen
    Geschmack 304; Stimmung und Charakter 305, 306; Fabel 307; Parfüm-Werbung 308; Farben und Stoffe 309

5. Antonyme
    Beschreibung und Charakterisierung von Personen 310, 311; Restaurantbesuch 312; Widerspruch 313; Lebensmittel 314; Landschaftsbeschreibung 315; Antonyme und Synonyme 316; Ortsnamen 317; Verneinung 318; Ausdruck von Gleichheit 319; Sprichwörter 320

Übungsteil

I. Verb

1. Untrennbare Präfixe

Untrennbare Präfixe sind *be-, ent-, er-, ver-, zer-*.

---

be-

Die Verben dieser Gruppe sind transitive Verben und bilden das Perfekt mit *haben*. Oft erfolgt eine Bedeutungsnuancierung zum Basisverb, z.B. eine Betonung des Resultats, eine Intensivierung oder der Ausdruck des vollständigen Erfaßtseins durch eine Tätigkeit.

Ersetzen Sie das Verb mit *be-* durch das Basisverb + Präposition *auf* + Dativ/Akkusativ.

1. Du hast das Verkehrsschild nicht *beachtet*.
2. Als Radfahrer darfst du die Schnellstraße nicht *befahren*.
3. Am Nachmittag wollen wir bei der schönen Sicht den Rathausturm *besteigen*.
4. Die Maschine *befliegt* regelmäßig die Strecke Berlin – Peking.
5. Du mußt Peters Brief bald *beantworten*.
6. Die Bauern *bearbeiten* die Felder.

Warum formt man den folgenden Satz auf Schildern in Grünanlagen nicht um?

Den Rasen zu betreten ist *verboten*.

Setzen Sie das Basisverb mit der richtigen Präposition ein.

1. Ich *bezweifle* die Richtigkeit seiner These.
2. Man soll nicht etwas *beurteilen*, was man nicht genau kennt.
3. Mein Bruder *bewohnt* ein Einfamilienhaus.
4. Der junge Boxer hat alle seine Gegner *besiegt*.

5. In der Sitzung hat man zuerst organisatorische Fragen *besprochen*.
6. Das Stadttheater *bespielt* auch die umliegenden Gemeinden.
7. Die Bevölkerung *betrauert* die Opfer der Explosionskatastrophe.
8. Die moderne Medizin *bekämpft* die Tuberkulose mit den verschiedensten Mitteln.
9. Jahrhundertelang *beherrschten* die Römer das ganze Mittelmeer.

3 **Bilden Sie Sätze nach dem Muster:**

> **decken/bedecken (Gärtner, Strohmatten, Frühbeete)**
> → **Der Gärtner deckt Strohmatten *auf* die Frühbeete.**
> → **Der Gärtner *be*deckt die Frühbeete mit Strohmatten.**

1. laden/beladen (Arbeiter, schwere Kisten, Wagen)
2. säen/besäen (Kleingärtner, Möhren, Beet)
3. streichen/bestreichen (Mutter, Butter, Brot)
4. streuen/bestreuen (Konditor, Zucker, Kuchen)
5. gießen/begießen (Hausfrau, Wasser, Blumen)
6. malen/bemalen (Künstler, lustige Tierfiguren, Wände des Klassenraumes)
7. kleben/bekleben (Schüler, Buntpapier, leere Streichholzschachteln)
8. werfen/bewerfen (Demonstranten, Tomaten, Rednertribüne)

Welche gemeinsame Bedeutung haben die obigen Verben mit *be-*?

a) Hier besteigt jemand das Dach. Mit Verb und Präposition hat der Satz eine andere Bedeutung. Welche?

b) Da bemalt einer die Wand mit einem Teufelsbild. Wie heißt die bildhafte Wendung mit der Präposition? Was bedeutet sie?

Und noch ein Beispiel für die Beliebtheit des Präfixes *be-* bei den Verben:

Klein-Erna hat verschlafen und geht ungewaschen in die Schule. Das fällt dem Lehrer unangenehm auf, und er schickt sie nach Hause zum Waschen. Klein-Ernas Mutter bringt ihre Tochter empört in die Schule zurück und sagt zum Lehrer: „Sie sollen meine Tochter belehren und nicht beriechen!"

Verwenden Sie anstelle des Funktionsverbgefüges ein Verb mit *be-*.

4

Sicherheit geht über alles

1. Wenn Sie versichert sind, können Sie bei einem Unfall *Anspruch* auf Schadenersatz *erheben*. 2. Sie müssen bei der Versicherung einen *Antrag* auf Auszahlung des Geldes *stellen*. 3. Der Versicherungsagent *hegte Zweifel* an der Richtigkeit meiner Angaben. 4. Aber schließlich *erteilte* er der Bank den *Auftrag*, das Geld an mich auszuzahlen. 5. Er sagte mir, es sollte keinem Versicherungskunden ein *Nachteil zugefügt* werden. 6. Allerdings betonte er, seine Firma *führe* einen *Kampf* gegen Versicherungsbetrüger.

Können Sie sich erklären, warum die Verben mit *be-* in der Gegenwartssprache ständig zunehmen?

---

ent-

Viele intransitive Verben mit *ent-* treten in lokaler Bedeutung auf. Das Dativobjekt bezeichnet dabei den Ausgangspunkt einer Bewegung.

Bilden Sie Sätze im Perfekt.

5

1. entströmen (Luft, Behälter)
2. entlaufen (Hund, Nachbar)
3. entsteigen (Minister, Wagen)
4. entgleiten (Vase, ihre Hände)
5. entkommen (Häftling, Gefängnis)
6. entschlüpfen (Tier, meine Hände)

Transitive Verben mit *ent-* mit lokaler Bedeutung bezeichnen die Entfernung des Objekts.

Ersetzen Sie die Verben durch folgende Synonyme mit *ent-*:

entladen – entleihen – entsenden – entwenden – entziehen

1. eine Uhr stehlen
2. ein Buch borgen

3. einem Autofahrer den Führerschein wegnehmen
4. das Gepäck aus dem Bus heben
5. einen Beobachter zu einer Tagung schicken

> Verben mit *ent-* können den Gegensatz einer Handlung ausdrücken.

7 **Setzen Sie die Antonyme ein.**

1. Zur Erhöhung der Fruchtbarkeit muß der Boden *entwässert* werden.
2. Durch das Gerät wird der Fernsehempfang *entstört.*
3. Das Wasser wird durch Chemikalien *entgiftet.*
4. In der Reinigungsanstalt werden auch Kleidungsstücke *entfärbt.*
5. Der Notar *entsiegelte* den Brief.
6. Die Lage im Grenzgebiet hat sich *entschärft.*
7. Durch die letzten Ereignisse ist die Lage *entspannt.*
8. Die Soldaten wurden *entwaffnet.*
9. Er hat mich mit seinen Worten *entmutigt.*
10. Der Sportschütze *entsicherte* seine Pistole.
11. Der Verteidiger *entkräftete* die Worte des Zeugen.
12. Durch den Zeugen wurde der Angeklagte *entlastet.*

Können Sie das entwirren?
Wieviel Knoten hat diese Schnur?

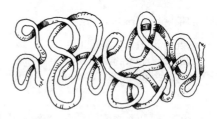

> **er-**

> Verben mit dem Präfix *er-* haben entweder eine adjektivische oder eine verbale Basis.
> Verben mit einer adjektivischen Basis bezeichnen
> a) das Eintreten eines Zustands (des Subjekts)
> b) das Herbeiführen eines Zustands (des Objekts durch das Subjekt)

Entscheiden Sie, ob die Umformung nach a) oder b) möglich ist.

    a)   Ich *erwach*e morgens immer um die gleiche Zeit.

    → Ich werde immer um die gleiche Zeit wach.

    b)   Nur ein starker Kaffee *ermuntert* mich.

    → Nur ein starker Kaffee macht mich munter.

1. Meine Finger sind in der Kälte völlig *erstarrt*.
2. Deine neue Heizung *erwärmt* das Zimmer rasch.
3. Diese Lampe *erhellt* das Zimmer bis in alle Winkel.
4. Peter ist durch einen Unfall *erblindet*.
5. Sein Haar ist in einer einzigen Nacht *ergraut*.
6. Ein Computer *erleichtert* die Arbeit.
7. Die ständige Konzentration *ermüdet* ihn.
8. Die neue Software *ermöglicht* uns die Herstellung eines Lehrbuchs.
9. Peters Arbeitseifer *erlahmt* niemals.

Verben mit dem Präfix *er-* können folgende Bedeutungen haben:
a)   Erreichen eines Ortes
b)   Resultat einer (geistigen) Tätigkeit
c)   Töten
d)   plötzlicher Beginn

(a)   Wie ordnen Sie die Verben zu?

1. Eines Morgens *erschlug* das tapfere Schneiderlein sieben Fliegen auf einen Streich. 2. Dann wollte er in die Welt und *erstieg* einen hohen Berg. 3. Da *ertönte* plötzlich die schreckliche Stimme eines Riesen, der ihn *erledigen* wollte. 4. Der Schneider *erfaßte* sehr schnell die Situation und *errang* den Sieg durch eine List. 5. Bald *erreichte* er den Königshof. 6. Der König sprach: „Du kannst das halbe Königreich *erlangen* und meine Tochter dazu, wenn du das böse Einhorn *erlegst*." 7. Als das Einhorn hilflos in einem Baumstamm steckte, *erbebte* von seinem Toben der ganze Wald. 8. Danach sollte der arme Schneider noch ein schreckliches Wildschwein *erstechen*. 9. Er *erdachte* wieder eine List und lockte das Wildschwein in eine Kapelle, wo es dann die Jäger *erschossen*. 10. Da mußte der König sein Versprechen *erfüllen*, und der Schneider und die Prinzessin *erstrahlten* vor Glück, als endlich die Hochzeitsglocken *erklangen*.

(b)   Welche Bedeutung hat das Präfix _er-_ in der folgenden Anekdote?

Der deutsche Physiker Otto Lummer ließ in seine Vorlesungen immer auch seine reichen Lebenserfahrungen einfließen. So sagte er einmal zu seinen Studenten: „Ihr lebt, aber ihr _erlebt_ nichts; ihr fahrt, aber ihr _erfahrt_ nichts; ihr kennt so viel, aber ihr _erkennt_ nichts!"

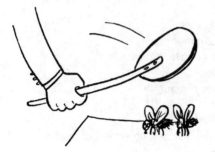

Wenn Sie denken, daß hier bloß zwei Fliegen erschlagen werden, irren Sie. Die bildhafte Wendung bedeutet etwas anderes. Wissen Sie, was?

Verben auf _er-_ finden wir in folgenden Sprichwörtern und Redensarten:

10   **(a)   Können Sie die Sprichwörter vervollständigen?**

1.   Die Axt im Haus er... den Zimmermann.
2.   Krieg zerstört, Friede er...
3.   Liebe kann man nicht er...
4.   Nichts ist schwerer zu er... als eine Reihe von guten Tagen.

(b)   Welche Bedeutung haben die folgenden Redensarten?

1.   Rom ist auch nicht an einem Tag erbaut worden.
2.   Kleine Geschenke erhalten die Freundschaft.
3.   Was nicht verboten ist, das ist erlaubt.
4.   Was man nicht erringen kann, das muß man erwarten.

In welcher Situation kann man die obigen Redensarten gebrauchen?

Hier ist jemand sehr erleichtert. Wissen Sie, warum?

ver-

Das Präfix *ver-* verleiht den Basisverben vielfältige Bedeutungsnuancierungen. Es kann z.B. bezeichnen, daß etw. verbunden, verbraucht, verändert, befestigt oder auch falsch gemacht wird. Außerdem gibt es auch Verben mit übertragener Bedeutung.

Zuerst betrachten wir Verben des Verbindens oder des Verbrauchens von Stoffen am Beispiel der Herstellung von Pelmeni (Ravioli). Vervollständigen Sie das Rezept mit Hilfe der gegebenen Verben. **11**

verarbeiten – verkleben – verkneten – verkochen – vermischen – verquirlen – verrühren – verspeisen – verstreichen

1. Zuerst ... wir ein Ei mit etwas Salz und fügen 250 g Mehl hinzu. 2. Alle Zutaten ... wir zu einem festen Teig, den wir ausrollen und aus dem wir dann mit einem Glas Teigblättchen ausstechen. 3. Wir ... 250 g Rindshack und 250 g Schweinehack. 4. Wir .... das Gehackte mit Salz, Pfeffer, einem Ei und ein bis zwei Zwiebeln zu einer glatten Masse. 5. Mit einem Teelöffel ... wir die Hackmasse auf die Teigblättchen. 6. Wir ... ein Eiweiß. 7. Damit bestreichen wir die Ränder der Teigblättchen, schlagen sie übereinander und ... sie durch Zusammendrücken. 8. Wir lassen die Pelmeni 10 Minuten in Fleischbrühe ziehen, aber sie dürfen nicht ... 9. Je nach Geschmack kann man die Pelmeni mit saurer Sahne oder gebräunter Butter ...

Verben mit dem Präfix *ver-* können ausdrücken, daß
a)   etw. sich geändert hat
b)   eine Handlung falsch ist

Welcher Gruppe ordnen Sie das *ver*-Verb zu? **12**

1. Wenn Sie nicht Frau Müller sind, dann habe ich mich wohl *verwählt*. 2. Ach, Anke, du bist es, deine Stimme klingt ja so *verändert*. 3. Ich bin hier in einer Telefonzelle und habe mich total *verfahren*. 4. Peter hat mir die Umleitung erklärt – aber er hat wieder alles *verdreht*. 5. Ich wollte schon früher hier sein – aber ich habe mich in der Entfernung *verschätzt*. 6. Durch die

Baustellen sieht das Wohnviertel so *verwandelt* aus. 7. Im Stau habe ich nun auch noch mein Auto *verbeult.* 8. Hoffentlich finde ich deine neue Wohnung und *verlaufe* mich nicht auch noch.

Können Sie die sprachliche Pointe in folgendem Aphorismus von Karl Kraus erklären?

Ich war selten verliebt,
oft verhaßt.

13 Verb mit dem Präfix *ver-* oder einfaches Verb?

1. Nach dem Sturm war die Straße durch um-
   gestürzte Bäume ...
2. Noch immer ist die Straße wegen der Bauarbeiten ...

sperren
versperren

3. Der Lärm war so störend, daß wir das Fenster zur Straße ... mußten.
4. Wegen der Neugier der Kinder mußte die
   Mutter den Schrank mit den Weihnachtsge-
   schenken ...

schließen
verschließen

5. Der Verteidungsetat soll in nächster Zeit um
   5% ... werden.
6. Die Gewerkschaft hat durchgesetzt, daß die
   Arbeitszeit um zwei Stunden ... wird.

kürzen
verkürzen

7. Die Synonymübungen sollen das Sprachge-
   fühl für die lexikalische Differenzierung ...
8. Die Prüfungsbestimmungen für das Ab-
   schlußexamen sind ... worden.

schärfen
verschärfen

9. Das „Sehr gut" in der Deutschprüfung hat ihr
   Selbstvertrauen ...
10. Er muß seine Anstrengungen noch sehr ...,
    um zu einem ähnlichen Ergebnis zu kom-
    men.

stärken
verstärken

11. Eisen wird durch schnelle Abkühlung ...
12. Die Unglücksfälle haben seinen Charakter ...

härten
verhärten

Dieser Mann verschafft sich einen Vorteil. Inwiefern?

zer-

Intransitiv gebrauchte Verben mit dem Präfix *zer-* bezeichnen verschiedene Arten der Zerstörung (des Subjekts), transitiv gebrauchte Verben mit dem Präfix *zer-* bezeichnen das Herbeiführen verschiedener Arten der Zerstörung (eines Objekts durch ein Subjekt).

Welches Verb paßt in die Lücke?

14

zerkochen – zerkrümeln – zerlaufen – zerplatzen – zerrinnen – zerschmelzen – zerspringen

Viel Pech auf einmal!

1. Schon vor dem Frühstück fiel mir eine Porzellanschüssel herunter und ... 2. Der Kühlschrank hatte über Nacht offen gestanden, die Butter war ... und das Eis ... 3. Als ich die Stehlampe einschaltete, ... die Glühbirne mit einem Knall. 4. Beim Essenmachen stellte ich den Kurzzeitwecker falsch ein, und das Gemüse und die Kartoffeln ... 5. Die Kekse, die ich mir nahm, waren zu alt und ... in der Hand. 6. So ... allmählich meine Hoffnung auf einen ruhigen Sonntag.

Wählen Sie das passende Verb aus der Liste.

15

zerbrechen – zerfetzen – zerfressen – zerreißen – zerschneiden

Nervenzerfetzend!

1. Antje ist wieder auf den Apfelbaum geklettert und hat die neuen Jeans ... 2. Georg hat in der Zwischenzeit ihr neues Pferdebuch mit der Bastelschere ... 3. Da hat sie vor Wut sein Bilderbuch ... 4. Bei dem Lärm ist der Wellensittich ängstlich auf den Schrank geflattert und hat meine Lieblingsvase ... 5. Unser Dackel schaute ruhig zu und ... solange Omas Hausschuhe. 6. Ich kam gerade nach Hause und hätte sie alle am liebsten in der Luft ... 7. Aber ich ... nur die neueste Ausgabe der Zeitschrift „Glückliches Heim".

2. Trennbare Präfixe

Trennbare Präfixe sind *ab-, an-, auf-, aus-, bei-, ein-, nach-, vor-* und *zu-*.

---

ab-

Verben mit dem Präfix *ab-* können ausdrücken, daß jd./etw.
a) sich fortbewegt
b) fortbewegt wird
c) sich loslöst
d) losgelöst wird

16 **Bilden Sie Sätze im Aktiv oder Passiv.**

1. (Blüte) abfallen
2. (Zug) abfahren
3. (Brief) absenden
4. (Scheibe Brot) abschneiden
5. (Truppen) abziehen
6. (Zweig) abreißen
7. (Bleistiftspitze) abbrechen
8. (Mantelknopf) abgehen
9. (Badewasser) abfließen
10. (Einbrecher) abführen

Verben mit dem Präfix *ab-* können ausdrücken:
a) Nachvollzug
b) Unterbrechung

---

17 **Bilden Sie Sätze mit einem selbstgewählten Subjekt. Ordnen Sie die Verben ihrer Bedeutung nach zu.**

1. abstellen (Motor)
2. abzeichnen (Rembrandt-Bild)
3. absingen (Noten vom Blatt)
4. abdrehen (Wasser)
5. abschalten (elektrischer Strom)
6. abschreiben (Manuskript)

Mit *ab-* kann man die Antonyme zu Verben bilden.

Setzen Sie die Antonyme zu den Verben aus der Liste ein. **18**

(auf)bauen – bestellen – bringen – (an)gewöhnen – raten – (an)schaffen

Fiasko
1. Auf deinen Wunsch habe ich mir das Rauchen ab... 2. Die Fußballzeitung habe ich auch ab... 3. Meine Modelleisenbahn habe ich ab... 4. Selbst meinen geliebten Kanarienvogel habe ich ab... 5. Nun hast du mich von allem ab..., was mir Spaß macht. 6. Am Hochzeitstag sagte meine Mutter ironisch: „... mir gut, aber ... mir nicht ab!"

---

an-

Eine Bedeutungsvariante der Verben mit dem Präfix *an-* ist: eine Handlung auf jdn. richten.

Setzen Sie die Verben aus der Liste sinnvoll ein. **19**

anbrüllen – anlügen – anreden – anrufen – ansprechen – anstarren

Kindererziehung
1. Du sollst die fremden Leute in der Straßenbahn nicht so an... 2. Erwachsene ... man nicht mit dem Vornamen und mit du an. 3. Laß dich nicht von Fremden auf der Straße an... 4. ... nicht dauernd deine Freundin an, auch andere Leute müssen mal telefonieren. 5. ... mich nicht auch noch an, wenn du dauernd so teure Ferngespräche führst. 6. Natürlich ... ich dich an, wenn du mir so auf die Nerven gehst.

Eine weitere Bedeutungsvariante der Verben mit dem Präfix *an-* ist: eine Handlung für kurze Zeit/in geringem Grad ausführen, mit etw. beginnen.

Welches Verb gehört wohin? **20**

anbraten – anfressen – anknabbern – ansägen – anschneiden – ansengen – anstimmen – anzünden

Eine gelungene Geburtstagsfeier
1. Ute durfte ihre Geburtstagstorte selbst ... 2. Die Geburtstagskerzen wollte die Mutter lieber selbst ... 3. Noch bevor alle am Tisch saßen, hatte

Peter seinen Kuchen schon ... 4. Nach dem Geburtstagskaffee haben die Kinder ein Lied ... 5. Der kleine Bruder von Ute hat heimlich ein Stuhlbein ... 6. Inge wollte das Fleisch ... 7. Waldi, der Dackel, hatte die besten Stücke schon ... 8. An der glühenden Holzkohle hatte Peter seinen neuen Pullover ...

21 **Entscheiden Sie, ob das Verb im Perfekt mit *haben* oder mit *sein* verwendet wird.**

1. Der Kraftfahrer war einen Augenblick unkonzentriert und ... einen Lichtmast ... 2. Nach dem Abfahrtssignal ... der Zug langsam ...	*anfahren*
3. Der utopische Film ... gestern im Kino ... 4. Das Schiff ... den Rostocker Hafen ...	*anlaufen*
5. Der Winter ... dieses Jahr sehr zeitig ... 6. Schon vor der ersten Rast ... die Kinder ihren Proviant ...	*anbrechen*
7. Bei dem feuchten Wetter ... die Silvesterraketen nur schwer ... 8. Der Jäger erzählte, daß ihn das Wildschwein ...	*angehen*
9. Die Kinder ... in ihrem Zimmer Plakate ... 10. Beim Kuchenbacken ... der Teig an der Schüssel ...	*ankleben*

> ### *auf-*

Das Präfix *auf-* gehört zu den sehr produktiven Präfixen und hat folgende Bedeutungen:
a) etw. öffnen
b) nach oben oder unten bewegen
c) plötzlicher Beginn
d) eine Handlung zu Ende bringen
e) in Kontakt bringen
f) wiederholte Handlung

Verwenden Sie statt des Verbs *öffnen* ein Verb mit dem Präfix *auf-* und
vermeiden Sie dabei das Verb *machen.*

1. das Buch
2. den Mantel
3. den Regenschirm
4. den Gashahn
5. den Getreidesack   *öffnen*
6. das Geschwür
7. die Geldkassette
8. das Honigglas
9. den Vorhang

...
...
...
...
...
...
...
...
...

Durch Verben mit dem Präfix *auf-* kann bezeichnet werden:
a) Bewegung nach oben
b) Bewegung nach unten

Bilden Sie Sätze im Perfekt.

1. (Rauch) aufsteigen
2. (Rakete) auftreffen
3. (Bewölkung) aufkommen
4. (Meer) aufbrausen
5. (das trotzige Kind) aufstampfen
6. (Ruder des Bootes) aufklatschen
7. (Wildenten) aufflattern
8. (Saat) aufgehen
9. (Flugzeug) aufprallen
10. (Kunstspringer) aufschlagen

Verben mit dem Präfix *auf-* können ausdrücken:
a) plötzlicher Beginn
b) eine Handlung zu Ende bringen

Welcher Bedeutungsvariante ordnen Sie die Verben zu?

Eine gefräßige Familie
1. Jette war gerade dabei, unseren Nachtisch *aufzuteilen.*   2. Unser Hund Waldi *horchte auf.*   3. Peter kam herein und seine Augen *leuchteten auf,* als er die Eisbecher sah.   4. Wir *blickten* kurz *auf* und *aßen* unser Eis *auf.* 5. Peter *lachte* laut *auf,* als er unsere Naschhaftigkeit sah.   6. Als er dann merkte, daß wir alle Süßigkeiten *aufgegessen* und auch seine Zigaretten *aufgeraucht* hatten, sank er *aufstöhnend* in den nächsten Sessel.

a) Da bindet doch einer jemandem einen Bären auf. Was bedeutet das?

b) Hier will einer das Pferd beim Schwanz aufzäumen. Wie verstehen Sie das?

Durch Verben mit dem Präfix *auf-* wird ausgedrückt:
a) etw. in Kontakt bringen
   aufdrucken – aufheften – aufkleben – aufsprühen
b) eine Handlung wiederholen
   aufbacken – auffärben – aufpolstern – aufwärmen

25 Setzen Sie die Verben mit *auf-* an die richtige Stelle.

Allerlei Aufträge
1. Zum Frühstück kannst du dir die Brötchen ... 2. Dann mußt du auf die zerrissene Jacke einen Flicken ... 3. Auch die Urlaubsfotos könntest du ... 4. Meinen Lieblingssessel kannst du zum ... bringen. 5. Nimm auch gleich die Lederjacke mit zum ... 6. Mittags kannst du dir etwas Suppe ... 7. Dann hast du immer noch Zeit, Muster auf den Stoff für die Weihnachtsdecke ... 8. Und weil unsere Garagenwand so leer aussieht, kannst du da noch ein paar Figuren oder Sprüche ...

> ### *aus-*

Verben mit dem Präfix *aus-* können bezeichnen:
a) Richtung nach außen
b) Ende

Bilden Sie Sätze im Perfekt mit dem zweiten Substantiv als Akkusativobjekt. **26**

1. ausdrehen (Peter, Fernseher)
2. ausglühen (Klempner, Metallrohr)
3. ausgraben (Archäologe, antike Skulptur)
4. auslesen (Bruder, Krimi)
5. ausquellen (Mutter, Erbsen)
6. ausrauchen (Großvater, Tabakspfeife)
7. ausräumen (Spedition, Möbel)
8. ausreißen (Gärtner, Unkraut)
9. auswerfen (Fischer, Netze)

Durch Verben mit dem Präfix *aus-* läßt sich ausdrücken:
a)   etw. leer machen
b)   etw. in verschiedene Richtungen transportieren

Suchen Sie sich die Verben aus der Liste. **27**

ausfahren – auslöffeln – auspacken – auspressen – auspumpen – ausräumen – ausschaben – austragen

Arbeitsteilung – oder was?
1. Der Bäcker Jens ... auch bei Schnee und Regen die Brötchen ... 2. Dann bereitet er die Torten vor und ... erst einmal die Zitronen und Orangen ... 3. Sorgfältig ... er die Teigschüsseln ... 4. Indessen sitzt seine Freundin Anna in der Konditorei und ... schon den zweiten Eisbecher ... 5. Sie schaut in den Regen und wartet, daß Mona die Post und die Zeitungen ... 6. Sie langweilt sich und ... erst einmal ihre Handtasche ... 7. Schließlich ... sie auch die neue Bluse ..., um sie Jens zu zeigen. 8. Aber der hat keine Zeit, weil er nach dem Wolkenbruch seinen Keller ... muß.

Welcher Bedeutungsvariante ordnen Sie die jeweiligen Verben zu?

Was paßt zusammen? **28**

1. *ausbügeln*
2. *ausdreschen*
3. *ausdrücken*
4. *auslesen*
5. *auspusten*
6. *ausschalten*
7. *ausstreichen*
8. *austrinken*

Buch, Falten (im Hemd), Getreide, Glas Bier, Kerze, Name (in der Liste), Radio, Zigarette

bei-

Setzen Sie das passende Verb aus der Liste ein.

beifügen – beispringen – beistehen – beisteuern – beistimmen – beitragen – beiwohnen

Gute Besserung!
1. Nach meinem Unfall haben mir alle meine Freunde mit Rat und Tat ... 2. Sie hatten einem Riesenblumenstrauß eine Karte mit Genesungswünschen ... 3. Aber auch in dieser Situation wollten alle unserem üblichen Treffen ... 4. Zu einer gemeinsamen Kaffeetafel bei mir zu Hause sollte jeder etwas ... 5. Ich selbst konnte nur wenig dazu ..., daß es ein schöner Nachmittag wurde. 6. Als ich den Tee eingießen wollte, mußte mir Gabi ..., weil meine Hand noch etwas steif ist. 7. Alle ... am Ende Gabi ..., daß es ein gelungenes Treffen war.

Welchen Bedeutungsvarianten können die Verben zugeordnet werden?
a) Hinzufügen,
b) Dabeisein,
c) Unterstützen?

Können Sie sagen, welche bildhafte Wendung hier gebraucht werden kann?

Ich werde dir immer beistehen und dir auch in schwierigen finanziellen Angelegenheiten helfen.

ein-

Die Verben mit dem Präfix *ein-* können zwei verschiedene Richtungen ausdrücken:
a)   in etw. hinein
b)   um etw. herum

Bilden Sie Sätze im Perfekt. Welche Richtung wird durch das Verb ausgedrückt? 30

1. einfahren (D-Zug, Bahnhof)
2. einfassen (Mauern, Burghof)
3. eingießen (Serviererin, Kaffee)
4. eingrenzen (Gebüsch, Park)
5. einkästeln (Lehrer, Merksatz)
6. einkreisen (Jäger [Pl.], Wild)
7. einlaufen (Fährschiff, Hafen)
8. einlegen (Mutter, Gurken)
9. einschenken (Gastgeber, Wein)
10. einziehen (Familie, neues Haus)

Ein Verb – aber zwei Bedeutungen! Setzen Sie das passende Verb in die 31 **Satzpaare ein.**

eindrücken – einfallen – einschlagen – eintreten – einwerfen

1. Die Fahrgäste müssen das Geld in eine Box ...
2. Der Junge hat beim Ballspielen eine Fensterscheibe ...
3. Die Verzierungen waren mit dem Nagel in die Tongefäße ... worden.
4. Tür und Kotflügel des Autos waren durch den Aufprall völlig ...
5. Zur Rettung des Kindes mußte die Feuerwehr die Tür ...
6. Um das Bild aufzuhängen, hat er einen Nagel ...
7. Die Rakete ist in eine Umlaufbahn um die Erde ...
8. Die Kinder haben die dünne Eisschicht auf den Pfützen ...
9. Die Baracke ist bei dem Erdstoß wie ein Kartenhaus ...
10. Das Sonnenlicht ist von der Seite ...

Entscheiden Sie, welche Verben
a) Richtung bzw.
b) Zerstörung bedeuten.

Bilden Sie Aktiv- oder Passiv-Sätze. 32

1. (Buch) einbinden
2. (Mitgliedsbeiträge) einkassieren
3. (Lebensmittel) einkaufen
4. (Porzellan) einpacken
5. (große Beträge) einnehmen
6. (Wurst und Käse) einwickeln
7. (teures Kleid) einhüllen

Was drückt das Verb aus:
a) Umhüllung oder
b) Erwerb?

Wissen Sie, warum die Verkäuferin das Porzellan in Holzwolle oder Seidenpapier einpackt?
Hilft das etwas gegen jemanden, der sich wie ein Elefant im Porzellanladen benimmt?

nach-

33 Können Sie das passende Substantiv zuordnen? Welche gemeinsame Hauptbedeutung haben die Verben?

1. *nachbohren*
2. *nachfüllen*
3. *nachlegen*
4. *nachschenken*
5. *nachspülen*
6. *nachlösen*
7. *nachsalzen*

Benzin, Geschirr, IC-Zuschlag, Holz oder Kohle, Löcher (in einer Metallplatte), Suppe, Wein

Verben mit dem Präfix *nach-* können ausdrücken:
a) verstärkte Handlung
b) Folgehandlung

34 Wie ordnen Sie die Verben ihren Bedeutungen nach zu?

1. Beim Abschied *winkte* Paul seiner Freundin lange *nach*. 2. Alleingelassen, *dachte* er über ihre Beziehung *nach*. 3. Monatelang war er Heike *nachgelaufen*. 4. Als sie plötzlich verschwunden war, *forschte* er *nach*, wo sie war. 5. Er *schickte* ihr die Briefe, die er täglich geschrieben hatte, *nach*.

6. Er *prüfte* tausendmal *nach,* ob die Adresse stimmte.   7. Vergeblich *grübelte* er *nach,* warum sie nicht antwortete.   8. Schließlich *fuhr* er ihr *nach,* um sie zu fragen.   9. Können Sie Pauls Kummer *nachempfinden?*

---

vor-

Verben mit dem Präfix *vor-* bezeichnen:
a) Bewegung nach vorn
b) vorbereitende Handlung
c) Vorbildhandlung für andere

Bilden Sie Sätze, indem Sie selbst ein passendes Subjekt einsetzen, (bei c) außerdem ein Dativobjekt. **35**

1. vorbeugen – Oberkörper
2. vorbestellen – Hotelzimmer
3. vorheizen – Backröhre
4. vorkochen – für das Fest
5. vormerken – Termin

6. vorspielen – Klavierstück
7. vorstrecken – Hand
8. vorstreichen – Zimmerdecke
9. vorturnen – Bodenübung
10. vorsprechen – schwieriges Wort

Welchen Bedeutungsvarianten ordnen Sie die Verben zu?

Viele Verben mit dem Präfix *vor-* haben übertragene Bedeutung.

Ersetzen Sie die Verben durch ein Synonym aus unserer Liste. **36**

vorfinden – vorgeben – vorhaben – vorherrschen – vorkommen – vorlegen – vorschlagen – vorschreiben

1. Deutlich wahrnehmbare Erdbeben *ereignen sich* in Mitteleuropa nur selten.
2. Im Land Brandenburg *überwiegen* die Kiefernwälder.
3. Für die Rekultivierung der Tagebaue sind bestimmte Termine *festgelegt.*
4. Dem Landtag wurde ein neuer Gesetzesentwurf *unterbreitet.*
5. Das Umweltgesetz *bestimmt* eine ständige Kontrolle der Abwässer.
6. Die Biologiestudenten *planen* eine Exkursion in den ehemaligen Tagebau.

7. Die neu entstandenen Seen werden als Vogelschutzgebiet *empfohlen.*
8. Manches alte sorbische Dorf kann man auf den Landkarten nicht mehr *entdecken.*

| zu- |

Das Präfix *zu-* ist sehr produktiv. Es hat folgende Bedeutungen:
a) geschlossen sein
b) sich in Richtung von jdm./etw. bewegen
c) sich durch eine Geste verständigen
d) jdm. etw. geben
e) zu einer vorhandenen Menge kommt noch etw. hinzu
f) etw. mit besonderer Energie (Intensität) machen

37 **Verwenden Sie statt des Verbs *schließen* ein Verb mit dem Präfix *zu-* und vermeiden Sie dabei das Verb *machen.***

1. den Wasserhahn ⌐ ...
2. das Buch ...
3. das Honigglas ...
4. die Weinflasche ...
5. die Baugrube *schließen* ...
6. die Holzkiste ...
7. den Riß im Kleid ...
8. den Brief ...
9. die Augen in der Sonne ⌐ ...

38 **Entscheiden Sie, ob die Richtungsangabe im reinen Dativ oder mit Präposition *auf* + Akkusativ stehen muß.**

1. zufahren (Wagen, Kreuzung)
2. zufliegen (Hubschrauber, Flugplatz) (Kanarienvogel, unsere Nachbarsfamilie)
3. zugehen (Touristen, Marktplatz)
4. zuspringen (Hund, sein Herr)
5. zuströmen (viele Nebenflüsse, Elbe) (die Zuschauer, Ausgang)
6. zutreiben (das leere Boot, Seeufer) (Krise, Entscheidung)
7. zutreten (Dompteur, Raubtiergruppe)

Verben mit dem Präfix *zu*- können bezeichnen:
a)   sich durch eine Geste verständigen
b)   jdm. etw. geben

Bilden Sie Sätze und ordnen Sie die Verben den Bedeutungsvarianten zu. **39**

1.   zuspielen (Georg, Mittelstürmer, Ball)
2.   zuwinken (Torwart, Mannschaftskapitän)
3.   zulächeln (Antje, ihre Großmutter)
4.   zuteilen (Mutter, jedes Kind, eine Portion Eis)
5.   zustecken (Franz, seine Banknachbarin, Zettel)
6.   zublinzeln (Maria, ihre Freundin)
7.   zunicken (Frau Stein, ihre junge Nachbarin)
8.   zusichern (alle Hausbewohner, neue Mieterin, Hilfe)

Durch Verben mit dem Präfix *zu*- wird bezeichnet:
a)   Intensivierung
b)   Hinzufügung

Wie verteilen Sie die Verben aus unserer Liste? **40**

zugeben – zugießen – zugreifen – zukaufen – zupacken – zuschlagen

Wenn Gäste kommen
1. Wenn du wirklich 30 Gäste eingeladen hast, mußt du noch Teller und Be-
stecke ...   2. Wenn wir mit den Vorbereitungen fertig werden wollen, müssen
alle mit ...   3. Wenn du den Teppich nicht zerklopfen willst, dann darfst du
nicht so heftig ...   4. Wenn deine Erdbeerbowle wirklich schmecken soll,
dann mußt du noch zwei Flaschen Sekt ...   5. Wenn dein Kuchen gelingen
soll, mußt du noch etwas Zucker und Mehl ...   6. Wenn nicht alles übrigblei-
ben soll, müßt ihr kräftig ...

**Wie sind die Verben ihren Bedeu-
tungen nach zuzuordnen?**

Da will einer ganz genau zuhören.
Wie heißt die bildhafte Wendung,
die das ausdrückt?

3. Trennbar-untrennbare Präfixe (doppelförmige Verben)

Die Präfixe *durch-*, *über-*, *um-* und *unter-* sind trennbar und untrennbar. Diese Doppelförmigkeit hängt von der Verbbetonung ab: Wenn das Präfix betont ist, wird es getrennt, wenn das Präfix unbetont ist und das Verb (Stamm oder Suffix) betont ist, wird das Präfix nicht getrennt. Trennung gibt es nur bei Erst- und Zweitstellung des Verbs im Präsens oder Präteritum:
Formen Sie den Satz úm! Ich forme den Satz úm.
Umschréiben Sie das Wort! Ich umschréibe das Wort.

Bei Endstellung des Verbs gibt es keine Trennung, sondern nur eine Unterbrechung (bei Partizip II durch *ge-* und beim Infinitiv durch *zu*):
Ich habe den Satz úmgeformt. Er bat mich, den Satz úmzuformen.
Ich habe das Wort umschrìeben. Er bat mich, das Wort zu umschrèiben.

Mit der Doppelförmigkeit sind oft semantische und syntaktische Unterschiede verbunden, die nur für jedes Präfix im einzelnen behandelt werden können.

---

durch- (trennbar)

Verben mit trennbarem Präfix *durch-* können bezeichnen:
a)   eine Bewegung durch etw. (freier Raum) hindurch
b)   etw. völlig abnutzen, zerstören

41 **Wie ordnen Sie die Verben den beiden Bedeutungsvarianten zu?**

Das alte Haus
1. Zuerst ist unser Hund unter dem Zaun *durchgekrochen*.   2. Wir sind zwischen den Gitterstäben *durchgeschlüpft*.   3. Die Treppe zum Haus war *durchgefault*.   4. Die Dachrinne war längst *durchgerostet*.   5. Weil ein Fenster offen war, *kletterten* wir *durch*.   6. Die Sesselbezüge waren *durchgescheuert*.   7. Die Tischdecke war *durchgewetzt*.   8. Die Lichtleitung war *durchgeschmort*.   9. Wegen der Spinnweben konnte kein Sonnenstrahl *durchdringen*.   10. *Reich* mir mal die Taschenlampe *durch* – hier steht eine Kiste Wein!

Durch Verben mit trennbarem Präfix *durch-* wird bezeichnet:
a) Teilung in zwei Stücke
b) etw. vollständig tun

Bilden Sie Sätze und ordnen Sie die Verben ihren Bedeutungsvarianten zu. 42

1. durchfeilen (Schlosser, Kette)
2. durchbeißen (Karin, Bonbon)
3. durchlesen (Professor, Doktorarbeit)
4. durchschneiden (Gärtner, Bindfaden)
5. durchnumerieren (Sekretärin, Manuskriptseiten)
6. durchprobieren (Kundin, alle Schuhe)
7. durchsägen (Waldarbeiter, Baumstamm)
8. durchbrechen (Artist, Eisenstange)
9. durchsieben (Maurer, Sand)
10. durchzählen (Lehrerin, Kinder)

durch- (untrennbar)

Das Präfix *durch-* ist sehr produktiv und bildet häufig transitive Verben aus intransitiven Verben der Fortbewegung. Es hat folgende Bedeutungen:
a) lokal (von einer Begrenzung zur anderen, wobei viele Punkte berührt/ erfaßt werden): *durchreisen*
b) Dauer einer Handlung: *durchleben*

Wo liegt Bedeutung a) vor, wo Bedeutung b)? Setzen Sie die Verben richtig 43
ein.

durcheilen – durchforschen – durchleiden – durchleuchten – durchmischen – durchqueren – durchschwimmen – durchsegeln – durchwachen

1. Alexander von Humboldt durch... die Kulturen ganz Mittel- und Südamerikas.
2. Charles Darwin durch... mit dem Forschungsschiff „Beagle" die Südsee.
3. In Paris durch... Heinrich Heine alle Sehnsüchte und Schmerzen des Exils.
4. Immer wieder durch... Polarforscher die Schneewüsten der Antarktis.
5. Häufig durch... ehrgeizige Sportler die Meerenge zwischen Calais und Dover.

6. Der Held der Erzählung durch... mit Siebenmeilenstiefeln alle Länder der Erde.
7. Conrad Röntgen gelang es, mit Hilfe der X-Strahlen Körper zu durch...
8. Dem sächsischen Alchimisten Böttger gelang die Porzellanherstellung, als er Kaolin mit Quarz und anderen Stoffen durch...
9. Der Astronom hat so manche Nacht durch..., um den Sternenhimmel zu beobachten.

Doppelförmige Verben unterscheiden sich in Form und Bedeutung.

44 Können Sie das richtige Verb zuordnen?

1. Er hat die Stange in der Mitte ...
2. Die begeisterten Fußballanhänger haben die Absperrung ...

durchbrechen

3. Das Wasser ist an mehreren Stellen des Daches ...
4. Alle waren von Begeisterung für die neue Aufgabe ...

durchdringen

5. Jens hat die Zahlen auf dem Lottoschein ...
6. Die Krankheit des Kindes hat alle Urlaubspläne der Familie ...

durchkreuzen

7. Der Schüler hat alle Klassen mit Erfolg ...
8. Bei der Wanderung habe ich mir die Schuhe ...

durchlaufen

9. Der Nadelwald ist mit Laubbäumen ...
10. Er hat in der Diskussion seinen Standpunkt ...

durchsetzen

Hier bricht ein Mann einen Stock durch. Fällt Ihnen dazu eine bildhafte Wendung ein? Ist Ihnen deren Bedeutung bekannt?

über- (untrennbar)

Die untrennbaren Verben mit *über-* überwiegen deutlich. Das Präfix *über-* ist sehr produktiv und in seiner Bedeutung äußerst vielfältig:
a) sich über eine Fläche bewegen: *überqueren*
b) eine Fläche bedecken: *überfluten*
c) eine Zeitdauer ausdrücken: *überleben*
d) ein extremes Maß ausdrücken: *überladen*
e) etw. flüchtig oder nicht wahrnehmen: *überfliegen, übersehen*
f) etw. wiederholen und besser machen: *überdenken*

Welche der obengenannten Bedeutungen a) bis c) wird ausgedrückt? **45**

1. Im Jahre 1929 *überflog* der Italiener Nobile erstmalig den Nordpol.
2. Der Norweger Amundsen *überwinterte* mehrmals in der Antarktis.
3. Bei einer Polüberquerung *überlebten* 5 Expeditionsteilnehmer die Luftschiffkatastrophe im Jahre 1928.
4. Mit Hundeschlitten *überquerten* die Forscher das Eis.
5. Die Metallteile wurden mit einer Plastikschicht *überzogen*.
6. Das Hochwasser *überschwemmte* die niedriger gelegenen Teile der Stadt.
7. Wir haben in einer Jugendherberge *übernachtet*.
8. Es ist verboten, die Gleisanlagen zu *überschreiten*.
9. Das Schwimmstadion wurde für die Weltmeisterschaften *überdacht*.
10. Die alten Hinweisschilder wurden *übermalt*.
11. Die Burg hat die Jahrhunderte *überdauert*.

Welche der obengenannten Bedeutungen d) bis f) drückt das Verb aus? **46**

1. Der Student hat das letzte Kapitel seiner Diplomarbeit *überarbeitet*. 2. Er hat darauf die Arbeit insgesamt noch einmal *überprüft*. 3. Trotzdem hat er einige Fehler *übersehen*. 4. Kurz vor den Prüfungen fühlte er sich *überlastet*. 5. Man sollte jedoch Prüfungen nicht *überbewerten*. 6. Es hat wenig Sinn, vor den Prüfungen alles noch einmal zu *überfliegen*. 7. In der Prüfungsvorbereitung muß man vor allem die Probleme *überdenken*. 8. Bei einer vernünftigen Zeitplanung wird keiner *überfordert*. 9. Er hat die Ermahnungen seines Freundes *überhört*.

Warum ist der arme Kerl überfordert?
Können Sie mit der bildhaften Wendung
antworten?

über- (trennbar)

Verben mit trennbarem Präfix *über-* können bezeichnen, daß
a)   etw. über den Rand/die Grenze hinausgeht
b)   etw. von einem Ort zu einem anderen geht
Vorsicht, es gibt auch Verben mit übertragener Bedeutung!

47 **Suchen Sie das richtige Verb.**

*übergehen – überhängen – überkochen – überschäumen – überschnappen –
überschwappen – übersiedeln – übersprudeln*

Immer was zu mäkeln
1. Meine Eltern sind in ein kleines Haus in der Altstadt ...   2. Zur Einzugs-
party ... meine Schwester ... vor Begeisterung.   3. Ich half in der Küche und
sollte aufpassen, daß die Milch nicht ...   4. Dann rief Ilka: Paß doch ein
bißchen auf beim Eingießen – das Bier ... ja ...!   5. Gib nicht so viel auf die
Teller – die Makkaroni ... doch schon ....   6. Warum ißt du keinen Schinken?
Bist wohl zu den Vegetariern ...?   7. Gieß doch die Tassen nicht so voll –
der Kaffee ... .   8. Das war zuviel, und ich sagte endlich: Du bist wohl ...,
mich so herumzukommandieren?

Wie ordnen Sie die Verben ihrer Bedeutung nach zu?

48 **Setzen Sie das Verb in der entsprechenden Form ein.**

1.   Nach dem Tod des Vaters ist das Haus in
     Georgs Besitz ...
2.   Ich finde es nicht richtig, daß man ihn bei der
     Gehaltserhöhung ... hat.

übergehen

3. Endlich habe ich die Erkältung ...
4. Die Dächer der alten Häuser haben weit ...

überstehen

5. Der Kriminalroman ist aus dem Englischen ...
6. Der Fischer hat die Wanderer trotz des stürmischen Wetters ...

übersetzen

7. Wegen der hohen Spannung ist ein Funke ...
8. Ich habe beim Lesen einige Kapitel in dem Buch ...

überspringen

9. Er ist zum Islam ...
10. Der Gastwirt hat das Gesetz über den Alkoholausschank an Kinder ...

übertreten

11. Wegen der Kälte habe ich mir eine Jacke ...
12. Der Talkmaster hat die Sendezeit ...

überziehen

---

um-

Dem trennbaren und untrennbaren Gebrauch von *um-* entspricht ein eindeutiger Bedeutungsunterschied:
Das Verb mit trennbarem Präfix bezeichnet eine Bewegung (bzw. Veränderung) des Objekts der Handlung durch das Subjekt der Handlung, das Verb mit untrennbarem Präfix bezeichnet ein „um ... herum" (Bewegung bzw. Begrenzung) des Subjekts der Handlung um ein unbewegtes Objekt der Handlung.

---

um- (trennbar)

Erläutern Sie die Bedeutungsregeln für das trennbare Präfix *um-* an den Beispielsätzen. 49

1. Meine Eltern haben das Haus *umgebaut*. 2. Alle Möbel wurden *umgeräumt*. 3. Ich mußte meine Bücher *umstellen*. 4. Dabei habe ich den Palmenkübel *umgestoßen*. 5. Die Erde aus den Blumenkästen haben wir *umgeschüttet*. 6. Ein paar Büsche haben wir *umgepflanzt*. 7. Dabei hat mein Vater einen Gartenpfosten *umgestoßen*. 8. Nun will meine Mutter alles *umgestalten*. 9. Da können wir ja gleich alles *umhacken*. 10. Wegen des Urlaubs müssen wir nun *umdisponieren*.

um- (untrennbar)

Die Verben mit untrennbarem Präfix *um-* bezeichnen:
a) eine kreisförmige Bewegung
b) eine kreisförmige Begrenzung

50 Welcher Gruppe ordnen Sie das Verb zu?

In einer alten Burg
1. Alle *umringten* den Burgverwalter, um seine Erklärungen zu verstehen.
2. Ein Wassergraben *umgibt* die Burg von drei Seiten.   3. Der Burggarten war von Steinen *umrandet*.   4. Im Hirschgehege *umdrängten* die Tiere die Futterstelle.   5. Der Bärenzwinger war fest *umzäunt*.   6. Wir *umrundeten* die Burganlage in einer halben Stunde.   7. Die Falken *umflogen* den Turm.
8. Dichte Wälder *umschlossen* das ganze Gebiet.

51 Setzen Sie das Verb ein.

1.	Der Platz ist mit hohen Giebelhäusern ...	
2.	Das Kino ist während der Sommermonate völlig ... worden.	*umbauen*
3.	Der Zaun ist von einem Auto ... worden.	
4.	Mit dem Boot haben wir die ganze Insel ...	*umfahren*
5.	Er ist als Erzieher mit den Kindern sehr geschickt ...	
6.	Er hat die Antwort auf meine Frage ...	*umgehen*
7.	Der Hund hat das Kind vor Freude fast ...	
8.	Zu Beginn seines Vortrags hat er kurz die ganze Situation ...	*umreißen*
9.	Ich habe meinen Aufsatz noch einmal ...	
10.	Da die Wendung den Schülern unbekannt war, hat der Lehrer sie mit anderen Worten ...	*umschreiben*
11.	Das Unternehmen ist auf die Produktion von LKWs ... worden.	
12.	In der Nacht haben die Soldaten das feindliche Lager ...	*umstellen*

38

unter- (trennbar)

Verben mit trennbarem Präfix *unter-* bezeichnen:
a) Bewegung von oben nach unten
b) etw. mischen
c) etw. zu niedrig einstufen

Welche Bedeutung haben die präfigierten Verben?   *52*

1. Ökologische Probleme werden noch immer *unterbewertet*. 2. Jahr für Jahr *gehen* viele Schiffe mit gefährlichen Frachten *unter*. 3. *Tauchen* die jungen Robben *unter*, finden sie oft nur verschmutztes Wasser vor. 4. Plastikteile *sinken unter* und werden häufig zur Falle für Meerestiere. 5. Zum Aufsaugen der Ölteppiche auf dem Meer *mischt* man chemische Substanzen *unter*. 6. An den Stränden *pflügt* man den verschmutzten Sand *unter*. 7. Leider *ordnet* man oft ökologische Erwägungen den ökonomischen *unter*. 8. Die Mitarbeiter der Umweltbehörde fühlen sich *unterbezahlt*.

unter- (untrennbar)

Verben mit untrennbarem *unter-* haben meist übertragene Bedeutung. Bei den gleichen trennbaren Verben liegt wörtliche (lokale) Bedeutung vor.

Setzen Sie das Verb in der entsprechenden Form ein.   *53*

1. Der Gärtner hat auf den Frühbeeten Torfmull
    ...   *untergraben*
2. Der Alkohol hat seine Gesundheit völlig ...

3. Wir haben uns über unseren Sommerurlaub
    ...   *unterhalten*
4. Als der Wein aus dem Faß floß, hat er
    schnell einen Krug ...

5. In dem Film ist dem bekannten Volkslied ein
    neuer Text ...   *unterlegen*
6. Der Tisch steht nicht fest, du mußt ein Stück
    Pappe ...

7. Weil das Kind den Tisch noch nicht erreichen konnte, hat ihm die Mutter ein Kissen
...

8. Er hat meinen kritischen Bemerkungen ei-
gennützige Motive ...

9. Als es zu regnen anfing, haben wir uns in einer Scheune ...

10. Der Abteilungsleiter ist dem Minister unmit-
telbar ...

11. Der Patient ist in der Klinik einer genauen
Untersuchung ... worden.

12. Ich habe bei der großen Kälte noch einen
Pullover ...

unterschieben

unterstellen

unterziehen

Hier wird einer unterdrückt.
In welcher Situation befindet er sich?

4. Vermischte Präfixe

4.1. | *her-* und *hin-*

Die Präfixe *her-* und *hin-* sind sehr produktiv. Sie stehen in einem antonymischen Verhältnis. *her-* gibt die Richtung zum Sprecher an, *hin-* bezeichnet
die Richtung auf ein bestimmtes Ziel zu, häufig weg vom Sprecher.

her- oder *hin-* ?

Mordanschlag

1. Man hatte meinen Freund Harry zu einem einsamen Bootshaus ...bestellt.
2. Ich sollte mit ihm ...fahren.   3. Kaum angekommen, ging er sofort ...ein.
4. Ich wartete draußen, als ich Harry krachend ...fallen hörte.   5. Da sprang ich aus dem Auto ...aus, lief ins Haus, wo Harry gerade durch ein Loch im Fußboden ins Wasser ...einrutschte.   6. Als ich rief, er solle doch schnell zu mir ...überschwimmen, antwortete er nicht.   7. Da sprang auch ich ...ein.
8. Harry konnte nicht zu mir ...schwimmen, weil er festgeklemmt war.
9. Ich tauchte und versuchte, seinen Fuß aus einem Gitter ...auszuziehen.
10. Es gelang mir, ihn zur Leiter ...zuschleppen.   11. Da hörte ich, wie ein Auto von der Straße ...anbrauste.   12. Jemand kam leise ...ein, aber wir waren ganz still.   13. Dann hörte ich, wie der Unbekannte ...ausging und wegfuhr.   14. Erst dann schob ich Harry zur Leiter ... und zog ihn vorsichtig auf den Mauervorsprung ...auf.   15. Draußen war niemand – nur die Enten schauten ...

Manchmal steht neben einem Verb mit trennbarem Präfix eine Variante mit zusätzlichem *her-*, ohne daß damit die „Richtung zum Sprecher" bezeichnet wird. Beide Varianten haben eine unterschiedliche übertragene Bedeutung.

Welches Verb ist richtig?

1.	Die Dozentin hat ihren Vortrag für die Konferenz schriftlich ...	*aus-/heraus-*
2.	Der Student hat die Grundthese in seiner Diplomarbeit klar ...	*arbeiten*
3.	In ihrer Dissertation hat die Doktorandin zahlreiche Quellen zum Vergleich ...	*an-/heran-*
4.	Viele Leser fühlten sich von den amüsanten Formulierungen der Autorin ...	*ziehen*
5.	Um die gesellschaftliche Situation um das Jahr 1968 darzustellen, mußte er weit ...	*aus-/heraus-*
6.	Meiner Meinung nach hat er aus dem Archivmaterial nicht genügend ...	*holen*

7. Beim Kauf des antiquarischen Buches bin ich mächtig ...
8. Obwohl ich lange überlegte, ist mir der Titel des Buches nicht wieder ...

ein-/herein-
fallen

9. Der Regisseur hat die Leistung des Hauptdarstellers vor den Ensemblemitgliedern ...
10. Nach der 100. Aufführung hat man das Theaterstück vom Spielplan ...

ab-/herab-
setzen

4.2. Präfix/Präposition

Eine Ortsangabe läßt sich im Deutschen oft zweifach ausdrücken:
a) unbestimmt mit einem trennbaren Präfix
b) bestimmt durch eine Wortgruppe mit der entsprechenden Präposition.
Die Lehrerin schreibt das Fremdwort *an.* → Die Lehrerin schreibt das Fremdwort *an die Tafel.*
Ich stecke den Brief *ein.* → Ich stecke den Brief *in den Briefkasten.*

56 **Ersetzen Sie das Präfix durch eine passende Wortgruppe.**

1. Lehne dich bitte nicht *an*!
2. Wir haben eine Leiter *an*gestellt.
3. Der Gärtner bindet die Rosen *an*.
4. Die Rangierer hängen einen Waggon *an*.
5. Die Spedition liefert die Möbel am Nachmittag *an*.
6. Die Verkäuferin heftet Preisschilder *an*.
7. Unser neuer Nachbar nagelt ein Namensschild *an*.
8. Petra näht einen Knopf *an*.
9. Das Kind faßt die Mutter beim Überqueren der Straße *an*.

57 **Welche Wortgruppen passen in die Sätze?**

1. Schreibst du mir bitte das neue Kochrezept *auf*?
2. Setz bitte den Topf mit Kartoffeln *auf*!
3. Wir müssen eine frische Decke *auf*legen.
4. Dann tut die Mutter das Essen *auf*.

5. Peter streicht die Wurst dick *auf.*
6. Er spießt ein großes Stück Fleisch *auf.*
7. Du sollst beim Essen nicht die Ellbogen *auf*stützen!
8. Susanne fädelt bunte Perlen *auf.*
9. Ich will noch große Taschen *auf*nähen.

Wählen Sie eine passende Wortgruppe.   58

1. Peter wickelt seine Geschenke *aus.*
2. Ich habe gestern alle Bücher *aus*geräumt.
3. Großvater klopft die Asche *aus.*
4. Die Kinder sollen keine Vogelnester *aus*nehmen.
5. Bei der Trockenheit fallen die Getreidekörner *aus.*
6. Der Sturm hat sogar starke Bäume *aus*gerissen.
7. Im Frühsommer fliegen die jungen Störche *aus.*
8. Die Archäologen graben Waffen aus vorgeschichtlicher Zeit *aus.*

Ersetzen Sie das Präfix *ein-* durch eine Wortgruppe mit der Präposition *in*. 59

1. Er hat den Nagel schief *ein*geschlagen.
2. Der Lehrer tritt *ein.*
3. Gießen Sie bitte den Wein *ein!*
4. Es ist Wasser *ein*gedrungen.
5. Die Fahrgäste steigen *ein.*
6. Laß bitte Wasser *ein!*
7. Die Touristin packt die Sachen für ihre Weltreise *ein.*
8. Der Junge klebt die Briefmarken *ein.*
9. Der Bauer sperrt am Abend die Hühner *ein.*
10. Die Sanitäter hüllen den Verletzten *ein.*

Er hat den Nagel schief eingeschlagen. Aber ich habe den Nagel auf den Kopf getroffen. Was bedeutet das?

60 **Wählen Sie statt des Präfixes eine Wortgruppe mit Präposition.**

1. Ich habe mir einen Pullover *über*gezogen.
2. Der Prüfling ist auch beim zweiten Mal *durch*gefallen.
3. Weil es im ganzen Haus kalt war, hatte sich Lisa ein warmes Wolltuch *um*gelegt.
4. Als es regnete, haben wir uns *unter*gestellt.
5. Durch das Hochwasser ist der Fluß *über*getreten.
6. Das Wasser ist an mehreren Stellen *durch*gedrungen.
7. Der Fährmann hat uns trotz des stürmischen Wetters *über*gesetzt.

Hildegard Wohlgemuth

Verhältniswörter

Ich stehe nicht an
Du stehst nicht auf
Er steht nicht hinter
Sie steht nicht neben
Es steht nicht in

Wir gehen nicht über
Ihr geht nicht unter
Sie gehen nicht vor und zwischen
Es geht nichts über die Gemütlichkeit

Was meinen Sie zu dem von der Autorin gewählten Titel des Gedichts?

4.3. | **Polypräfixale Verben**

Die Präfigierung der Verben ist die am häufigsten genutzte Wortbildungsart bei den Verben überhaupt. Durch die Präfixe können die Basisverben bedeutungsmäßig vielfach differenziert werden.

61 **Kennen Sie das jeweils passende Präfix zu *fallen*?**

Filmeindrücke

1. Wie hat Ihnen denn der Film ...?   2. Mir sind am Ende fast die Augen ...
3. Der Film ... deutlich in zwei Teile.   4. Im zweiten Teil ... die Spannung deutlich ...   5. Auch die schlechte Synchronisation ist mir gleich ...
6. Störend war, daß auch noch der Ton stellenweise ...   7. Mir ist der Name des Regisseurs schon wieder ...   8. Wenn ich nachdenke, wird mir der Name wieder ...   9. Meine Clubkarte für dieses Kino ist leider inzwischen ...

Können Sie *geben* mit einem passenden Präfix anstelle der Verben einsetzen? **62**

Preisverleihung

1. Der diesjährige Literaturpreis wurde an einen jungen Berliner *verliehen.*
2. Diese Nachricht wurde im Literaturtelefon *gebracht.* 3. Bei einer Leserumfrage *stellte* sich *heraus,* daß er einer der beliebtesten Autoren sei.
4. Jeder Leser konnte einen Stimmzettel *einsenden.* 5. Man mußte Namen und Alter auf den Zettel *schreiben.* 6. Wir *schickten* ihm gleich ein Telegramm. 7. Obwohl ich ihn nicht besonders mag, muß ich *eingestehen,* daß seine Erzählungen interessant sind. 8. Ich habe deshalb auch *aufgehört,* mit Ilka über die Preisverleihung zu streiten.

Worauf ruht sich unser Mann aus?
Fällt Ihnen dazu eine passende Wendung ein?

Präfixe bei *haben* und *sein* **63**

Sagen Sie es anders! Verwenden Sie anstelle der umgangssprachlichen Verben stilistisch neutrale Ausdrücke.

1. Alle Gaststätten *hatten* längst zu. 2. Der letzte Fernsehfilm *war aus.*
3. Da rief Ilka von draußen: *Bist* du noch *auf?* 4. Komm, wir *haben* noch was *vor.* 5. Worauf *bist* du heute nacht noch *aus?* 6. Du *bist* ja vom Regen ganz und gar *durch.* 7. Du *hast* ja nicht einmal eine Jacke *an.* 8. Als Nachtschwärmer *bist* du uns allen *über.* 9. Ach, von wegen Nachtschwärmer, das *habe* ich *über.* 10. Ich *bin* auf die neue Brücke *aus* – da ist noch viel Platz für meine Graffiti.

Hätten Sie Ilkas Vorschlag angenommen?

Alle Verben dieser Übung kann man durch *lassen* und ein passendes Präfix ersetzen. **64**

1. Drei Wochen nach der Operation *kam* ich wieder aus dem Krankenhaus nach Hause. 2. Da hatte der Professor für mich eine Nachricht im Sekretariat *hinterlegt.* 3. Zum Glück hat mir Jens die Vorlesungsmitschriften für die Prüfungsvorbereitungen *geborgt.* 4. Bei der Übersetzung sind Wörter-

bücher *erlaubt.* 5. Das Benutzen anderer Hilfsmittel ist *verboten.* 6. Leider habe ich beim Übersetzen eine Zeile *übersprungen.* 7. Von der mündlichen Prüfung wurde ich *befreit.* 8. Nach der Magisterprüfung *reise* ich aus Deutschland *ab.*

Was man alles lassen kann

Der Komiker Heinz Erhardt eröffnete einmal eine Conférence mit folgenden Worten: „Meine Damen und Herren, ich möchte Ihnen herzlich dafür danken, daß Sie sich hier teils nieder-, teils herabgelassen haben, um das gelassen an sich vorüberziehen zu lassen, was wir hier oben vom Stapel lassen. Gewiß, wir könnten das auch unterlassen – aber lassen wir das. Lassen Sie uns lieber den Abend genießen."

65 **Ersetzen Sie die Verben im Text durch *legen* und ein passendes Präfix.**

Aus Leipzigs Stadtgeschichte
1. Die erste Siedlung auf dem Leipziger Gebiet *entstand* ungefähr 3000 Jahre v. u. Z. 2. Der Streit zwischen dem Leipziger Stadtbürgertum und dem Feudaladel wurde im 13. Jahrhundert *beendet.* 3. Seit Gründung der Universität 1409 haben viele berühmte Persönlichkeiten hier ihr Examen *gemacht.* 4. Daß der Philosoph Thomasius seine Vorlesungen in Deutsch statt in Latein hielt, *galt* als Rebellion. 5. Die Chronik der Leipziger Messe *weist* seit 1573 den Pelzhandel mit Rußland *nach.* 6. In den Leipziger Verlagen werden bekannte Wörterbücher und Lexika *herausgegeben.* 7. Bei der Erneuerung des Rathausturmes wurde auch die Uhr *auseinandergenommen.* 8. Die Architekten haben lange *nachgedacht,* wie die historischen Gebäude erhalten werden könnten. 9. Die Immobilienhändler *investieren* ihr Geld in die prächtigen Messehäuser.

66 **Können Sie aus dem Wortmaterial Sätze im Perfekt bilden?**

1. abschlagen (Vater, sein Sohn, Bitte um Geld)
2. anschlagen (Heimleiter, Bekanntmachung, das Schwarze Brett)
3. aufschlagen (Schüler, ihre Lesebücher, Seite 20)
4. einschlagen (Schülerin, Mathematikbuch, Papier)
5. erschlagen (Blitz, Mann, Spaziergang)
6. nachschlagen (Student, Name, Lexikon)
7. überschlagen (Eltern, Kosten, Urlaubsreise)
8. unterschlagen (Verkäuferin, Geld, Kasse)
9. vorschlagen (der junge Mann, seine Bekannte, ein gemeinsamer Spaziergang)
10. zerschlagen (Tochter, Tasse, das Abwaschen)

Wie heißt das jeweilige Präfix zu *sehen*?

Allerlei gute Ratschläge
1. Daß diese Sache schiefgehen mußte, konnte jeder ... 2. Warum kannst du dich nicht ein bißchen ...? 3. Jetzt mußt du ..., wie andere die Früchte deiner Arbeit ernten. 4. Ehe du dich's ..., ist deine Chance vorbei. 5. Ich hoffe, daß du deinen Fehler ... 6. Deinen Leichtsinn kann ich dir nicht mehr ... 7. ... mich bitte nicht so traurig ... 8. Von weiteren Vorwürfen will ich nun ...

Was man tun kann:

1.	besetzen	–	Platz, Stelle, Haus, ...
2.	absetzen	–	Hut, Theaterstück, ...
3.	einsetzen	–	Wort, Zahn, ...
4.	aufsetzen	–	Mütze, Vertrag, ...
5.	aussetzen	–	Hund, Belohnung, ...
6.	herabsetzen	–	Geschwindigkeit, Preis, ...
7.	umsetzen	–	Blumen, Waren, ...
8.	versetzen	–	Schüler, Freundin, ...

Bilden Sie situativ eingebettete Sätze mit den Verben und Objekten. Können Sie noch andere Objekte ergänzen?

Ist der Ziegenbock hier am richtigen Platz? Was denken Sie?

Alles *setzen*!

Der Komiker Heinz Erhardt begrüßte sein Publikum immer auf sehr originelle Weise. Einmal sagte er: „Sie haben es gut. Sie können sich *hersetzen* und sich von Ihren Sorgen *absetzen* – aber wir hier oben müssen uns *einsetzen*, damit wir uns *durchsetzen* und Sie nicht *entsetzen*!!!"

69 *tragen* in vielerlei Gestalt

Können Sie die Bedeutungsvarianten der präfigierten Verben erklären? Bilden Sie Sätze, die eine Situation beschreiben und die eine spezielle Bedeutung erkennen lassen.

1. abtragen — eine Schuld
   einen Berg
   ein Gebäude
   die Kleidung
2. austragen — die Zeitung
   einen Boxkampf
3. betragen — drei Kilometer, tausend Mark
   sich gut/schlecht
4. eintragen — viel Ruhm, Geld
   die Zensuren ins Zeugnis
5. übertragen — eine Infektion
   jdm. eine Aufgabe
6. vertragen — große Hitze, keine Kritik
   sich mit jdm.

70 Setzen Sie *ziehen* mit dem passenden Präfix ein.

Immer schön vorsichtig!
1. Fahr langsamer, sonst wird dir noch der Führerschein ... 2. Vor unserer Reise solltest du dich einem Gesundheitstest ... 3. Du mußt die nassen Sachen unbedingt ..., damit du dich nicht erkältest. 4. Vergiß nicht, bei dem scharfen Wind den Mantel ... 5. Ehe du dir die Hände wäschst, mußt du natürlich die Ringe ... 6. Sind denn ständige Ermahnungen das einzige Mittel, um dich zu ...? 7. Du hörst mir ja gar nicht zu und ... keine Miene. 8. Ich habe alles gehört und denke: Gegensätze ... sich ...

„Versuch nicht immer, mich zu erziehen! Ich will nicht mehr." – Wogegen sträubt sich hier jemand?

4.4. Polysemantische Verben

Redigieren Sie den Text. Verwenden Sie dazu folgende Wörter: *71*

aushändigen – bezahlen – bieten – gewähren – nachlassen – schenken – überlassen – veranstalten – verkaufen – verleihen

1. Gestern hatte ihnen der Klassenlehrer ihre Abschlußzeugnisse *gegeben.*
2. Nur einer hatte es nicht geschafft, aber der Direktor *gab* ihm die Gelegenheit, die eine Prüfung im Herbst zu wiederholen. 3. Ein paar Schüler haben ihre Bücher gleich den Jüngeren *gegeben,* manche haben sie ihnen zu einem Preis unter Freunden *gegeben.* 4. Am Abend *gaben* sie dann eine große Schulabschlußparty. 5. Alle Schüler hatten lange vorher etwas für Blumen, Essen und Getränke *gegeben.* 6. Als sie ihren Lieblingslehrern Blumen *gaben,* verlief alles ganz ungezwungen. 7. Später kam sogar ein Reporter des Regionalfernsehens, dem der Direktor ein Interview *gab.* 8. Die freudigen Gesichter, die vielen Blumen, die Gespräche über Vergangenes und Zukünftiges und der fröhlich-wehmütige Abschied *gaben* dem Abend eine ganz eigene Note. 9. Der Abschiedsschmerz wird sich sicher bald *geben.*

Welches Wort kann man für alle Verben einsetzen? Formulieren Sie die Sätze um. *72*

1. Der Tag des Abschieds *nahte* viel zu schnell.
2. Mein Bruder *traf* mit dem Zug 12.20 Uhr *ein.*
3. Das Gewitter *brach* ganz plötzlich *los.*
4. Morgen *besucht* uns mein Freund mit seiner Frau.
5. Ich *habe* die Lösung der Aufgabe lange nicht *gefunden.*
6. Der Ingenieur *wurde* an ein anderes Institut *versetzt.*
7. Mein Lehrer *stammt* aus der Lausitz.
8. Meine Lieblingsschokolade *wird* in der Schweiz *hergestellt.*

Was paßt wo? *73*

bewegen – dringen – entfernen – sich erstrecken – fliegen – nehmen – zeichnen – zupfen

1. Im Herbst *ziehen* die Vögel nach dem Süden.
2. Die Pferde konnten den Wagen nicht von der Stelle *ziehen.*
3. Ich muß mir einen Zahn *ziehen* lassen.
4. Die Schülerin *zog* ihre Nachbarin am Ärmel.
5. Er *zieht* die Striche mit freier Hand.

6. Die Feuchtigkeit *zieht* in die Wände des Hauses.
7. Um die Burg *zog* sich früher ein Wassergraben.
8. Die alten Fünfmarkscheine sind aus dem Verkehr *gezogen* worden.

74 Was ist mit den folgenden Verben mit *ver-* gemeint?

1. Durch das ewige Sitzen ist mein Kleid *verdrückt*.
   Kai hat zum Frühstück sechs Brötchen *verdrückt*.
   Karl hat sich *verdrückt*, weil es ihm zu langweilig war.

2. Anna hat ihren Anorak *verwachsen*.
   Die beiden sind sehr miteinander *verwachsen*.
   Hör auf zu weinen, das *verwächst* sich wieder.

3. Er *verbringt* all sein Geld im Spiel.
   Wir *verbringen* unseren Urlaub am Mittelmeer.
   Die Kunstgegenstände wurden an einen unbekannten Ort *verbracht*.

In welchen Sätzen ist das Verb nicht stilistisch neutral (sondern umgangssprachlich, bildhaft oder Amtsdeutsch)?

75 Das Verb *übertragen* hat viele Bedeutungen. Können Sie das jeweils passende Synonym einsetzen – oder ein anderes finden?

anstecken – anwenden – einzeichnen – erteilen – senden – übergehen – übersetzen – umformen

1. Das Fernsehen hat die Silvesteraufführung der 9. Sinfonie von Beethoven *übertragen*.
2. Die Ergebnisse des Tierversuchs lassen sich nicht auf Menschen *übertragen*.
3. Ich habe die Korrekturen der Druckfehler bereits in mein Exemplar des Lehrbuchs *übertragen*.
4. Der Roman wurde in viele Sprachen *übertragen*.
5. Franz Fühmann hat die Dramen von Shakespeare in Prosa *übertragen*.
6. Dem Professor wurde ein Lehrauftrag an der Humboldt-Universität Berlin *übertragen*.
7. Die Unruhe der Mutter *übertrug* sich auf das Kind.
8. Der Student hat die Grippe auf seine Zimmernachbarn *übertragen*.

76 Welches Verb mit *auf-* paßt in die jeweilige Gruppe?

1. Die Tür ...
   Der Mond ...
   Die Saat ...

2. Man kann die Uhr ...
   Man kann ein Fohlen ...
   Man kann eine Fahne ...

3. Man darf ein Fahrrad auch unverpackt ...
   Man darf Hausaufgaben ...
   Man darf nie die Hoffnung ...

Welches Verb mit *ein-* paßt in die jeweilige Gruppe?

1. Der Bankräuber ...   2. ein großes Risiko ...
   Der Examenskandidat ...   eine Ehe ...
   Der Schlittschuhläufer ...   auf einen Vorschlag ...
                                   beim Waschen ...

Welches Verb paßt in alle Sätze? Nennen Sie Synonyme zu dem Verb mit *um-*.

1. Ganz plötzlich ist der Wind um...
2. Die Frau hatte wegen der Kälte ein wollenes Tuch um...
3. Wegen der überschwemmten Wege habe ich die Hosen um...
4. Durch den Sturm ist einer der Baukräne um...
5. Die Arbeiter haben die abgestorbenen Bäume um...
6. Durch deinen Brief ist meine trübe Stimmung ins Gegenteil um...
7. Eine Studentin hat dem Organisten bei dem Konzert die Notenblätter um...
8. In diesem Hafen werden jährlich viele MillionenTonnen Waren um...

Unserem Mann macht es nichts aus, wenn der Wind umschlägt. Er hängt immer sein Mäntelchen nach dem Wind. Was für ein Mensch ist das?

Ein einziges Verb mit *unter-* paßt in alle Sätze. Wie heißt es? Können Sie die jeweiligen Synonyme nennen?

1. Die Sonne ist schon ...
2. Das Schiff ist bei einem Orkan ...
3. Seine Worte sind in dem Lärm ...

4. Die Kinder sind in der Menschenmenge ...
5. Das römische Imperium ist zur Zeit der Völkerwanderung ...
6. Die Einzelheiten sind in dem allgemeinen Überblick ...

80 **Welches Verb mit *heran-*, *heraus-*, *hinab-* paßt zu welcher Gruppe?**

1. Pepe ist mit seinem Kurzfilm groß ...
   Es ist ..., wer den Mord begangen hat.
   Beim Nachrechnen ist eine andere Summe ...
   Gerade ist das neue Automodell ...

2. Der Bergsteiger hat sich an einem Seil ...
   Der Gutsherr hat sich nie zu den einfachen Leuten ...
   Ihr Mann hat sich bisher kaum zu Hausarbeiten ...

3. Die Tomatenpflanzen habe ich selbst ...
   Bei der Übersetzung habe ich häufig ein Spezialwörterbuch ...
   Am Abend ist ein schweres Gewitter ...

Eine bildhafte Wendung
mit dem Präfix *herum-*!
Was geschieht hier?

5. Suffixe

> **-eln**

Oft tritt das Suffix *-eln* als lautmalende Bildung auf. Diese Formen sind schon in sehr frühen Texten zu finden. So heißt es in einem deutschen Märchen: Bäumchen, *rüttle* dich und *schüttle* dich, wirf Gold und Silber über mich! Diese Verben bezeichnen Geräusche und/oder Bewegungen.

Welches Verb gehört in die Lücke?

1. Als niemand öffnete, begann er an der Tür zu
   ...
2. Die Arzneiflasche ist vor Gebrauch kräftig zu
   ...

rütteln
schütteln

3. Hans hatte sich den Fuß verletzt und ... den
   ganzen Weg.
4. Der schwere Transporter ... über das Kopf-
   steinpflaster der Kleinstadtstraßen.

humpeln
rumpeln

5. Anne ... ihr Baby fest in eine warme Woll-
   decke.
6. Wenn man diese Holzfigur berührt, beginnt sie
   mit dem Kopf zu ...

wackeln
wickeln

7. Die Schlittenglöckchen ... lustig.
8. Auf einer Leine mitten durchs Zimmer ... viele
   Wäschestücke.

bammeln
bimmeln

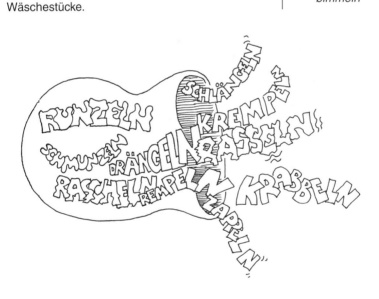

Finden Sie das richtige Verb?

1. Der Pförtner ging durchs ganze Gebäude und ... mit seinem großen
   Schlüsselbund.
2. Alle schauten auf, als jemand sein Frühstück auspackte und mit Papier ...
3. Der Fisch ... heftig im Netz.

4. Die Fliege ... langsam über die Fensterscheibe.
5. Während die anderen über meine Bemerkung ..., ... er nur unwillig die Stirn.
6. Peter ... sich als letzter in die überfüllte Straßenbahn.
7. Anne ... sich mit ihrem Fahrrad durch den dichten Verkehr.
8. Aus Versehen ... ich eine alte Dame, als ich aus der Tür trat.
9. Wenn ich arbeite, ... ich meine Ärmel immer bis über die Ellenbogen hoch.

83 Laut oder Bewegung? Wer macht was?

Legen Sie zwei Listen an. Schreiben Sie hinter jedes Verb passende Subjekte. Die Bilder helfen Ihnen dabei.

bimmeln – krabbeln – murmeln – prasseln – rascheln – strampeln – winseln – zappeln

Setzen Sie in unsere idyllische Beschreibung das passende Verb ein.

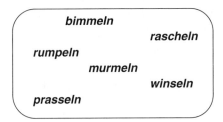

bimmeln

rascheln

rumpeln

murmeln

winseln

prasseln

1. Auf unserer Wanderung durch den Buchenwald ... das trockene Laub unter unseren Füßen. 2. Auf einer Bergwiese hörten wir die Glöckchen einer Ziegenherde ... 3. Ein mit Holz beladener Lastwagen ... über den steinigen Fahrweg tief unten im Tal. 4. Kaum hatten wir die Hütte erreicht, ... ein heftiger Regen auf das Dach. 5. Das Feuer im Herd wollte nicht brennen – da ... ich ein derbes Schimpfwort, und das half. 6. Nachts kratzte der Hund des Schäfers an der Tür und ... so kläglich, daß wir ihn hereinließen.

Das verbale Suffix *-eln* in Ableitungen von Substantiven drückt aus:
a)   etw. in eine bestimmte Form bringen
b)   etw. in abgeschwächter Weise tun

Bilden Sie die Verben in der Präsensform (bei umlautfähigem Vokal mit **Umlaut).**

Garten-Idyll
1. Der Nachbar (Haufen) die Erde um die Rosenbüsche. 2. Vater (Werk) in der Laube an einem neuen Regal. 3. Oma Anna (Haken) schon an einem warmen Tuch für den Winter. 4. Onkel Jens (Witz) schon wieder über Omas Fürsorge. 5. Inge (Falte) den Stoff für ihren neuen Rock. 6. Ich will ein Foto von allen machen und sage: „Nun (Lachen) doch bitte mal alle!". 7. In der Abendkühle (Frost) es uns, und wir gehen alle ins Haus.

Verben auf *-eln* können in übertragener Bedeutung auftreten. Sie kommen vor allem in der Umgangssprache vor.

86 Mit welchen standardsprachlichen Verben würden Sie auf die Fragen antworten?

Warum *hänselst* du den Georg immer? → *(necken)* **Ich hänsele ihn doch nicht, ich *necke* ihn nur ein bißchen.**

1. Wie lange *wurstelst* du eigentlich schon an deiner Hausarbeit?
2. Warum *verscherbelst* du eigentlich alle deine Bücher?
3. Warum *zwiebelst* du deine Schüler immer mit diesen Schemata?
4. Warum *vermasselst* du in diesem Jahr jede Prüfung?
5. Warum *quengelst* du dauernd, wenn du einmal warten mußt?
6. Warum *kanzelst* du deinen Freund *ab*, wenn er einmal zu spät kommt?
7. Warum versuchst du immer zu *mogeln*, wenn wir Karten spielen?

-ern

Verben auf *-ern* sind regelmäßige Verben. Sie drücken oft eine Wiederholung von Geräuschen, Bewegungen oder Licht-/Feuererscheinungen aus.

---

87 Setzen Sie das passende Verb (Geräusch-Bezeichnungen) ein.

kichern – klappern – klimpern – knattern – plätschern – poltern – rattern

1. Der Landwirt holte Wasser und ... dabei laut mit den Eimern. 2. Als er aus Versehen die Leiter umstieß, ... es heftig. 3. Seine beiden Töchter schauten aus dem Küchenfenster und ... leise. 4. Aus dem Nachbarhaus hörte man jemanden auf der Gitarre ... 5. In der Ferne ... ein Moped. 6. Am Abend wurde es still im Dorf, nur der Springbrunnen in den Anlagen ... leise. 7. In die Stille hinein hörte man den 7-Uhr-Zug über die Weichen ...

88 Nun sollen Sie Verben der Bewegung einsetzen.

flattern – schlingern – schlottern – stochern – zittern – zwinkern

1. Der Jäger saß am Lagerfeuer und ... mit einem dicken Ast in der Glut. 2. Von dem beißenden Rauch mußte er ... 3. Ein großer Vogel ... an seinem Kopf vorbei. 4. Ihm ... vor Kälte die Glieder. 5. Auch sein Hund ... vor Erschöpfung. 6. Auf dem Fluß sah man ein kleines Schiff, das in dem starken Wellengang ...

Welches Verb (Bezeichnungen für Licht/Feuer) paßt in welchen Satzkontext? **89**

flackern – flimmern – glitzern – lodern – schillern – schimmern

Natur-Impressionen
1. Sie warfen trockenes Holz ins Feuer, und die Flammen ... hoch empor.
2. Als sie lange nicht nachgelegt hatten, ... das Lagerfeuer nur noch schwach und erlosch schließlich.   3. In der Ferne sah man die Lichter eines Dorfes ...
4. Am dunklen Nachthimmel ... die Sterne.   5. In den Strahlen der aufgehenden Sonne ... der Tau auf den Gräsern.   6. Die Flügel eines Käfers ... in allen Farben des Regenbogens.

Jetzt macht es Ihnen keine Mühe mehr, die Verben der drei Gruppen **90**
Geräusch – Bewegung – Licht/Feuer **einzusetzen.**

flackern – flattern – glitzern – klappern – knattern – plätschern – rattern – schimmern – schlingern – zittern

1.	Der Bach ...	6.	Die Hand ...
2.	Der Brilliant ...	7.	Das Motorrad ...
3.	Die Fahne ...	8.	Die Nähmaschine ...
4.	Der Fensterladen ...	9.	Das Schiff ...
5.	Das Feuer ...	10.	Der Seidenstoff ...

Wie heißt die Redewendung,
die zu dem Feuerchen paßt?

-ieren

Im Deutschen bilden die Verben auf *-ieren* eine sehr große Gruppe. Es sind regelmäßige Verben. Das Perfektpartizip wird ohne *ge-* gebildet.

91 Wählen Sie statt des Verbs auf *-ieren* das passende Synonym aus der Liste.

*durchführen – für ungültig erklären – sich nicht weiter entwickeln – über-
prüfen – zusammenarbeiten – zusammenstellen – zusammenstoßen*

1. Der Trainer *formierte* die Mannschaft neu.
2. Seit einiger Zeit *stagnieren* die Leistungen in dieser Sportdisziplin.
3. Die neuen Mannschaftsmitglieder *absolvierten* ein hartes Training im Hochgebirge.
4. Im dichten Nebel *kollidierte* einer der Wettkämpfer mit einer unaufmerksamen Zuschauerin.
5. Die Sportler werden regelmäßig wegen der Gefahr des Medikamentenmißbrauchs *kontrolliert.*
6. Ein internationales Schiedsgericht *annullierte* die Sperrung des Sportlers wegen Dopings.
7. Sportler, Trainer und Techniker müssen während der Vorbereitungen auf den Wettkampf *kooperieren.*

Welche dieser Verben auf *-ieren* sind auch in Ihrer Muttersprache gebräuchlich?

Hier kooperiert niemand mit dem Sportler. Wissen Sie, was man mit ihm macht?

92 Setzen Sie das richtige Verb aus der Liste ein.

akzeptieren – blamieren – dominieren – ignorieren – protestieren – resümieren – riskieren

1. Warum willst du denn unseren Vorschlag nicht *annehmen?*
2. Du bist immer aggressiv, wenn du nicht alle *beherrschen* kannst.
3. Du hast dich schon oft mit deiner Uneinsichtigkeit *bloßgestellt.*
4. Mit dieser Starrheit *setzt* du deinen Namen als Fachmann *aufs Spiel.*
5. Du hast schon immer unsere Einwände *unbeachtet gelassen.*

6. Wir alle *lehnen* uns gegen deine Anmaßung *auf.*
7. Wir können nur *schlußfolgern,* daß du nicht bereit bist, aus deinen Fehlern zu lernen.

Verwechseln Sie nicht!

1. Wer etwas ..., verspottet etwas, wer etwas ..., beschreibt etwas seinem Wesen nach. | *charakterisieren* / *karikieren*

2. Wer ..., tritt zum ersten Mal öffentlich auf, wer jemanden ..., schlägt jemanden als Abgeordneten vor. | *debütieren* / *deputieren*

3. Wer etwas ..., mißt die Menge einer Substanz ab, wer ..., redet auf belehrende Weise. | *dosieren* / *dozieren*

4. Wer ..., übt ein Amt aus, wer etwas ..., fälscht etwas oder täuscht etwas vor. | *fingieren* / *fungieren*

5. Wer einen Stoff ..., verflüssigt ihn aus einem gasförmigen Zustand, wer einen Stoff ..., verdichtet und reichert ihn an. | *kondensieren* / *konzentrieren*

6. Wer ..., arbeitet heimlich gegen jemanden, wer etwas ..., ordnet und fügt etwas in ein Ganzes ein. | *integrieren* / *intrigieren*

Bei den Verben auf *-ieren* lassen sich mehrere Bedeutungsgruppen unterscheiden, z. B.:
a) als jd. tätig sein
b) etw. hervorbringen/machen
c) jdn./etw. mit etw. versehen
d) etw. zu etw. machen (Hier tritt – vor allem im fachsprachlichen Bereich – das Suffix *-isieren* auf.)

(a) **Nennen Sie die zugehörigen Substantive.**

1. dirigieren – ...
2. gastieren – ...
3. kandidieren – ...
4. spionieren – ...
5. tyrannisieren – ...

(b) Bilden Sie die zugehörigen Verben.

6. Kontrolle – ...
7. Konzert – ...
8. Musik – ...

9. Porträt – ...
10. Protest – ...

(c) Wie heißen die Verben?

11. Asphalt – ...
12. Bandage – ...
13. Motor – ...

14. Prämie – ...
15. Zement – ...

(d) Wie heißen die Verben?

16. Analyse – ...
17. Ideal – ...

18. Pulver – ...
19. Symbol – ...

Verben auf *-ieren* haben oft eine vom Substantiv abweichende Bedeutung.

95 Können Sie die folgenden Sätze erklären?

1. Thomas ist jetzt eine Berühmtheit geworden. Er *gastiert* in der ganzen Welt.
2. Heutzutage streben alle Leute danach, *motorisiert* zu sein.
3. Seitdem Stefanie krank ist und im Bett bleiben muß, *tyrannisiert* sie die ganze Familie.
4. Der Verkehr wird um die Unfallstelle *dirigiert*.
5. Vor Weihnachten *spioniert* Vera überall, ob sie schon ein Geschenk entdecken kann.
6. Die Positionen der Verhandlungspartner waren so *zementiert*, daß man lange keine Einigung erreichen konnte.

Und nun noch ein paar *-ieren*-Witze:

Ein berühmter Geschäftsmann läßt sich porträtieren. „Soll ich Sie im Gesellschaftsanzug porträtieren?" fragt der Maler. Da brummt der Kunde: „Unsinn. Bleiben Sie in Ihrem Kittel."

Einst kam eine reiche, aber ungebildete Patientin zu dem berühmten, aber für seine Grobheit bekannten Doktor Heim, einem Berliner Arzt. Sie sagte: „Ich habe eine Explosion nach Berlin gemacht, um Sie zu insultieren." Da sagte der alte Heim: „Dann markieren Sie mal rüber in die Hypotheke und lassen Sie sich Rhinozerosöl geben."

Wie heißt das Verb? Entscheiden Sie, ob Sie das Suffix *-ieren, -isieren* oder *-ifizieren* verwenden müssen.

1. Adresse
2. Alphabet
3. Argument
4. Dokument
5. Elektrizität
6. Experiment
7. Identität
8. Kasse
9. Klasse
10. Kristall
11. Magnet
12. Modell
13. Person
14. Protokoll
15. Rebell
16. Signal
17. Tabelle
18. Terror
19. Transport
20. Zentrum

Neue englische Verben im Deutschen

Versuchen Sie, deutsche Umschreibungen zu finden.

1. Zur Zeit *boomt* das Baugewerbe.
2. Peter hat für seine Firma ein Auto *geleast*.
3. Die Besitzrechte an dem Bauland werden *gesplittet*.
4. Das Jugendkonzert wird durch einen großen Autokonzern *gesponsert*.
5. Am besten kann ich *relaxen*, wenn ich Musik höre.
6. Paula fällt auf, weil sie immer so *gestylt* daherkommt.
7. Wir müssen alles genau *timen*, damit wir möglichst viel von dieser Stadt sehen.
8. Der Reiter wurde disqualifiziert, weil sein Pferd *gedopt* war.

Aus welchen Kommunikationsbereichen stammen die Verben?
Fallen Ihnen noch weitere Verben ein?

Umgangssprachliche Verben von Tiernamen

Wählen Sie aus der Liste das neutrale Synonym.

(auf listige Art) abnehmen – ärgern – beleidigt/trotzig sein – laufen – (ange-strengt) lernen – stehlen – suchen – Unsinn reden – verschmutzen – (Schlechtes) voraussagen – sich zurückziehen

Ein schlechter Tag
1. Mich *wurmt*, daß es schon den ganzen Tag regnet. 2. Georg hat schon gestern *geunkt*, daß mein Geburtstag buchstäblich ins Wasser fällt. 3. Zu-erst habe ich noch gesagt, daß er ein bißchen *spinnt*. 4. Da hat er den

ganzen Tag *gebockt* und mir nicht einmal gratuliert. 5. Da tat ich so, als wäre nichts und habe meine Vokabeln *gebüffelt.* 6. Dann bin ich ohne ein weiteres Wort zur Straßenbahn *getigert.* 7. Als ein Kontrolleur kam, habe ich vergeblich in meiner Tasche nach der Fahrkarte *gefischt.* 8. Meine Entschuldigung, man hätte mir meine Brieftasche *gemaust,* nützte gar nichts. 9. Er hat mir eine Menge Geld *abgeluchst.* 10. Beim Aussteigen spritzte mich ein Auto voll, so daß mein neues Kostüm *versaut* ist. 11. Es hat mich mächtig *gefuchst,* daß ich gerade heute so viel Pech habe. 12. Gehe ich nun mit Anna ein Glas Wein trinken oder *igle* ich mich zu Hause ein?

6. Komposita

Adjektiv + Verb

Getrennt oder zusammen? Das ist nicht nur eine Frage der Orthographie, sondern auch der Bedeutung. Es handelt sich entweder um eine Wortgruppe, in der die Wörter noch ihre Einzelbedeutung haben (Betonung auf beiden Wörtern), oder um eine Verschmelzung von Adjektiv und Verb zu einer neuen Bedeutung (Betonung nur auf dem Adjektiv).

99 Getrennt oder zusammen?

1. Hans hat diesen Artikel wirklich (gut) geschrieben.
2. Die Bank hat mir die Zinsen vom Vorjahr (gut) geschrieben.
3. Das Gericht hat den Jugendlichen (frei) gesprochen.
4. Anne hat während der Festveranstaltung (frei) gesprochen.
5. Die Möbelpacker haben die Schränke nicht (richtig) gestellt.
6. Der Physiker hat aufgrund seiner Forschungen frühere Irrtümer (richtig) gestellt.
7. In unserem Tierpark werden die Papageien (frei) gehalten.
8. Nach dem Examen hat Paul seine Freunde in die Disco eingeladen und sie den ganzen Abend (frei) gehalten.

100 Getrennt oder zusammen?

1. Der Artist ist auf dem Seil völlig (sicher) gegangen.
2. Ich will ganz (sicher) gehen, ob ich dich richtig verstanden habe, und frage noch einmal.

3. Es ist Pedro nicht ganz (leicht) gefallen, sein Heimatland zu verlassen.
4. Wenn im Winter die Wege vereist sind, kann man
   ganz (leicht) fallen.
5. Drei Jahre ist die neue Industrieanlage (voll) gelaufen.
6. Im Laufe der Jahre ist die ehemalige Kiesgrube (voll)
   gelaufen und dient heute als Badesee.
7. Elvira ist so ein Typ, der die Nase immer (hoch) trägt.
8. Die Möbelpacker mußten das Klavier in die dritte Eta-
   ge (hoch) tragen.

So ein Typ ist
Elvira!

Wählen Sie das passende Synonym. 101

*freihalten – freisprechen – gutschreiben – leichtfallen – richtigstellen –
schwerfallen – sichergehen*

1. Peter feierte mit seinen Freunden das bestandene Examen und *bezahlte*
   für seine Freunde *die Zeche*.
2. Die Zinsen vom Vorjahr wurden auf seinem Konto *als Guthaben eingetra-
   gen*.
3. Peter wollte *nichts riskieren* und überprüfte den neuen Kontostand.
4. Die Bankangestellte hatte sich tatsächlich geirrt und *berichtigte* den Buchungsfehler.
5. Es war ein Computerfehler, und der Bankangestellten *machte es Mühe*,
   den Fehler abzustellen.
6. Peter hatte die Arbeit am Computer *nie Mühe gemacht*.
7. Computer sind zwar nicht immer unfehlbar, aber oft sind es die Menschen, die Fehler machen. Deshalb muß man den Computer *für unschuldig erklären*.

Geben Sie Ihrem verwunderten Gesprächspartner eine Erklärung. Ver- 102
wenden Sie in Ihrer Antwort ein Kompositum aus Adjektiv + Verb.

> **A: Die Haustür ist ja schon wieder offen!**
> **(ich, lassen) → B: Ich habe sie offengelassen.**

1. Der Hund ist ja schon wieder los! (Ilka, binden)
2. Die Rosen sind ja ganz kahl! (die Raupen, fressen)
3. Das Wasserfaß ist ja voll! (Hans, pumpen)
4. Mein Fahrradlenker ist ja wieder gerade! (Opa, biegen)
5. Die Terrasse ist ja ganz sauber! (Petra, machen)
6. Das Essen ist ja schon fertig! (Vater, kochen)

Die meisten der aus Adjektiv + Verb bestehenden Komposita sind anfangs-
betont und trennbar – aber nicht alle! Von der Betonung hängt die Bildung
des Partizips II ab: nur bei Anfangsbetonung mit *-ge-*.

103 Ergänzen Sie das Partizip II.

Prüfungsfieber

1. Unser Prüfungstermin ist auf den 15. Juli (festsetzen) worden. 2. Paola
hat das Kunststück (vollbringen), von der Prüfung befreit zu werden.
3. Aber gestern hat sie mir ihr Geheimnis (offenbaren). 4. Auch mir sind
die Prüfungsvorbereitungen bei dem schönen Wetter diesmal besonders
(schwerfallen). 5. Mein Freund Peter hat wieder einmal zu früh (frohlocken).
6. Ich fürchte, mit seiner Überheblichkeit hat er sich wieder einmal (bloßstel-
len). 7. Ich hoffe, daß er mir meine Worte nicht (übelnehmen) hat. 8. Die
Prüfungsergebnisse werden erst Ende des Semesters (bekanntgeben).

Substantiv + Verb

Diese Art von Komposita sind ein Glück für alle Deutschlerner, denn sie
vereinfachen vieles. Anstelle von *jdm. Dank sagen* genügt *danksagen*, anstelle von *auf dem Seil tanzen* genügt *seiltanzen*. Die meisten dieser Komposita sind trennbar, aber auch hier gibt es Ausnahmen. Bei Trennbarkeit
tritt die Infinitivpartikel *zu* zwischen die beiden Kompositionsteile.

104 Artisten können alles. Sie auch? Setzen Sie das Kompositum in der richtigen Form ein.

1. Pedro hat schon als Kind gelernt, auf dem
Seil (radfahren). 2. Elisa versteht es, viele
bunte Bälle geschickt (handhaben). 3. Ihr
Bär bringt es fertig, in der Manege (kopfste-
hen). 4. Sogar einem Ziegenbock vermag
er in dieser Stellung (standhalten). 5. Nach
der Vorstellung sitzen die Artisten zusammen, um miteinander (fachsimpeln). 6. Pe-

Können Sie das auch so gut wie der Zauberer?
Was passiert hier?

dro rät jedem Anfänger, mit seinen Kräften (haushalten). 7. Elisa kann nicht aufhören, ihre klugen Tiere (lobpreisen). 8. Artisten sind ja gezwungen, mit den Besten ihres Fachs (schritthalten).

> **Verb + Verb**

Die Komposition aus zwei Infinitiven erfolgt vor allem mit *bleiben, lassen, lernen* als Zweitgliedern. Neben den Komposita stehen in einigen Fällen gleichlautende Wortgruppen. Oft lassen sich dabei direkte und übertragene Bedeutungen unterscheiden, z. B.: *jdn. sitzen lassen* – jdm. einen Sitzplatz anbieten und *jdn. sitzenlassen* – jdn. im Stich lassen.

Getrennt oder zusammen – direkte oder übertragene Bedeutung?

105

1. Die russischen Studenten haben sich gewundert, daß ihre deutschen Kommilitonen beim Eintreten des Professors (sitzen) geblieben sind.
2. Karl ist wegen seiner ungenügenden Leistungen in Deutsch und Englisch im letzten Jahr (sitzen) geblieben.
3. Erst als ich den Zug verpaßt habe, habe ich gemerkt, daß meine Uhr (stehen) geblieben ist.
4. Obwohl in dem Abteil noch mehrere Plätze frei waren, ist Franz auf dem Gang (stehen) geblieben.
5. Während Anne einkaufte, hat sie ihr Baby vor dem Geschäft im Kinderwagen (sitzen) lassen.
6. Jens hat mir versprochen, bei der Autoreparatur zu helfen, aber nun hat er mich (sitzen) lassen.
7. Bei der Reparatur ist eine wichtige Schraube (verloren) gegangen.
8. Dorothea ist eben noch schnell (einkaufen) gegangen.
9. Juri hat in einem Jahr fließend Deutsch (sprechen) gelernt.
10. Ich habe kürzlich auch seine Frau (kennen) gelernt.

7. Synonyme

Synonyme sind Wörter (vor allem Verben, Substantive und Adjektive), die sich in der Bedeutung sehr ähnlich sind und deshalb in Bedeutungsgruppen (sogenannte Wortfelder oder Sachgruppen) zusammengefaßt werden können. Für den Nicht-Muttersprachler bestehen die Schwierigkeiten darin, die einzelnen Wörter dieser Gruppen voneinander zu unterscheiden.

Im folgenden werden für eine Auswahl allgemeinsprachlicher Verben in Klein-gruppen und Wortpaaren Differenzierungsübungen mit Hilfe von Satz- und Wortgruppenkontexten geboten.

7.1. | Synonympaare

106 *anbieten* oder *vorschlagen?*

> *jdm. etw. vorschlagen*: jdm. etw. unverbindlich empfehlen
> *jdm. etw. anbieten*: jdm. etw. (als freundliche Geste, als Hilfe o. ä.) geben
> wollen

1. einer älteren Frau seinen Platz ...
2. seinem Gast einen Opernbesuch ...
3. dem Bekannten eine Zigarette ...
4. einem Bekannten das Du ...
5. dem arbeitslosen Freund eine Umschulung ...
6. dem Antiquariat Bücher zum Kauf ...
7. dem Studenten einen anderen Prüfungstermin ...
8. dem Verlag ein Manuskript zum Druck ...
9. den Versammlungsteilnehmern eine neue Tagungsordnung ...
10. seinen Gästen etwas zu essen und zu trinken ...
11. seinem Nachbarn einen Tausch ...

107 *angehören* oder *gehören (zu)?*

> *angehören*: jd. ist Mitglied einer Gruppe
> *gehören*: etw. ist jds. Eigentum
> *gehören zu*: jd. oder etw. ist ein (notwendiger) Teil von etw.

Besitz, Zugehörigkeit oder Verbundenheit?

1. Das Haus, in dem wir wohnen, ... (meine Eltern)
2. Es ist ein Reihenhaus, (der) ein kleiner Garten ...

66

3. Österreich ... seit dem 1. Januar 1995 (die Europäische Union [EU])
4. Die Insel Sumatra ... (Indonesien)
5. Weißt du, (wer) die schwarze Katze ...
6. Die Fotos der Künstlerin aus der Schweiz ... (die besten der Ausstellung)
7. Unsere Institutsdirektorin ... seit drei Jahren (der Vorstand der Fachgruppe DaF)
8. Die Fachgruppe DaF ... (der Fachverband Moderne Fremdsprachen)

angewöhnen oder *gewöhnen an*? 108

> *sich gewöhnen an etw./jdn.*: sich auf etw./jdn. einstellen, mit etw./jdm. vertrauter werden
> *sich etw. angewöhnen*: sich etw. zur Gewohnheit machen

(a)   Was kann man sich angewöhnen, woran kann man sich gewöhnen?
1. Manche Ausländer können sich nur schwer (das Klima in Mitteleuropa) ...
2. Die Studentin hat sich (der Lärm im Wohnheim) ...
3. Vor dem Examen hat sie sich (das Kaffeetrinken) ...
4. Es dauerte lange, bis sich das Kind (die Adoptiveltern) ...
5. Sein Sohn hat sich durch vieles Lesen (eine gute Ausdrucksweise) ...
6. Es schädigt die Gesundheit, wenn man sich (Schlafmittel) ...
7. Seit er das Mädchen kennt, hat er sich (bessere Manieren) ...
8. Ihr Freund hatte sich schon (ihre häufige Unpünktlichkeit) ..., doch inzwischen hat sie sich (Pünktlichkeit) ...
9. Seine Freundin hat sich vor einem Jahr (das Rauchen) ... Am Anfang gefiel ihm das gar nicht, aber inzwischen hat er sich (das Rauchen) ...

(b)   Bilden Sie aus den obigen Sätzen eigene Sätze mit *ich* und *du* als Personen. Achten Sie auf den Kasusunterschied: Ich habe *mich* an den Rauch gewöhnt. – Ich habe *mir* das Rauchen angewöhnt.

anvertrauen, trauen oder *zutrauen*? 109

> *jdm. etw. anvertrauen*: jdm. eine Angelegenheit vertrauensvoll übertragen
> oder jdm. etw. vertrauensvoll erzählen

trauen:
a) *sich etw. trauen:* etw. wagen
b) *jdm./einer Sache trauen:* jdm./einem Sachverhalt glauben
jdm. etw. zutrauen: man nimmt an, daß jd. bzw. man selbst zu einer bestimmten Handlung oder Leistung fähig ist

Er legt für seine Frau die Hand ins Feu-
er.
Welches der obigen Verben ersetzt die
Wendung?

Offen gefragt, offen gesagt

1. Runde: Vertrauen

**Fragen Sie sich gegenseitig, wem Sie sich in welchen Situationen anver-
trauen und wem nicht. Begründen Sie Ihre Antworten kurz. So können Sie
beginnen: Würdest du/Würden Sie ...?/Warum würdest du/würden Sie
...?/Warum würdest du/würden Sie nicht ...?**

den Nachbarn – die eigenen Kinder

einem/einer Bekannten –
wichtige persönliche
Dokumente

Ihrem Chef – Ihre Zukunftspläne

den Eltern –
Liebeskummer

anvertrauen

einem Freund/einer Freundin –
Ihre Prüfungsangst

dem Tischnachbarn im Café –
Ihren Lottogewinn

Ihrem Freund/Ihrer Freundin – ein Geheimnis

den Hausbewohnern – private Schwierigkeiten

2. Runde: Sportlichkeit

Fragen Sie Ihren Nachbarn, ob er sich das alles – oder noch mehr! – zutraut. Ihr Nachbar antwortet und fragt weiter. Sie können auch wechselweise *wagen* statt *zutrauen* verwenden.

3. Runde: Courage

Was trauen wir uns, und was trauen wir uns oft nicht?
Ergänzen Sie und bilden Sie Sätze.

– dem Vorgesetzten die Meinung zu sagen
– allein in den dunklen Keller zu gehen
– einen Schwächeren zu ärgern
– als Erwachsene in Rollenspielen mitzumachen
– eine Rede zu halten
...
...
...

ausruhen oder *erholen*?   **110**

Beide Verben bezeichnen eine Entspannungsphase nach Arbeit, Krankheit, Schreck u. ä. Mit *ausruhen* wird eine kürzere Phase ohne körperliche Bewegung bezeichnet, mit *erholen* eine längere und gleichzeitig intensivere Phase eines körperlichen und geistigen Ausgleichs.

Wozu ermuntern Sie eine(n) gute(n) Bekannte(n)?

1. Nach einer schweren Krankheit: Du wirst dich schon wieder ...!
2. Nach einer langen Wanderung: Setzen wir uns dort auf die Bank, um uns ...!
3. Nach der bestandenen Magisterprüfung: Du solltest dir ein paar Tage Urlaub gönnen, um dich ...!
4. Nach einem anstrengenden Arbeitstag: Leg dich ruhig hin und ... dich ein wenig ...!
5. Beim Abschied vor der Fahrt in den Urlaub: ... dich gut!
6. Nach dem Diebstahl der Tasche: So, nun ... dich erstmal von dem Schreck!

111 *ausspannen, rasten* oder *verschnaufen*?

ausspannen: für einige Zeit mit der Arbeit aufhören, um sich zu erholen
rasten: während einer Wanderung eine Ruhepause einlegen
verschnaufen (umg.): nach einer körperlichen Anstrengung eine Pause einlegen, um Atem zu holen

Hier spricht ein Rücksichtsloser

1. Höre ich richtig, nach den wenigen Wochen Arbeit an unserem Projekt wollen Sie schon wieder ein paar Tage ...?
2. So eine unsportliche, lahme Truppe! Auf diesem letzten Stück zum Berggipfel ... ihr ja mehr als ihr lauft!
3. Wenn ihr weiter so oft ..., kommen wir nie zum Gebirgskamm!
4. Meine Güte, so eine berühmte Leichtathletin, und muß so lange ..., ehe sie nach dem Lauf ein Interview geben kann!
5. Wenn wir bei jedem schönen Anblick so lange ... wollen, kommen wir nie wieder zurück ins Tal!
6. Was heißt hier ...?! Sie können doch in dieser arbeitsintensiven Zeit keinen Urlaub nehmen!

112 *begrüßen* oder *grüßen*?

begrüßen: jdn. bei Ankunft mit Grußworten (auch Händeschütteln, Umarmung u. a.) empfangen
grüßen: jdm. bei Begegnung/Abschied/Nichtanwesenheit ein Zeichen der Höflichkeit geben (Grußwort, Nicken, Winken u. a.)

(a)   Fassen Sie die Situationen in Worte. Die Stichwörter können Ihnen helfen.

1. zwei Leute, die sich kennen;
   sich auf der Straße schon
   von weitem sehen;
   sich zuwinken

2. sich gegenüberstehen;
   sich die Hände geben/schütteln

3. die Zuhörer;
   den Redner;
   mit herzlichem Beifall/durch Händeklatschen

(b)   Und noch eine kleine Ergänzung.

1. Der Hausherr ... die Gäste.
2. Es ist mir eine große Ehre, Sie bei mir ... zu dürfen.
3. Mein Bruder hat mir aufgetragen, dich herzlich von ihm zu ...
4. Die Tagungsleiterin ... die Anwesenden.

113 *bringen* oder *holen*?

Mit beiden Verben wird der Transport von etw./jdm. zu einem Zielpunkt ausgedrückt. Mit *bringen* wird nur der Weg zum Zielpunkt, mit *holen* der Weg zum Zielpunkt und zurück zum Ausgangspunkt bezeichnet.

1. ... doch bitte die Zeitung zum Nachbarn!
2. ... bitte die Post von heute aus dem Briefkasten!
3. Die Professorin rief im Sekretariat an, und bald ... die Sekretärin Kaffee für den Besucher.
4. Sie ging selbst ins Vorzimmer und ... Zigaretten und Gebäck.
5. Die Mutter sagte dem Sohn, es sei Essenszeit und er solle die kleine Schwester vom Spielplatz ...
6. Sonntags ... er seiner Frau das Frühstück ans Bett.
7. Da ihr Mann noch unterwegs war, ... die Ehefrau den Wein für die Gäste selbst aus dem Keller.
8. Am Abend vor der Urlaubsreise ... er noch die Koffer vom Boden.
9. Am nächsten Morgen ... ein Taxi die Familie zum Flughafen.
10. Es muß dringend ein Arzt ... werden!
11. Der Unfallwagen ... den Verletzten ins Krankenhaus.

Auch ein Nashorn kann jemanden auf die Palme bringen! Was stellen Sie sich darunter vor?

114 *ersetzen* oder *vertreten*?

ersetzen: jd./etw. gegen jd. anderen/etw. anderes, Neues auswechseln
a) Man kann die Aufgabe eines anderen (dauerhaft) erfüllen, dann *ersetzt* man ihn (*jdn. ersetzen*).
b) Man muß Ersatz leisten für etw., das man verschuldet hat (*jdm. etw. ersetzen*).

vertreten:
a) zeitweilig an jds. Stelle treten und dessen Aufgaben übernehmen
b) als jds. Vertreter dessen Interessen oder Rechte wahrnehmen

Minidialoge

1. (A: Schuldirektor; B: Stellvertreter)
A: Unser einziger Englischlehrer ist krank geworden.
B: Ja, wenn ihn niemand ... kann, muß der Unterricht ausfallen. Ist das Lehrmaterial bereitgestellt?
A: Das schon. Aber die Dias sind unbrauchbar. Wir müssen sie ...

2. (A und B: nahe Bekannte)
A: Mein Vater ist vor kurzem gestorben.
B: Oh, das tut mir aber leid. Mein aufrichtiges Beileid. Das ist ein schlimmer Verlust, den dir niemand ... kann.
A: Es ist furchtbar. Er war zwar nicht mein leiblicher Vater, aber er hat sich immer bemüht, mir den richtigen Vater zu ...

3. (A: Kapitän der Fußballmannschaft; B: Trainer)
A: Der Martin spielt aber heute schwach.
B: Ja, nach der Halbzeit ... wir ihn durch Schulze. Gehst du heute zur Verbandssitzung?
A: Ja, unser Club muß doch auch ... sein.

4. (A und B: Bekannte)
A: Hattest du eigentlich Schuld an dem Unfall?
B: Nein, aber die Versicherung will mir den Schaden trotzdem nicht ...
A: Dann mußt du dir jemanden suchen, der deine Interessen wirksamer ...

führen **oder** *leiten*?

115

führen:
a) mit jdm. gehen und ihm dadurch den Weg weisen, etw./jdn. in eine bestimmte Richtung bewegen
b) an erster Stelle in einer Rangliste (z. B. im Sport, in der Wirtschaft) stehen
c) einer bestimmten Einrichtung/einem Geschäft vorstehen
leiten:
a) die Tätigkeit einer Gruppe verantwortlich beeinflussen
b) bewirken, daß etw. an einen bestimmten Ort kommt

Beantworten Sie die Fragen.

Was macht ...

1. der Gärtner? (Regenwasser in ein Auffangbecken)
2. der Verkehrspolizist? (Blinder über die Straße)
3. die Studienrätin? (Realschule, seit mehreren Jahren)
4. der wissenschaftliche Mitarbeiter? (Seminar zur Vorlesung von Professor Schubert)
5. der Soldat? (Hand zum Gruß an die Mütze)
6. der Förster? (Jagdhund an der Leine)
7. der Generalleutnant Blücher? (die Schlesische Armee, in der Völkerschlacht bei Leipzig)
8. der Junge? (das Fahrrad, beim Bergaufsteigen)
9. der Institutsdirektor? (die Diskussion zum Vortrag des Gastprofessors)
10. die Ärztin? (der Kurantrag an die Krankenkasse)

116 *legen, setzen* oder *stellen*?

Die (regelmäßigen) Tätigkeitsverben *legen, setzen* und *stellen* bezeichnen wie die entsprechenden (unregelmäßigen) Zustandsverben *liegen, sitzen* und *stehen* die drei menschlichen Grundpositionen:

legen/liegen	——	(Betonung der Horizontalen)
setzen/sitzen	⌐	(Übergang zwischen beiden)
stellen/stehen	|	(Betonung der Vertikalen)

1. Die Mutter ... den Stuhl an den Tisch, ... ein Kissen auf den Stuhl und ... den kleinen Sohn darauf.
2. Nach dem Saugen ... er den Staubsauger in die Abstellkammer.
3. ... den Topf mit den Kartoffeln aufs Feuer!
4. Die Mutter ... die bunten Ostereier auf einen Teller.
5. Wir haben eine Leiter an den Apfelbaum ...
6. Wohin hast du die Servietten ...?
7. Sie ... eine Vase mit Rosen auf das Tischchen.
8. Bitte ... Sie die Lexikonbände in einer Reihe in den Schrank!
9. Er ... mir die Hand auf die Schulter.
10. Er ... das Glas an den Mund und trank es leer.
11. Sie hat den Hut schief auf dem Kopf ...

a) Hier sitzt jemand in der Tinte. Wissen Sie, was das bedeutet?

b) Manche Leute setzen sich zwischen zwei Stühle. Wie mögen die sich fühlen?

leihen, mieten oder *pachten*?

117

Leiht Ihnen jd. etw., dann gibt er es Ihnen zeitweilig unter der Bedingung der Rückgabe.
Bei *mieten* nutzen Sie etw. mit Vertrag, mit einmaliger (Auto) oder regelmäßiger (Wohnung) Bezahlung.
Pachten können Sie ein Grundstück, Grund und Boden – zeitlich begrenzt, mit Vertrag und regelmäßigen Zahlungen.

Was kann man *leihen, mieten* oder *pachten*?

1. eine Autogarage
2. einen Garten
3. ein Auto
4. einen Krimi(nalroman)
5. ein Ferienhaus

6. einen Weinberg
7. zwei Hektar Wiese
8. zwanzig Mark
9. ein möbliertes Zimmer
10. einen Fotoapparat

118 *lenken* oder *steuern?*

Lenken und *steuern* haben neben unterschiedlichen auch gemeinsame Bedeutungsmerkmale.

Erklären Sie diese unterschiedlichen und gemeinsamen Bedeutungsmerkmale mit Hilfe der Graphik.

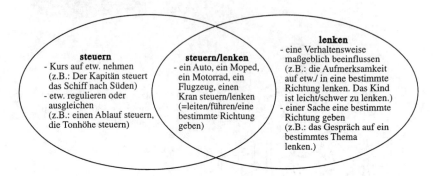

steuern
- Kurs auf etw. nehmen
 (z.B.: Der Kapitän steuert
 das Schiff nach Süden)
- etw. regulieren oder
 ausgleichen
 (z.B.: einen Ablauf steuern,
 die Tonhöhe steuern)

steuern/lenken
- ein Auto, ein Moped,
 ein Motorrad, ein
 Flugzeug, einen
 Kran steuern/lenken
 (=leiten/führen/eine
 bestimmte Richtung
 geben)

lenken
- eine Verhaltensweise
 maßgeblich beeinflussen
 (z.B.: die Aufmerksamkeit
 auf etw./ in eine bestimmte
 Richtung lenken. Das Kind
 ist leicht/schwer zu lenken.)
- einer Sache eine bestimmte
 Richtung geben
 (z.B.: das Gespräch auf ein
 bestimmtes Thema
 lenken.)

Merken Sie sich:
Ein Fahrrad und ein Pferdefuhrwerk werden gelenkt, nicht gesteuert. Warum wohl?

Ergänzen Sie die Sätze.

1. Die Rakete wird durch den Computer ...

9. Der Fahrer ... den Schulbus
 vorsichtig durch das
 Schneetreiben.

2. Das Schiff ... nach einer Korrektur
 genau südwärts.

8. Der Kreislauf des Menschen
 wird vom Nervensystem ...

?
lenken
oder
steuern
?

3. Mit ihren Bemerkungen wollte
 sie den Verdacht der Polizei
 auf ihre Bekannte ...

7. Es ist nicht einfach, dieses
 Kind zu ...

6. Die neue Produktionsanlage
 wird automatisch ...

4. Das Pflanzenwachstum wird
 durch die Photosynthese ...

5. Der Museumsführer ... die Aufmerksamkeit
 der Besucher auf ein Bild von Dürer.

lernen oder *studieren*? **119**

studieren:

a) ein wissenschaftliches Fach an einer Universität, Hoch- oder Fachschule absolvieren *(Philosophie studieren, Germanistik studieren)*

b) sich mit einer Sache geistig auseinandersetzen, etw. ernst, gründlich, angestrengt durcharbeiten, analysieren, genau beobachten *(die Speisekarte studieren, das Verhalten von Tieren studieren, die Entwicklungstendenzen der deutschen Sprache studieren)*

lernen: Wissen, Fähigkeiten, Fertigkeiten unter Anleitung eines Lehrers, durch eigenes Bemühen, aus der Erfahrung, aus Büchern oder aus Gesprächen erwerben *(Autofahren lernen, Deutsch [= die deutsche Sprache] lernen)*

Setzen Sie in die Antworten das passende Verb ein.

1. Du kennst dich aber gut aus in Prag! – Ja, ich habe acht Semester Physik in Prag ...
2. Dein Fotoalbum ist aber hübsch gebunden! – Nach dem Abschluß der 10. Klasse habe ich zuerst einmal Buchbinder ...
3. Dein Gast spricht aber gut Deutsch! – Er ... doch im Hauptfach Germanistik.
4. Toll, das kennst du auswendig? – Wir mußten doch den „Erlkönig" von Goethe schon in der Schule auswendig ...
5. Was, du kannst sogar Walzer tanzen? – Ja, den habe ich in der Tanzstunde ... Macht großen Spaß!
6. Weißt du, daß dich die anderen für einen Streber halten? – Das macht mir nichts aus. Ich habe eigentlich erst an der Universität ..., kontinuierlich zu arbeiten und finde es gut.
7. Ich denke, du studierst Politologie? Dabei schreibst du perfekt Maschine wie eine ausgebildete Bürokraft! – Ich habe ja auch in einem Kurs an der Volkshochschule Schreibmaschine, Stenografie und Textverarbeitung ...

Hat dieser Vorgang etwas mit „lernen" und „studieren" zu tun? Wie heißt die bildhafte Wendung?

8. Sag mal, du weißt aber gründlich über den 30jährigen Krieg Bescheid! – Ich habe eben die Geschichte Europas genau ...
9. Woher weiß denn deine Mutter das alles so genau? Sie hat doch gar keine Ausbildung? – Tja, man ... eben nicht nur aus Büchern!

120 *rechnen* oder *zählen*?

Formulieren Sie die Sätze mit *rechnen* oder *zählen* um.

1. Beim Aufstieg auf den Aussichtsturm *stellten* die Kinder die Anzahl der Stufen *fest.*
2. Für den Weg bis zur Gaststätte hatte ich zwei Stunden *veranschlagt.*
3. Beim Kaffeetrinken *waren* wir 15 Personen, die Kinder nicht *mit einbezogen.*
4. Ich habe die Aufgabe zuerst im Kopf und dann sicherheitshalber noch einmal schriftlich *gelöst.*
5. Sie hat mir gesagt, daß ich *mich* stets auf ihre Hilfe *verlassen* kann.
6. Ich habe ihr geschrieben, daß ich fest *annehme,* daß sie mir beim Umzug hilft.
7. Für mich *sind* nicht Versprechungen und große Worte *wichtig,* sondern Taten.
8. Ich *gehöre zu* seinen Freunden.
9. Er *ist* noch keine Dreißig und schon Professor.

121 *reden, sagen* oder *sprechen*?

Die Bedeutungsunterschiede von *reden, sagen* und *sprechen* sind nur mit allgemeinen Bedeutungsangaben zu erfassen:
reden: sich im Zusammenhang äußern
sagen: Feststellungen machen
sprechen: fähig sein, sich zu äußern

Was macht ...

1. die Schauspielerin? (Gedichte von Brecht, auf der Matinee)
2. die Tochter? (Eltern, gute Nacht)
3. der Lehrer? (die Schüler, ein paar freundliche Worte zum Abschied)
4. die alte Bäuerin? (Dialekt)
5. die Schülerin? (nur Gutes über den alten Lehrer)
6. das kleine Kind? (im Alter von nur einem Jahr, schon ganze Sätze)

7. der neue Student? (der Sekretärin, Name und Anschrift)
8. der Ausländer? (Deutsch, mit leichtem Akzent)
9. der Tourist? (beim Einkaufen, mit Händen und Füßen)
10. der Redner? (kein Wort zum Umweltschutz)
11. der Vater? (als Weihnachtsmann, mit verstellter Stimme)
12. das Kind? (Mutter, etwas ins Ohr)
13. der Professor? (auf der Festveranstaltung, ohne Konzept)
14. der Betreuer? (ein ernstes Wort, mit dem undisziplinierten Auszubildenden)
15. der Mitarbeiter? (Direktor, nach dem Mund)

tauschen oder *wechseln*? 122

Tauschen setzt immer zwei Subjekte der Handlung voraus (auch wenn das zweite Subjekt nicht genannt wird), *wechseln* ist Handeln eines Subjekts.
tauschen:
a) jdm. etw. geben und dafür gleichzeitig etw. Gleichartiges, Gleichwertiges bekommen
b) den eigenen Platz an einen anderen abgeben und dessen Platz einnehmen
wechseln: von zwei Dingen tritt das eine an die Stelle des anderen, etw. unbrauchbar Gewordenes wird durch etw. Neues derselben Art ersetzt

Was ist zu tun?

1. Der Sammler besitzt noch keine Silbermünzen aus dieser Zeit. – Er ... seine Goldmünze gegen Silbermünzen.
2. In meiner Briefmarkensammlung gibt es viele Marken doppelt. – Ich muß mit anderen Sammlern ...
3. Auf dem Tauschmarkt hatte ich einen sehr ungünstigen Platz am Rand. – Ich beschloß, meinen Standort zu ...
4. Der Tauschpartner fand nichts Besonderes in meiner Sammlung. Ich sollte also bezahlen und hatte nur große Scheine. – Ich mußte meinen Zwanzigmarkschein in zwei Zehnmarkscheine ...
5. Auf dem Rückweg kam ich in einen Regenguß. – Ich mußte von Kopf bis Fuß die Kleidung ...
6. Interessante Tauschbörsen gibt es in unserem Ort nicht. – Vielleicht sollte ich zur Erweiterung meiner Sammlung gar den Wohnort ...?
7. Ich habe nur eine kleine Wohnung. – Ich werde sie gegen eine größere Wohnung ...

7.2. | Synonymgruppen

123 Verben des Ablehnens

Setzen Sie das passende Verb des Ablehnens mit dem Objekt ein.

ablehnen – absagen – abschlagen – abweisen – verweigern – verzichten auf

1. Wegen seiner Promotion muß sie dieses Jahr (die geplante Auslandsreise) ...
2. Weil der junge Mann ihr unsympathisch war, hat das Mädchen ihm (der Tanz) ...
3. Professor Keller hat (seine Teilnahme an der Konferenz) kurzfristig ...
4. (eine Tasse Tee) werden Sie mir doch nicht ...?
5. Mein Kollege hat (die Wahl zum Vorsitzenden) aus gesundheitlichen Gründen ...
6. Die Chefsekretärin hat (der unangemeldete Besucher) höflich, aber bestimmt ...
7. Die Zeugin hat vor Gericht (die Aussage) ...
8. Das Gericht hat (die Klage des Mieters gegen den Hausbesitzer) ...
9. Wegen einer plötzlichen Erkrankung des Solisten mußte man (das Konzert) ...
10. Der Rockstar hat (sein Honorar) zugunsten der Welt-AIDS-Hilfe ...
11. Den Verwandten wurde von der Klinikärztin (eine telefonische Auskunft über den Patienten) ...

Hier weist einer etwas absolut ab.
Erklären Sie mit der bildhaften Wendung,
was hier passiert.

124 Verben des (Sich-)Änderns

(a) Was kann man

umarbeiten – umbenennen – umgestalten – vertauschen – verwandeln?

1. Nach Abriß der alten Fabrikhallen wurde das Gelände zu einem Freizeitpark ...

2. Im Zuge der Erneuerung der Innenstadt wird auch der Marktplatz völlig ...
3. Das Rentnerehepaar hat seine gewohnte Lebensweise in der Großstadt mit dem Leben auf dem Lande ...
4. Der Regen hat die ausgetrockneten Wiesen wieder in grünes Weideland ...
5. Vor Arbeitsbeginn hat sie ihr Kostüm mit dem weißen Kittel ...
6. Die Fußballfans ... das Stadion in einen Hexenkessel.
7. Der Schriftsteller hat den Roman zu einem Hörspiel ...
8. Anläßlich des 50. Todestages des Malers wurde die Straße in „Heinrich-Zille-Straße" ...
9. Sie hat die Pelzjacke von einem Kürschner nach der neuesten Mode ... lassen.
10. Ostpakistan wurde im Jahre 1971 in Bangladesch ...
11. Durch Erhitzen wird Wasser in Dampf ...

(b)   Was kann

umschlagen – sich wandeln – wechseln?

1. Ihr Sohn ... sehr zu seinen Gunsten ..., seitdem er auf dem Gymnasium ist.
2. Der Geschmack hinsichtlich der Mode ... seit dem Beginn des Jahrhunderts ...
3. Ohne äußeren Grund ... seine Laune plötzlich in ihr Gegenteil ...
4. Der Gesichtsausdruck des Schauspielers kann sehr schnell ...
5. Über Nacht ... das Wetter ..., und es hat Frost eingesetzt.
6. Das Programm in unseren Kinos ... meist wöchentlich.
7. Die Mode ... nicht nur zu den verschiedenen Jahreszeiten.
8. Seit der Vereinigung Deutschlands ... die Situation im östlichen Teil gründlich ...

Verben des Beendens

125

(a)   Was kann man

abbrechen – aufgeben – aufheben – beenden?

1. die Feierstunde mit einem Quartett von Schubert ...
2. die Geschwindigkeitsbegrenzung auf der Autobahn ...
3. wegen heftiger Kritik seine Position ...
4. das Studium mit Erfolg ...

5. die diplomatischen Beziehungen zum Nachbarland wegen Grenzstreitig-keiten ...
6. das Fahrverbot in der Straße nach Abschluß der Bauarbeiten wieder ...
7. seine Arbeitsstelle ...
8. das Fußballspiel wegen eines Gewitters ...

(b) Was kann man

einstellen – schließen – stillegen – unterbrechen?

1. Wir haben unsere Fahrt nach Rostock in Güstrow ..., um das Barlach-Haus zu besuchen.
2. Durch den Sturm sind auch verschiedene Telefonverbindungen ...
3. Wegen starken Frostes mußten die Bauarbeiten vorübergehend ... werden.
4. Wegen der Grippeepidemie wurden alle Schulen des Ortes ...
5. Bei Eingriffen am Herzen wird die Funktion des Organs ...
6. Er ... den Brief mit besten Genesungswünschen für seinen Freund.
7. Das Verfahren gegen den Mitangeklagten wurde mangels Beweisen ...
8. Der Schneesturm hat den Straßenverkehr im Oberharz nahezu ...

126 Verben des Endens

Setzen Sie das passende Verb des Endens im Perfekt ein.

(a) *aussetzen – erlöschen – stehenbleiben – verklingen*

1. Da er die Uhr nicht aufgezogen hat, ... sie ...
2. Plötzlich ... bei dem Patienten Atmung und Herztätigkeit ...
3. In dem kräftigen Luftzug ... die Kerze ...
4. Nachdem der letzte Ton ... ..., beginnt das Konzertpublikum zu klatschen.
5. Da er seinen Beitrag nicht bezahlt hat, ... seine Mitgliedschaft in dem Verein ...
6. Wegen einer Handverletzung ... der Sportler mehrere Wochen mit dem Training ...
7. Der Wagen ... mitten auf der Kreuzung ..., weil der Motor ... ...

(b) *aufhören – ausgehen – enden – versiegen*

1. Erst spät am Abend ... der Regen ...
2. Der Streit der Eheleute ... mit einer Versöhnung ...
3. Da die Zigarette feucht war, ... sie ...
4. Wegen der monatelangen Trockenheit ... alle Brunnen ...

5. Da uns unterwegs das Benzin ... ..., mußte einer mit dem Kanister zur Tankstelle gehen.
6. Die Vorlesung hat 19 Uhr begonnen und ... gegen 21 Uhr ...
7. Er kam ins Erzählen und ... nicht mehr ...

Verben des Beschädigens

Welches Verb des Beschädigens paßt zu welchem Sachverhalt? Bilden Sie Sätze.

beschädigen – kränken – schädigen – verletzen – verwunden

1. viele Dächer	der Junge in seinem Stolz
2. Rauchen	ein wertvolles Bild
3. auf dem Transport	der Luftraum
4. durch unüberlegte Worte	mehrere hundert Menschen
5. bei den Kämpfen	vom Sturm
6. ein Flugzeug	einige Personen
7. bei dem Autounfall	das Ansehen des Unternehmens
8. durch Unzuverlässigkeit	Paul seinen Freund
9. durch den Spott des Mädchens	deine Gesundheit

Welche Wörter gebraucht man für „seelischen Schaden anrichten"?

Was bedeutet es, wenn man über jemanden den Stab bricht?

Verben des Sich-Beschäftigens

(a) Ergänzen Sie zu den Wortgruppen das jeweils passende Verb.

ausüben – sich beschäftigen – betreiben – treiben

1. regelmäßig (Sport) ...
2. in der Seminararbeit (Theorien zum Zweitspracherwerb) ...
3. (der Beruf eines Kraftfahrers) ...

4. (Studien über Schmetterlingsarten) ...
5. (Handel mit Korbwaren) ...
6. seit vielen Jahren (die deutsche Sprache) ...

(b) Vervollständigen Sie die folgenden Minidialoge mit Hilfe der Wörter aus der obenstehenden Verbliste und weiteren Ergänzungen.

1. A: Was verstehst du eigentlich unter gesunder Lebensweise?
   B: Na, zum Beispiel regelmäßig ... ...
2. A: In welchem Beruf möchtest du später mal arbeiten?
   B: Ich würde gern den Beruf einer/eines ... ...
3. A: Auf welchem Gebiet schreibst du deine Abschlußarbeit?
   B: Ich habe viel zur Faustrezeption in der russischen Literatur gelesen und mich auch in der Arbeit damit ...
4. A: Ich habe gehört, daß eure Firma einen guten Umsatz hat.
   B: Ja, wir ... seit Jahren einen florierenden Handel mit mehreren südamerikanischen Ländern.
5. A: Das Geschäft deines Vaters ist wohl schon recht alt?
   B: Seit 1896 ... die Familie den Laden.

129 Verben des Beseitigens

Welches Verb ist richtig? Bilden Sie Sätze.

entfernen – jäten – löschen – roden – stillen – streichen – tilgen – verbrennen

1. Feuer, Licht, Durst
2. Wald, Gebüsch
3. Druckfehler, Eintragung (im Strafregister), Kredit (in Raten), Bild (aus dem Gedächtnis)
4. Appetit, Durst, Ehrgeiz, Wißbegier
5. Unkraut, Disteln
6. Namen (von einer Liste), falsches Wort (aus dem Manuskript)
7. Schmutzfleck, Dreckspritzer, jdn. von seinem Posten
8. Papier

130 Verben des (Fort-)Bewegens

Setzen Sie das passende Verb ein.

(a) *fahren – fliegen – sich schlängeln – treiben*

1. Ich wollte zuerst mit dem Flugzeug ..., bin aber dann doch mit der Bahn ...
2. Mein Freund ... seinen Wagen erst ein halbes Jahr.

3. Das Wasser des Baches ... das Mühlrad.
4. Der Fluß ... in vielen Windungen durch das Tal.
5. Der Fischkutter ... steuerlos im Sturm.

(b) *fließen – gleiten – rollen – schwimmen*

1. Leicht ... der Schlitten über den Schnee.
2. Der Junge ... wie ein Fisch.
3. Der Fußball ... ins Aus.
4. Lautlos wie ein Vogel ... der Drachenflieger durch die Luft.
5. Der Don ... südwärts, die Oder dagegen nordwärts.
6. „Und ihre Tränen ..., wie's Bächlein auf den Wiesen." (Reim aus dem Kinderbuch „Der Struwwelpeter")

Was bedeutet es, wenn Sie mit jemandem Schlitten fahren wollen?

Verben des Gehens

131

(a) **Ordnen Sie folgende Verben nach den Merkmalen** *Schnelligkeit, Zielstrebigkeit, Ziellosigkeit* **und** *Behinderung* **der Fortbewegung.**

bummeln – hasten – hetzen – hinken – humpeln – huschen – marschieren – schlendern – trotten – wandern – waten

Wie läuft jemand, der die Beine unter den Arm nimmt?

(b) **Die Verben im Text sind durcheinandergeraten! Sie können sie bestimmt richtig zuordnen.**

1. Er wollte die Eltern nicht stören und *stapfte* auf Strümpfen über den Flur.
2. Die Kompanie *wanderte* im Gleichschritt über den Exerzierplatz.
3. Der Dichter Seume *schlich* im Jahre 1801 von Grimma bei Leipzig bis Sizilien.

4. Die letzte Strecke unseres Fußmarsches *humpelten* wir durch knöcheltiefen Schlamm.
5. Marlene hatte sich den Fuß verstaucht und *marschierte* mühsam zur Sanitätsstelle.
6. Am Wochenende waren wir in Göttingen und *wateten* durch die Straßen der Altstadt.
7. Die Urlauber *bummelten* durch das Herbstlaub, das in einer dicken Schicht den Waldboden bedeckte.

(c) **Welche der folgenden Verben des Gehens sind normalsprachlich, welche umgangssprachlich?**

eilen – fegen – flitzen – hasten – hetzen – laufen – pesen – preschen – rasen – rennen – sausen – socken – sprinten – wetzen – wieseln

(d) **Korrigieren Sie die Stilbrüche im offiziellen Sprachgebrauch:**

Der verspätete Abgeordnete *wetzte* noch in letzter Minute in den Sitzungssaal. → Der verspätete Abgeordnete *eilte* noch in letzter Minute in den Sitzungssaal.

1. Die Botschafter *flitzen* zur Konferenz.
2. Der Parteivorsitzende *peste* durch die Tür.
3. Nach der internen Zusammenkunft *fegte* der Regierungssprecher zur Pressekonferenz.
4. Die Sicherheitsbeamten *hetzten* die Gänge entlang.
5. Die Abgeordneten *wieseln* nach der Bundestagssitzung zu den Ausgängen.

132 **Verben des Bezeichnens**

Formulieren Sie Definitionen.

Kasus: *Nominativ, Genitiv, Dativ, Akkusativ*
Modi: *Indikativ, Konjunktiv, Imperativ, Optativ*
Komparativformen: *Positiv, Komparativ, Superlativ, Elativ*

1. Als ... bezeichnet man ..., ..., ... und ...
2. ... heißen ..., ..., ... und ...
3. Unter ... versteht man ..., ..., ... und ...
4. Zu ... werden ..., ..., ... und ... gezählt.
5. Zu ... gehören ..., ..., ... und ...

Verben des Durchführens

Formulieren Sie die Sätze um. Verwenden Sie dabei ein Verb des Durchführens.

abhalten – halten – unternehmen – veranstalten – vornehmen

1. Die Vorlesung von Professor Berger *findet* mittwochs *statt*.
2. Das Lexikologie-Seminar *findet* unter Leitung des Oberassistenten *statt*.
3. Der Ausflug der Klassse 8 hat trotz schlechten Wetters *stattgefunden*.
4. Die Eröffnung der Ausstellung *fand* in Anwesenheit des Verkehrsministers *statt*.
5. Anschließend *fand* die Besichtigung des Ausstellungsgeländes durch die Regierungsvertreter *statt*.
6. Alle vier Jahre *finden* Wahlen *statt*.
7. Zur 500-Jahr-Feier der Stadt *findet* ein großer Festumzug *statt*.
8. In Halle *finden* alljährlich die Händel-Festspiele *statt*.

Verben des schöpferischen Entwickelns

Setzen Sie die passenden Verben ein.

Aus: Meyers Neues Lexikon

1. *begründen – entdecken – konstruieren – schaffen*

In Florenz ... Galileo Galilei (1564–1642) ein Fernrohr und ... damit die Jupitermonde, die Sonnenflecken und andere Himmelserscheinungen. Obwohl gefangengehalten und erblindet, arbeitete er weiter, ... eine Kohäsionslehre und die Grundlagen der Thermometrie und ... mit den „Discorsi" die Methode der klassischen Physik.

2. *aufstellen – begründen – entdecken – entwickeln – formulieren – konstruieren*

Isaac Newton (1643–1727) ... die Theorie der Fluxionen und unabhängig von Leibniz die Infinitesimalrechnung. Er ... die nach ihm benannten N.schen Ringe und ... 1668 ein Spiegelteleskop. Mit der von ihm ... Axiomatik der Mechanik ... er die klassische Physik, die von ihm ... Gesetzmäßigkeiten galten bis zur Entwicklung der Relativitätstheorie.

3. *begründen – entwickeln – erfinden – schaffen*

Carl Friedrich Gauß (1777–1855) ... den ersten brauchbaren Telegrafen und ... noch heute verwendete Geräte und Methoden zur Messung des Erdmagnetismus. Er ... eine Fehlertheorie und ... neue Methoden zur Berechnung der Planetenbahnen. Mit den „Arithmetischen Untersuchungen" ... er die Zahlentheorie und mit einer weiteren Darstellung die Potentialtheorie.

4. *begründen – entwickeln – finden – schaffen*

Wilhelm Ostwald (1853–1932) ... mit Arrhenius und van't Hoff die physikalische Chemie. Er ... u.a. das nach ihm benannte O.sche Verdünnungsgesetz und ... das erste großtechnische Verfahren zur Ammoniakoxydation. In den letzten anderthalb Jahrzehnten seines Lebens ... er die Grundlagen der messenden Farbenlehre.

Was bedeutet es, wenn einer dauernd
ein Haar in der Suppe findet?

135 Verben des Erlaubens

Welches Verb ist richtig?

dulden – ertragen – vertragen – zulassen

1. Ihr Mann ist sehr launisch und ... keinen Widerspruch.
2. Seit seiner Krankheit ... er keinen Kaffee und Alkohol mehr.
3. Das Kind hat standhaft alle Schmerzen ...
4. Meine Mutter ... keinerlei Unordnung in der Wohnung.
5. Die Hitze in den letzten Tagen war kaum noch zu ...
6. Die Institutsdirektorin erklärte, daß sie nach der neuen Prüfungsordnung keinerlei Ausnahmen mehr ... könne.
7. Der Bau einer neuen Turnhalle ... keinen weiteren Aufschub.
8. Sie hat ein schwaches Herz und ... weder Aufregung noch Lärm.
9. Wegen erheblicher Mängel wurde unser Auto vom TÜV nicht ...
10. Ihr Mann erklärte, daß sein Einkommen eine Weltreise nicht ...

136 Verben des Erreichens

(a) Welches Verb des Erreichens paßt zu allen Objekten der jeweiligen Reihe? Bilden Sie Sätze.

bestehen – bewältigen – bezwingen – erobern – erreichen – erringen – gewinnen – überwinden

1. Kampf, Schachpartie, Wette, Gerichtsprozeß, Vorsprung, Sympathie, Vertrauen, Einfluß, Erkenntnisse, Klarheit

2. Gebiete eines fremden Landes, Neuland, Weltmarkt, die Sympathien (der Zuschauer)
3. Aufnahmeprüfung, Bewährungsprobe, Abenteuer
4. Feind (im Kampf), Steigung (einer Straße), Schwierigkeiten, seine Angst, Widerwillen
5. Tagesroute, Besucherandrang, großes Arbeitspensum, viel Quellenmaterial (bei einer wissenschaftlichen Arbeit), schlechtes Erlebnis (innerlich)
6. Gegner (im Sport), seine Ungeduld, den letzten Anstieg (eines Berges)
7. Sieg, Goldmedaille, den ersten Platz (bei einer Meisterschaft), Weltgeltung, Vertrauen
8. Höhepunkt, Vorsprung, Klassenziel, Altersgrenze, Gipfel des Ruhms, hohen Lebensstandard

(b) Bilden Sie Sätze. Verwenden Sie dazu das passende Verb des Erreichens.

bestehen – bewältigen – bezwingen – erobern

1. die Wanderer, die geplante Tagesstrecke, der Abend
2. der Nanga Parbat, erstmalig 1953, der Österreicher Hermann Buhl
3. die Berliner Mannschaft, der Europapokalsieger, 16:15
4. die junge Schauspielerin, die Herzen der Zuschauer
5. der Märchenheld, viele Abenteuer
6. Torsten, die Fahrprüfung, die zweite Wiederholung
7. der Stoff der Diplomarbeit, der Germanistikstudent
8. die Geschirrspülautomaten, schon lange, große Zahl von Haushalten

Verben des Lehrens **137**

(a) Lesen Sie die Worterklärungen. Formulieren Sie anschließend den Unterschied zwischen den Wortbedeutungen mit eigenen Worten.

> **Redemittel: im Unterschied zu ... heißt/bedeutet/beinhaltet ...; während das Wort ... bedeutet, trägt ... die Bedeutung von ...**

beibringen: jdm. durch privaten Unterricht, auf persönliche Weise Kenntnisse, Fertigkeiten und Verhalten vermitteln
abrichten: einem Tier Fähigkeiten beibringen, die für den Menschen nützlich sind
erziehen: jdn. besonders in seiner charakterlichen, geistigen und weltanschaulichen Entwicklung formen und fördern

Welches Verb paßt?

1. einen Hund zum Wachhund ...
2. Eltern ... ihre Kinder
3. den Hund ..., daß er die Zeitung von der Tür holt
4. sich selbst zur Sparsamkeit ...
5. den Papagei zum Sprechen ...
6. dem Freund am See das Schwimmen ...
7. dem Sohn das kleine Einmaleins ...

(b) *erziehen* **und** *aufziehen*

Welches Verb gehört zu welchem Satz? Nennen Sie den Bedeutungsunterschied.

1. Sie hat den Sohn ihrer verstorbenen Schwester wie ihr eigenes Kind ...
2. Lessing wurde in der Fürstenschule St. Afra in Meißen ...
3. Das mutterlose Rehkitz mußte mit der Flasche ... werden.
4. Noch immer ... wir in den Familien überverantwortliche Frauen und unterverantwortliche Männer.

(c) *anhalten* **und** *anleiten*

> *anhalten*: jdn. durch häufige Hinweise oder Ermahnungen dazu veranlassen, etw. zu tun
> *anleiten*: jdm. für eine Aufgabe, eine Arbeit oder die Handhabung von etw. nützliche Hinweise bzw. Erklärungen geben

Entscheiden Sie, welches Verb sinnvoll ist.

In die Pflicht genommen
1. Söhne und Töchter sollten gleichermaßen zur Hausarbeit ... werden. 2. Bei der Erfüllung ihrer Pflichten müssen Kinder zunächst ... werden, dann werden sie immer sicherer und selbständiger. 3. Leider versäumen es manche Eltern, ihre Kinder dazu ..., ihre Freizeit auch ohne Fernseher, Video-Recorder oder Computer zu verbringen. 4. Schon frühzeitig sollte ein Kind zur Aufmerksamkeit im Straßenverkehr ... werden. 5. Es ist wichtig, daß Kinder zu höflichem Umgang mit anderen Menschen ... werden.

(d) *anlernen, ausbilden, lehren, schulen* **und** *unterrichten*

> *anlernen*: jdn. unterweisen, eine bestimmte begrenzte Arbeitsaufgabe zu bewältigen
> *ausbilden*: jdm. die für einen bestimmten Beruf oder eine bestimmte Tätigkeit notwendigen Kenntnisse, Fähigkeiten und Fertigkeiten vermitteln
> *lehren*: jdm. durch institutionellen Unterricht Kenntnisse, Fähigkeiten und Verhaltensweisen vermitteln
> *schulen*: jdn. – vor allem in Kursen – beruflich fortbilden
> *unterrichten*: jdm. Unterricht geben
> Diese Tätigkeitsverben sind an bestimmte Bildungseinrichtungen gebunden.

Überlegen Sie:

1. Wo wird jemand angelernt?
2. Wo kann man ausgebildet werden?
3. Wo wird gelehrt?
4. Wo kann man sich schulen lassen?
5. Wo wird jemand unterrichtet?

Ordnen Sie die folgenden Personen den obenstehenden Verben zu.

Lehrausbilder	Meister
Professor	Lehrer
Fahrschullehrer	Ausbilderin im Kurs „Erste Hilfe"

Verben des Sehens   **138**

(a)   Welche Erklärungen passen zu welchem Verb?

ansehen – beobachten – erblicken – erspähen – zusehen

1. etw. durch angestrengtes Sehen erblicken
2. auf etw. aufmerksam den Blick richten, um es kennenzulernen oder um ein Vergnügen zu haben
3. jdn. in seinem Tun/ein Geschehen zu einem bestimmten Zweck (heimlich) betrachten
4. jds. Tätigkeit/den Verlauf von etw. aus Interesse ansehen
5. jdn. plötzlich sehen

(b) Ergänzen Sie die Wortgruppen mit Hilfe der obenstehenden Verben.

1. nach der Wegbiegung eine große Wiese voller Wiesenblumen ...
2. vom Waldrand aus unbemerkt Tiere ...
3. in einer Ausstellung ein Bild ...
4. Kindern beim Spielen ...
5. im Stadion einen Bekannten ...

(c) Folgern Sie richtig. Ergänzen Sie die rechts stehenden Wortgruppen durch ein passendes Verb der Liste und kombinieren Sie dann mit den links stehenden Einheiten.

anstarren – besichtigen – betrachten – durchsehen – überblicken – wahrnehmen

1. Er macht noch viele orthographische Fehler, deshalb ...

   wollte er ihn nun genauer ...

2. Der Kunsthistoriker kannte diesen Dom bisher nur aus Bildbänden, deshalb ...

   kann noch nicht alle Probleme ...

3. Bakterien sind so winzig klein, daß ...

   alle sie wortlos ...

4. Eva genoß es, endlich einmal Zeit für diese Ausstellung zu haben und ...

   man sie nicht mit bloßem Auge ... kann

5. Ihre Vorwürfe waren so ungerecht, daß ...

   wollte jedes Bild gründlich ...

6. Der Bürgermeister hatte erst vor kurzem sein Amt übernommen und ...

   müssen seine Eltern seine Schulaufsätze ...

8. Antonyme

Antonyme bezeichnen Bedeutungsgegensätze im weiteren Sinne. Es sind graduell-polare Stufungen, die sich auf entgegengesetzte Wörter auf einer Skala beziehen (z. B. *rennen* versus *bummeln* als Spezifizierungen zu *gehen*). Oft werden Wörter nur durch den Kontext als Antonyme erkennbar (z. B. Ich habe den Schlüssel *steckenlassen,* du hast ihn *abgezogen.*).

Die Antonympaare im Computer sind durcheinandergeraten. Helfen Sie
dem Lexikographen und ordnen Sie sie.

1.	loben	– übersehen	6.	sich aufregen	– faulenzen
2.	arbeiten	– vergessen	7.	zustimmen	– nachgeben
3.	erfreuen	– tadeln	8.	sich streiten	– sich beruhigen
4.	feststellen	– ablehnen	9.	standhalten	– sich vertragen
5.	behalten	– verärgern			

Setzen Sie das antonyme Verb ein. Das Antonym hat immer das Präfix
auf-, **ist aber nicht immer das gleiche Basisverb.**

1. Die Sonne *geht* hinter den Bergen *unter*.
2. In wenigen Tagen waren die Rosen *verblüht*.
3. Allmählich *sank* der Luftballon.
4. An der Hafenausfahrt *tauchte* das U-Boot *unter*.
5. Monteure des Unternehmens *bauen* die Anlagen auf der Messe *ab*.
6. Am Mittwoch wurden die Regierungsverhandlungen erneut *abgebrochen*.
7. Vor kurzem ist die Geschwindigkeitsbegrenzung auf dem Bauabschnitt der Autobahn *eingeführt* worden.
8. Am Nachmittag hat sie die Wäsche *abgenommen*.
9. Bei seinen Worten *verfinsterte* sich ihr Gesicht.
10. Er *drehte* den Wasserhahn *zu*.
11. Ich vergaß, meinen Hut *abzusetzen*.
12. Die Tür läßt sich schwer *zuschließen*.
13. Der Richter forderte den Angeklagten auf, sich zu *setzen*.

Wie heißt das antonyme Verb? Das Antonym hat immer das Präfix *ein-*, **ist**
aber nicht immer das gleiche Basisverb.

1. Unser Nachbar ist vor kurzem *ausgezogen*.
2. Er ist als Direktor *abgesetzt* worden.
3. Am Ende der Stunde hat der Lehrer die Hefte *ausgeteilt*.
4. Ich bin erst sehr spät *aufgewacht*.
5. Den Motor kann nur ein Monteur *ausbauen*.
6. Er ist aus dem Tennis-Club *ausgetreten*.
7. Das Reiseunternehmen hat in der Urlaubssaison viel Geld *ausgegeben*.
8. Die Firma hat ihn zum 1. Juni *entlassen*.
9. Bei diesem Fotoapparat darf man den Film nur im Dunkeln *herausnehmen*.

10. Wir sind aus dem Bus *ausgestiegen.*
11. Ich habe gestern 1000 Mark von meinem Konto *abgehoben.*

142 **(a)** **Bilden Sie zu den Verben Antonyme mit einem Adjektiv als Verb-stamm und dem Präfix *ver-*.**

1. verdicken – ...   5. vermehren – ...
2. verengen – ...   6. verschlechtern – ...
3. verfeinern – ...   7. verteuern – ...
4. verlängern – ...

(b) **Setzen Sie die gefundenen Antonyme in die Sätze ein.**

1. Die Bedingungen im Berufsverkehr werden in unserer Stadt durch lang-fristige Planung allmählich ...
2. Die um das Zentrum führende Hauptverkehrsstraße wurde um zwei Fahr-bahnen ...
3. Durch günstige Anschlüsse bei den Buslinien wird die Fahrzeit für viele Fahrgäste im Berufsverkehr ...
4. Wenn man eine Umweltkarte besitzt, ... sich der Fahrpreis wesentlich.
5. Durch eine bessere Beschilderung soll die Zahl der Verkehrsunfälle wei-ter ... werden.

143 **Richtigstellung**

Antworten Sie, indem Sie den Sachverhalt verneinen und ein passendes Antonym aus der Wortliste ergänzen.

Hat Simone dir *gedroht*? → Aber nein, sie hat mich *herangewinkt.*

absteigen – aufarbeiten – durchkommen – einbeziehen – fördern – sich fügen – sich beherrschen – stehen lassen

1. Hat dich die Professorin durch die Prüfung fallen lassen?
2. Hat Anett es geschafft, in ihrer Karriere aufzusteigen?
3. Hat dein Vater gegen die Schikanen des Vermieters protestiert?
4. Hat Tom in der Auseinandersetzung seinen Gefühlen wieder einmal freien Lauf gelassen?
5. Hast du auch den Eindruck, daß die Kinder den Behinderten vom Spiel ausschließen?
6. Hat Jürgen während der Ferien die Arbeit liegengelassen?
7. Hat dich dein Freund in der beruflichen Entwicklung behindert?
8. Hat der Redakteur die brisanten Wörter herausgestrichen?

a) Hat dir deine Frau wegen deines Zuspätkommens den Kopf gewaschen?

b) Aber nein, sie hat ...

Vorgänge in Natur und Landwirtschaft

144

Setzen Sie das jeweils passende Antonym ein.

1. In Mitteleuropa werden die Felder im Frühjahr ..., im Spätsommer werden sie ...

   abernten
   bestellen

2. Der Hurrikan hat die Siedlung entsetzlich ... Es dauert Jahre, bis alles ... ist.

   verwüsten
   wiederherstellen

3. Im Sommer ... die Ostsee bis auf etwa 20 Grad, im Winter ... sie bis auf wenige Grad über Null.

   abkühlen
   sich erwärmen

4. Nach dem wolkenbruchartigen Regen ... das Wasser auf den Feldern über 10 Zentimeter hoch. Es dauerte Stunden, bis es wieder ... war.

   abfließen
   sich stauen

5. Der See war in diesem Winter bis zum Grund ... und ist im Frühjahr erst sehr spät wieder ...

   auftauen
   gefrieren

6. Während der Trockenzeit sind viele Jungtiere ..., nur die kräftigsten haben ...

   eingehen
   überleben

7. Bei Wärmebedarf ... die Vögel ihr Gefieder, bei Wärmeüberschuß ... sie es.

   glätten
   sträuben

145 Ergänzen Sie das passende Antonym.

Pakete, Porto und anderes Postalisches
1. Die zur Olympiade ausgegebenen Sonderbriefmarken *gelten* noch bis Ende des Jahres, dann ... sie.
2. Meine Mutter hat das Paket schon lange vor Weihnachten ..., aber ich habe es erst nach dem Fest *erhalten.*
3. Wenige Tage, nachdem ich das Geld auf mein Konto *eingezahlt* hatte, mußte ich es wegen einer Anschaffung wieder ...
4. Früher ... unsere Zeitungsfrau das Geld immer am Anfang des Monats. Aber ich habe schon damals das Geld nicht bei ihr *bezahlt,* sondern lasse das Geld von meinem Konto überweisen.
5. Das Porto wird Anfang des nächsten Jahres wieder *verteuert,* leider nicht ...
6. Sie dürfen den Hörer in der Fernsprechzelle erst *abheben,* wenn es klingelt. Nach dem Gespräch müssen Sie ihn wieder ...
7. In meinem Büro wurde das Telefon *abgeklemmt.* Zufällig wurde zur selben Zeit in meiner Wohnung eines ...

146 Wie heißen die Antonyme?

Alles dreht sich ums Auto
1. Sollte man das Auto *verschrotten* oder noch einmal ... lassen?
2. Fahre ich sicher und *bleibe* auf der Autobahn hinter anderen Autos *zurück* oder riskiere ich etwas und ... die Autos vor mir?
3. Ich habe das alte Autoradio *ausgebaut.* Ob ich das neue jetzt gleich noch ...?
4. Der Wagen kann *gezogen* oder ... werden. Wie geht es besser durch den Sand?
5. *Halten* wir an der nächsten Raststätte *an* oder ... wir?
6. Ob Michael den Motor noch einmal *anläßt* oder ob er ihn ...?
7. Schaffe ich es noch bei Gelb, wenn ich *Gas gebe* oder sollte ich besser ...?
8. Nur bei Beginn der Ferienzeit bleibt man auf dieser Autobahn im Stau *stecken,* sonst kann man meist ...

147 Setzen Sie die Antonyme ein.

Ich fahre mit der Bahn
1. Der Zug ist mit Verspätung ..., aber pünktlich *angekommen.*
2. Obwohl durch den Lautsprecher durchgesagt wurde: „Vorsicht, von der

Bahnsteigkante ...!", haben sich bei der Einfahrt des Zuges viele Leute *vorgedrängt.*

3. Auf freier Strecke *beschleunigte* der Zug sein Tempo, aber an einer Baustelle ... er es wieder.

4. Mit dem Intercity habe ich den Anschlußzug in Hamburg gerade noch *erreicht*, aber beinahe hätte ich ihn ...

5. Die Strecke war durch ein Signal ..., bald aber wurde sie *freigegeben.*

6. Ich *öffnete* das Fenster im Abteil, doch auf Wunsch einer alten Dame ... ich es bald wieder.

7. Vor einer Brücke mußte der Zug *halten.* Erst als der Gegenzug vorüber war, konnte er ...

8. In Apolda *hielt* der Zug nicht, sondern ...

In der ersten Klasse waren viele freie Plätze, aber in der zweiten Klasse ...

Therapie

Bilden Sie Sätze mit dem Antonym:

> **Patientin – Arme – *heben* → Die Patientin hebt die Arme nicht, sondern *senkt* sie.**

1. Bad – Patient – *stärken*
2. Kind – Knie – *beugen*
3. Ärztin – Medikamentendosis – *herabsetzen*
4. Bestrahlung – Schmerzen – *lindern*
5. Arzt – Spaziergang – *untersagen*
6. Operierter – Fuß – *schonen*
7. Patient – Faust – *ballen*
8. Patient – Muskel – *lockern*

Kann ich etwas für dich tun?

Welche Antonyme wählen Sie?

1. Wenn du mich etwas *fragst,* dann *antworte* ich.
2. Wenn du etwas *erzählst,* dann ...
3. Wenn du viel *redest,* dann ...

4. Wenn du einen Termin *vergißt,* dann ...
5. Wenn du mich um etwas *bittest,* dann ...
6. Wenn du *weinst,* dann ...

150 Wie war das in der Kindheit?

Ergänzen Sie die Antonyme.

1. Mir wurde als Kind kaum etwas *verboten,* mir war fast alles ...
2. Wenn ich manchmal aus Versehen den Wohnungsschlüssel *steckenließ,* hat meine Mutter ihn dann immer wortlos ...
3. In vielen Fällen habe ich der Meinung meines Vaters *zustimmen* können, manchmal aber habe ich sie auch ...
4. Abends bin ich meist sogar freiwillig zeitig *schlafen gegangen,* denn ich mußte morgens immer sehr früh ...
5. Bei Quizsendungen habe ich mich nie *gelangweilt,* sondern mich dabei ...
6. Manchmal habe ich mich mit meinen Geschwistern *gezankt,* und ebensooft haben wir uns auch wieder ...
7. Meist *tolerierten* meine Eltern meine Spielkameraden, die ich mit nach Hause brachte. Ganz selten haben sie meine Spielkameraden ...

Bei uns daheim war es nie still und einsam, sondern ...
Die bildhafte Wendung ergänzt die Aussage.

151 Rätsel mit Antonymen

1. Wer hat es besser – der Kaffee oder der Tee?
   Der Kaffee, der kann sich setzen, der Tee muß ...

2. Wieviel Erbsen gehen in einen Litertopf?
   Keine, man muß sie ...

3. Welcher Unterschied ist zwischen einer Waschfrau und einem Fuhrmann?
   Die eine weicht ein, der andere ...

Antonyme in Sprichwörtern

1. Was nicht von Herzen kommt, ... nicht zu Herzen.
2. Es wird nicht so heiß gegessen, wie es ... wird.
3. Wer anfängt mit Lügen, ... mit Betrügen.
4. Wie gewonnen, so ...
5. Gibt man dem Teufel den kleinen Finger, so ... er die ganze Hand.
6. Vorbeugen ist besser als ...
7. Hüte dich vor den Katzen, die vorne lecken und hinten ...
8. Was du weit wegwirfst, mußt du weit wieder ...
9. Gesundheit ist leichter verloren als wieder ...

Antonym im Witz

„Was liest du da, Heini?" – „Ich weiß nicht, Mutti." – „Aber du hast doch sogar laut gelesen!" – „Ja, aber ich habe überhaupt nicht zugehört!"

9. Onomatopoetika (lautmalende Verben)

> Georg Christoph Lichtenberg: „Es donnert, heult, brüllt, zischt, pfeift, braust, saust, summet, brummet, rumpelt, quäkt, ächzt, singt, rappelt, prasselt, knallt, rasselt, knistert, klappert, knurret, poltert, winselt, wimmert, rauscht ... Diese Wörter und noch andere, welche Töne ausdrücken, sind nicht bloße Zeichen, sondern eine Art von Bilderschrift für das Ohr."

Wie sprechen die Tiere?

bellen – blöken – gackern – grunzen – heulen – krächzen – krähen – meckern – quaken – schnattern – summen – wiehern – zirpen – zischen

1. Die Biene ...	6. Das Huhn ...	11. Die Schlange ...
2. Der Frosch ...	7. Der Hund ...	12. Das Schwein ...
3. Die Gans ...	8. Das Pferd ...	13. Der Wolf ...
4. Die Grille ...	9. Der Rabe ...	14. Die Ziege ...
5. Der Hahn ...	10. Das Schaf ...	

Welche Laute geben Hunde bei Gefahr, Schmerz, Freude, ... von sich?

bellen – jaulen – kläffen – knurren – winseln

155 Welche Tiere geben diese Geräusche von sich? Geben Sie auch Situationen an (z. B. Hunger, Gefahr).

1. fauchen
2. gurren
3. kreischen
4. pfeifen
5. piepsen
6. prusten
7. quieken
8. röhren
9. schnurren
10. zischen
11. zwitschern

156 Sie wollen Tierstimmen imitieren. Welches Tier macht ...

wau-wau – miau – uhu – kiwitt – kuckuck – mäh – quak – piep – i-ah – gak-gak – kikeriki – quiek?

Ordnen Sie die Tiernamen in der Reihenfolge der Tierlaute.

Ente	Hahn	Käuzchen	Schwein
Esel	Hund	Kuckuck	Uhu
Frosch	Katze	Schaf	Vogel

> Verben zur Bezeichnung von typischen Tierlauten werden oft auf das Verhalten von Menschen übertragen. Diese Verben gehören dann der salopp-umgangssprachlichen Stilebene an.

157 Ersetzen Sie die (salopp-umgangssprachlichen) Verben durch standardsprachliche Verben.

1. Der kleine Junge begann zu *heulen,* als er gefallen war.
2. Im Klassenzimmer standen alle Mädchen beisammen und *schnatterten* durcheinander.
3. Karsten machte einen Witz, über den die ganze Klasse *wieherte.*
4. Peter ist mit allem unzufrieden. Er *meckert* über alles.
5. „*Quak* nicht immer rein, wenn sich Erwachsene unterhalten!" rief der wütende Vater.
6. „Wollt ihr einen *zwitschern?"* fragte der Wirt die Stammtischrunde.

Was bedeutet es, wenn einer mit den Wölfen heult?

100

Was *klirrt, knarrt, knirscht, knackt, rattert*?

Baum – Bombe – Dielen – Donner – Kette – Kies – Kristalleuchter – Lastwagen – Maschine – Motor – Sand – Schlüsselbund – Schnee – Schuß – Treppe – Tür – Weinglas

1. *klirren*: heller, zitternder Ton von Metall oder Glas
2. *knarren*: Laut von trockenem Holz
3. *knirschen*: hartes, reibendes Geräusch von körnigem Material
4. *krachen*: kurzer, sehr lauter Ton wie von Explosionen
5. *rattern*: Dauergeräusch von hart und schnell aneinanderschlagenden Metallteilen

Setzen Sie das passende Verb ein.

knabbern – knacken – knallen – knirschen – knurren – schnalzen – schnarchen – schnauben

Ein Landausflug
1. Der Kutscher ... mit der Zunge, ... lustig mit der Peitsche, und die Pferde zogen an. 2. Bald liefen sie in schnellem Trab und ... heftig durch die Nüstern. 3. Unter den Kufen ... der Schnee. 4. Am Landgasthof angekommen, lief uns der Hofhund entgegen und ... uns an. 5. In der Gaststube saßen wir gemütlich um den großen runden Gästetisch versammelt, tranken Tee und ... Gebäck, während im Kamin die Holzscheite ... 6. Als wir wieder aufbrechen wollten, fehlte der Kutscher; er war am Kaminfeuer eingeschlafen und ...

Was verursacht folgende Wassergeräusche? Ordnen Sie zu.

1. Wasserfall	*sprudeln*
2. Meer	*rieseln*
3. Springbrunnen	*klatschen*
4. Bach	*rauschen*
5. Rinnsal	*spritzen*
6. starker Regen	*plätschern*
7. Quelle	*platschen*
8. Wasserschlauch	*murmeln*
9. Strom	*prasseln*

161 **Welches Wort paßt jeweils nicht in die Reihe?**

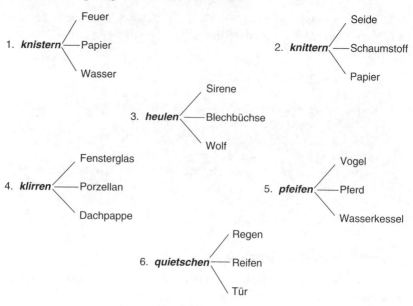

1. **knistern** — Feuer / Papier / Wasser

2. **knittern** — Seide / Schaumstoff / Papier

3. **heulen** — Sirene / Blechbüchse / Wolf

4. **klirren** — Fensterglas / Porzellan / Dachpappe

5. **pfeifen** — Vogel / Pferd / Wasserkessel

6. **quietschen** — Regen / Reifen / Tür

162 Lesen Sie den Ausschnitt aus Goethes „Hochzeitlied" laut. Unterstreichen Sie die lautmalenden Verben. Welche lautmalenden Verben sind individuelle Bildungen, welche sind usuelle Bildungen?

„... Da pfeift es und geigt es und klinget und klirrt,
Da ringelt's und schleift es und rauschet und wirrt,
da pispert's und knistert's und flistert's und schwirrt,
Das Gräflein, es blicket hinüber,
es dünkt ihn, als läg er im Fieber.
Dann dappelt's und rappelt's und klappert's im Saal
Von Bänken und Stühlen und Tischen,
Da will nun ein jeder am festlichen Mahl
Sich neben dem Liebchen erfrischen; ...
Das toset und koset so lange,
Verschwindet zuletzt mit Gesange."

163 **Rätsel**

Können nur Hunde *bellen* und *knurren,*
nur Katzen *schnurren*?
Kann nur der Schnee unter den Füßen *knirschen,*
der Jäger sich an Wild *ranpirschen*?

Können nur Menschen *pfeifen,*
alte Frauen *keifen*?
Können nur Kleinkinder *plärren, matschen*
und im Schmutz *herumpatschen*?
Können nur Frauen *quatschen*?
Können nur Türen *krachen*
oder auch andere Sachen?
Können nur Marder und Fuchs *keckern,*
nur Ziegen *meckern*?
Können nur Bienen *summen*
und gar nur Bären *brummen*?
Können nur Pferde *wiehern* und *schnauben*?
Das ist kaum zu glauben!

10. Funktionsverbgefüge

Unter einem Funktionsverbgefüge versteht man die feste Verbindung eines Verbs, das seine Bedeutung weitgehend verloren hat und nur eine grammatische Funktion hat (Funktionsverb), mit einem Substantiv, das die verbale Aussage enthält (Verbalabstraktum). Funktionsverbgefüge werden sowohl in der Alltagssprache als auch in den Fachsprachen zur Bedeutungsdifferenzierung neben den Grundverben gebraucht:
– kausativ (verursachen): *bewegen – in Bewegung setzen*
– inchoativ (beginnen): *bewegen – in Bewegung kommen*
– durativ (dauern): *bewegen – in Bewegung sein*
Beim Gebrauch der Funktionsverbgefüge müssen Sie auf Einschränkungen achten: Vorsicht beim Gebrauch des Artikels, beim Gebrauch von Singular und Plural, bei den Präpositionen und bei der Austauschbarkeit der Funktionsverben.

Daß Sie schon viele Funktionsverbgefüge kennen, soll Ihnen der folgende 164
Dialog zeigen. Wie sind die Sätze mit dem Verb zu bilden?

Dialog
1. A: Schön, daß ich dich sehe. Ich soll dir *Grüße ausrichten* und dir eine *Einladung überbringen.*
2. B: Da bin ich aber gespannt und *komme ins Grübeln.* Wer *hat* denn so viel *Interesse* an mir?
3. A: Ich will dir nur einen Namen *in Erinnerung rufen* – Maria. Sie hat ihre

Doktorarbeit *zum Abschluß gebracht* und *trifft* nun die letzten *Vorberei-tungen* zum Doktorschmaus.

4. B: Ich *hatte* schon so eine *Ahnung*, daß ihr vor mir eure *Heimlichkeiten habt.*

5. A: Wir wollten dir eine *Überraschung bereiten.* Hoffentlich bist du nicht zu sehr *in Aufregung geraten.*

6. B: *Sage* Maria einen herzlichen *Dank* und *gib* ihr einen *Kuß* von mir.

Wie hat Maria das nur alles in Übereinstimmung gebracht?

165

Ersetzen Sie das Verb durch ein Funktionsverbgefüge (*geben* + nominali-siertes Verb im Akkusativ):

> Unsere Nachbarin hat mir *aufgetragen,* auf ihre Katzen aufzupas-sen. → Unsere Nachbarin hat mir den *Auftrag gegeben*, ...

Das Sibirienbuch

1. Eine Reise durch Sibirien hat Robert zu einem Buch *angeregt.*   2. Der Verlag hat einen Lektor *beauftragt,* ein Gutachten anzufertigen.   3. Man wird Robert *benachrichtigen,* wenn das Gutachten fertig ist.   4. Der Lektor hat Robert *geraten,* mehr Fotos aufzunehmen.   5. Robert hat dem Verlag *zugesichert,* sein Manuskript bald abzugeben.   6. Die Verlagsleitung hat der Veröffentlichung *zugestimmt.*   7. Peter hat mir *versprochen,* mir das neue Buch zu schenken.   8. Allein unser Wanderverein *garantiert* Robert einen guten Absatz für sein Buch.

166

Welches Funktionsverb wählen Sie: *geben* oder *machen*?

Der Unfall an der Ecke

1. Der Autofahrer hat den Ablauf des Unfalls falsch *dargestellt.*   2. Er hat sogar *angedeutet,* die Radfahrerin sei betrunken gewesen.   3. Er *erklärte,* daß die Frau die Vorfahrtsregeln mißachtet hätte.   4. Vor der Verkehrspolizei konnte er jedoch nichts Genaues *angeben.*   5. Schließlich mußte er in eine Alkoholkontrolle *einwilligen.*   6. Das Labor *teilte* die Ergebnisse der Untersuchung *mit.*   7. Dann wollte er nichts weiter *ausführen.*   8. Der Stadtreporter *berichtet* regelmäßig über Unfälle – aber es ändert sich nichts.

erfahren oder *finden*? 167

Entscheiden Sie, welches Verb Sie wählen müssen, um einen passivischen Sachverhalt auszudrücken.

1. Der menschliche Wissensstand wird ständig *ergänzt*.
2. Immer neue Forschungsergebnisse werden *berücksichtigt*.
3. Die Umweltforschung wird immer stärker *beachtet*.
4. Auch Spezialkenntnisse werden weit *verbreitet*.
5. Neue Medien werden in der Information *verwendet*.
6. Die klassischen Wissenschaften sind durch die Chaos-Theorie *abgerundet* worden.
7. Die Informationswissenschaft ist *vervollkommnet* worden.
8. Der moderne Mensch wird aber von den eigentlichen Problemen *abgelenkt*.

leisten oder *treffen*? **168**

Welches Funktionsverb wählen Sie?

1. eine Auswahl unter den Wörtern ...
2. den Eid auf die Verfassung ...
3. einem Freund in der Not Beistand ...
4. eine Vereinbarung mit dem Arbeitgeber ...
5. Vorsorge für den Krankheitsfall ...
6. einen Beitrag zum Umweltschutz ...
7. Maßnahmen gegen die Überschwemmung ...
8. der Aufforderung der Polizei Folge ...

Formen Sie die Sätze nach dem Muster um: **169**

> Er *hat* die *Hoffnung*, die Prüfung mit „sehr gut" zu bestehen. ↔ Er hofft, die Prüfung mit „sehr gut" zu bestehen.

1. Sie *hat* die *Absicht*, einen Sprachkurs an der Volkshochschule zu besuchen.
2. Sie *ahnte* nicht, daß er ein Betrüger ist.
3. Nach seiner Krankheit *hatte* er *Furcht* vor einer neuen Infektion.
4. Das Medikament *wirkt* stark schmerzlindernd.
5. Die Mutter *hatte Sorgen* um ihr Kind.
6. Mein Freund *hat* kein *Verständnis* für moderne Musik und *interessiert* sich auch nicht dafür.

7. Als Kind *wünschte* ich mir immer, Pilot zu werden.
8. Er *hat Vertrauen* zu seinem alten Freund.
9. Der Archivar *zweifelte* an der Echtheit des Dokuments.

> Manche Funktionsverben stehen in gegensätzlichen Beziehungen, die sie zugleich verbinden. Sie sind konvers.

170 **Verdeutlichen Sie die konversen Beziehungen, indem Sie statt *bringen* das Verb *kommen* einsetzen.**

1. Unser Ausflug hat mich wieder auf andere Gedanken gebracht.
2. Das Gelächter der Zuschauer brachte die Fußballspieler in Wut.
3. Die Ermahnungen seines Freundes brachten ihn wieder zur Vernunft.
4. Der Zwischenfall brachte die Mannschaft aus dem Konzept.
5. Das Experiment brachte mich auf die richtige Lösung.
6. Durch deine Fragen bringst du uns in Verlegenheit.
7. Die Ausstellung bringt die Verdienste des Wissenschaftlers zur Geltung.
8. Das Kontrastmittel bringt das Krankheitsbild zum Vorschein.

171 **Ersetzen Sie das Verb durch das Funktionsverbgefüge aus *nehmen* + nominalisiertes Verb im Akkusativ oder mit Präposition *in*.**

1. Frau Professor Müller ist im Moment durch Prüfungen stark *beansprucht*.
2. Der Direktor hat den Wunsch geäußert, die Akten *einsehen* zu dürfen.
3. Bitte *verwahren* Sie während meiner Abwesenheit die Dokumente!
4. Mit meiner Unterschrift mußte ich bestätigen, daß ich das Geld *empfangen* hatte.
5. Der Physiklehrer hat den Jungen wesentlich in seiner Berufswahl *beeinflußt*.
6. Er hat geschworen, sich zu *rächen*.
7. Der Beifall für den Pianisten wollte nicht *enden*.
8. Auf Antrag der Staatsanwältin wurde der Zeuge *verhaftet*.
9. Entgegen den Befürchtungen der Stationsärztin ist die Krankheit bei dem Patienten normal *verlaufen*.

172 **Setzen Sie die fehlende Präposition (und – wenn notwendig – den Artikel) ein.**

1. Erst nachdem ich die Zündkerzen ausgewechselt hatte, brachte ich den Wagen wieder ... Gang.

2. Nur mit Mühe hat er auf der vereisten Straße den Wagen wieder ... Kontrolle gebracht.
3. Der Kinofilm hat mich ... andere Gedanken gebracht.
4. In der Sitzung wollen wir die Prüfungstermine ... Sprache bringen.
5. Die Zwischenrufe haben den Diskussionsredner ... Konzept gebracht.
6. Ich weiß nicht, was ich tun soll, um ihn wieder ... Vernunft zu bringen.
7. Sein Bruder hat ihn ... Idee gebracht, ein Studium aufzunehmen.
8. Es dauerte Stunden, bis wir nach der Party das Haus wieder ... Ordnung gebracht hatten.

Präposition *in* oder *zu*? **173**

Wann ist statt *kommen* das Verb *geraten* und wann das Verb *gelangen* möglich?

1. ... Ansehen kommen/...
2. ... Bedrängnis kommen/...
3. ... Bewegung kommen/...
4. ... Durchbruch kommen/...
5. ... Entfaltung kommen/...
6. ... Geltung kommen/...
7. ... Konflikt kommen/...
8. ... Not kommen/...
9. ... Schwierigkeiten kommen/...
10. ... Verdacht kommen/...
11. ... Verteilung kommen/...
12. ... Vorschein kommen/...
13. ... Wut kommen/...

Ersetzen Sie das Verb durch synonyme Funktionsverbgefüge mit *setzen* oder *stellen*. **174**

> *setzen*: in Kenntnis – außer Kraft – in die Lage – zum Ziel
> *stellen*: in Abrede – in Aussicht – unter Beweis – unter Strafe

1. Er hat sich *vorgenommen*, die Diplomarbeit noch in diesem Monat abzuschließen.
2. Die Eltern sind von der Auszeichnung des Sohnes *informiert* worden.
3. Dem Angestellten ist im Zusammenhang mit seinem neuen Posten eine Gehaltserhöhung *versprochen* worden.
4. Auf seinem neuen Posten wird er alle seine Fähigkeiten *zeigen* können.
5. Die Gehaltserhöhung *ermöglichte* es ihm, neue Möbel zu kaufen.
6. Mit dem Inkrafttreten des neuen Gesetzes sind gleichzeitig die alten Verfügungen *aufgehoben*.
7. Der Ausschank von Alkohol an Jugendliche unter 16 Jahre ist *verboten*.
8. Er hat energisch *bestritten*, gegen das Gesetz verstoßen zu haben.

175 Berichtigen Sie die Fehler aus Studentenaufsätzen. Erklären Sie, worin der Fehler in den Funktionsverbgefügen besteht.

1. Die Brüder Grimm waren oft bei der Greisin zu Gäste.
2. Sie standen in der engen Verbindung zu der volkstümlichen Tradition.
3. Sie leisteten den Beitrag zur Begründung der Germanistik als Wissenschaft.
4. Die Märchensammlung der Brüder Grimm erfreut sich einer Beliebtheit.
5. Erst in unseren Tagen fand das Grimmsche Wörterbuch Abschluß.
6. Jedes deutsche Wort sollte in allen seinen Bedeutungen Darstellung finden.
7. Der junge Dichter beging Selbstmordversuch.
8. Seine Verbindung mit der Volksdichtung spielt eine große Bedeutung.
9. Wir müssen mehr Aufmerksamkeit auf außerunterrichtliche Veranstaltungen schenken.
10. Während des Praktikums konnte ich in zwei Gruppen den Unterricht erteilen.
11. Meine Mentorin gab mir Ratschlag, mich in der Pause mit den Schülern zu unterhalten.
12. Es war komisch, meine ehemaligen Lehrer als Kollegen in Betracht zu ziehen.

176 Versuchen Sie, in den folgenden Anekdoten die Pointen, die auf der Verwendung von Funktionsverbgefügen beruhen, zu erklären.

1. Der Philosoph Johann Gottlieb Fichte kam, tiefgekränkt durch seine Verweisung vom Katheder der Universität Jena, im Jahre 1799 nach Berlin. Bald nach der Übersiedlung soll er geäußert haben: „Als Fichte hoffe ich, im märkischen Sandboden eine gedeihliche *Existenz zu finden.*"

2. Am 5. August 1665 war die Premiere des „Tartuffe". Am nächsten Abend war das Theater überfüllt, doch da kam ein Befehl des Parlamentspräsidenten Lamoignon, der die Aufführung verbot. Da trat Molière vor das Publikum und sagte: „Wir wollen heute ‚Tartuffe' spielen, aber der Präsident Lamoignon hat verboten, daß wir ihn *auf die Bühne bringen.*"

3. Der Berliner Chordirigent Siegfried Ochs fragte einst den wegen Indisposition häufig absagenden Sänger Johannes Messchaert: „Nun, Herr Professor, haben Sie für die nächste Saison schon ihre *Indispositionen getroffen?*"

II. Substantiv

1. Präfixe

Ge-

Bei den Substantiven mit dem Präfix *Ge-* (nur Neutra) kann man drei Gruppen unterscheiden:
a) Substantive mit dem Präfix *Ge-*, die – zumeist mit Vokaländerung – aus anderen Substantiven gebildet sind, haben eine kollektive oder eine verallgemeinernde Bedeutung.

Bilden Sie aus den folgenden Substantiven Wörter mit dem Präfix *Ge-* und setzen Sie sie sinnvoll in die Sätze ein. 177

Ast – Berg – Busch – Feder – Horn – Stein – Strauch – Stuhl – Wetter

1. Unser altes Kino wurde renoviert. Es hat jetzt sogar ein neues ...
2. Im Sommer machen wir gern Wanderungen und auch Klettertouren im ...
3. Oberhalb von 4000 Metern gab es keinen Pflanzenwuchs mehr. Wir sahen nur noch totes ...
4. Die Katze verschwand im ... des Baumes.
5. Der Papagei hat ein buntes ...
6. Das ... ist bei manchen Tierarten gleichzeitig eine Kopfwaffe und ein Kopfschmuck.
7. Zuerst war es ein leichter Weg, denn es gab nur lockeres ... Später mußten wir uns durch dichtes ... kämpfen.
8. Nach der Hitze des Tages empfanden alle das ... als sehr erfrischend.

b) Eine Reihe von Substantiven mit dem Präfix *Ge-* bezeichnet als Ableitungen von Verben Mittel, Ort oder Ergebnis einer Tätigkeit (bei *fassen* und *packen* mit Umlaut des Stammvokals, bei *bauen* und *malen* außerdem mit Suffix *-de*).

Bilden Sie aus den folgenden Verben Substantive. 178

1. bauen – ...	4. hören – ...	7. richten – ...
2. bellen – ...	5. malen – ...	8. schießen – ...
3. fassen – ...	6. packen – ...	9. setzen – ...

Schreiben Sie unter Verwendung der gefundenen *Ge*-Substantive und der Wörter *Hund, Dieb, Wärter, Galerie, Polizei, stehlen, fliehen, fangen* einen kurzen Krimi.

c) Von Verben abgeleitete *Ge*-Substantive mit dem Suffix *-e* drücken eine negative Bewertung der Tätigkeit aus.

179 **Leiten Sie in den folgenden Witzen aus den Verben *Ge*-Substantive ab und setzen Sie sie ein.**

1. Anton sitzt ungeduldig in der Gaststätte. Schließlich *pfeift* er nach der Kellnerin. Die ärgert sich über sein ... und sagt: „Was darf's denn sein – vielleicht eine Portion Vogelfutter?"

2. Ein Mann sitzt traurig auf einer Bank vor der Gaststätte und *seufzt*. Ein anderer kommt hinzu und fragt: „Was soll denn dein ...? Hast du kein Geld?" – „Geld schon. Aber keinen Durst."

3. Susanne ist vor der Prüfung sehr aufgeregt. „Na", fragt der Lehrer, „hast du Angst vor meinen *Fragen*?" – „Vor Ihrem ... nicht", wehrt Susanne ab, „aber vor meinen Antworten."

Die *Ge*-Bildungen der Gruppe c) sind sehr produktiv: *Geklimpere, Gerenne, Gelärme*, ...
Können Sie die Reihe ergänzen? Erinnern Sie sich nur daran, worüber Sie sich täglich ärgern.

Rück-

Substantive mit *Rück-* als erstem Teil sind
a) antonymische Bildungen im Sinne von *hinten* zu Substantiven mit *Vorder-* oder *Hin-* als erstem Teil (*die Vorderseite des Wohnhauses – die Rückseite des Wohnhauses; Hinweg – Rückweg*)
b) Ableitungen von Verben mit *zurück* – als trennbarem ersten Teil mit gleicher Bedeutung (*Der Verkehrsminister tritt zurück. – der Rücktritt des Verkehrsministers*)

Alles mit Rück-!

(a) Setzen Sie die folgenden Substantive mit Artikel in die Sätze ein.

Rückantwort – Rückfahrt – Rückfall – Rückfront – Rückkehr – Rücklicht –
Rückstand – Rücktritt – Rückweg – Rückzug

1. Peter hat schon die Karte für d... ... gelöst.
2. Er erwartet täglich d... ... seiner Frau, die längere Zeit im Ausland war.
3. D... ... des Ministers erfolgte aus gesundheitlichen Gründen.
4. Die Firma ist bereits seit Monaten mit ihren Zahlungen im ...
5. An deinem Fahrrad ist ja d... ... kaputt.
6. Er war schon fast wieder gesund, als er ein... schwer... ... bekam.
7. Auf d... ... vom Theater begann es heftig zu regnen.
8. Ein kluges taktisches Manöver zwang die gegnerischen Truppen zum ...
9. An d... ... des Gebäudes war eine große Terrasse.
10. Ich wartete vergeblich auf d... ... des Reisebüros.

**(b) Ordnen Sie nun die Substantive aus der Übung der Gruppe a) oder
b) zu.**

Un-

Bei Substantiven drückt das Präfix *Un-* aus:
a) Negation (*Unordnung, Unschuld*)
b) Normabweichung (*Unsitte, Unfall*)
c) Verstärkung (bei Mengenbezeichnungen: *Unmasse, Unsumme*)

Ersetzen Sie die hervorgehobenen Wörter und Wortverbindungen durch **Wörter mit *Un-*:**

> **Die Frage des Staatsanwalts beantwortete der Angeklagte mit einer**
> ***Lüge.***
> **→ Die Frage des Staatsanwalts beantwortete der Angeklagte mit ei-**
> **ner *Unwahrheit*.**

1. Der Fluß hat zahlreiche *flache Stellen*.
2. Bei Pferdewetten oder im Spielcasino kann man eine *Menge Geld* verlie-
    ren.

3. Die Entscheidung fiel zu seinem *Nachteil* aus.
4. Wegen einer *leichten Erkrankung* nahm er am Ausflug nicht teil.
5. Der Aufsatz enthält *viele* Fehler.
6. Er hat aus *Dummheit* oder *fehlender Fähigkeit* so gehandelt.
7. Weil er den Garten nicht pflegte, wuchsen zwischen dem Gemüse viele *Wildpflanzen.*
8. Der Märchenprinz besiegte das *schreckliche Fabeltier.*

Welcher der Gruppen a) bis c) ordnen Sie die Lösungswörter zu?

Wider-/Wieder-

---

a) *Wider-* bezeichnet einen Gegensatz.
b) *Wieder-* bezeichnet eine Wiederholung.

182 Wie wird das Wort geschrieben – mit *i* oder *ie*?

1. Der W...deraufbau der im Krieg zerstörten Dresdner Frauenkirche erfolgt originalgetreu.
2. Ich freue mich auf ein baldiges W...dersehen.
3. Ihr Vater ist sehr streng und duldet keine W...derrede.
4. Der Deutschunterricht begann mit einer W...derholung der Vokabeln.
5. Das Theaterstück fand beim Publikum großen W...derhall.
6. Das Rind gehört zur Familie der W...derkäuer.
7. Ich habe einen W...derwillen gegen fettes Schweinefleisch.
8. Die Entscheidungen des Politikers stehen in krassem W...derspruch zu seinen Wahlversprechungen.
9. Zur 150. W...derkehr des Todestages von Schiller sprach Thomas Mann in Weimar.
10. Das Buch ist eine W...derspiegelung der Realität.

Fremdpräfixe: *aut(o)-, inter-, mon(o)-, prä-, trans-, ko(m/n)-, sy(m/n)-*

---

aut(o)- = selbst-
inter- = zwischen-
mon(o)- = allein-, einzel-, einzig-

prä- = vor-
trans- = über-, um-
ko(m/n)-, sy(m/n)- = zusammen, mit

Was bedeuten diese Fremdwörter?
Suchen Sie deutsche Entsprechungen oder umschreiben Sie die Begriffe mit deutschen Wörtern.

1. Autodidakt	7. Konsonant	13. Synchronie
2. Automat	8. Monokultur	14. Transfer
3. Intermezzo	9. Monolog	15. Transformator
4. Intervall	10. Präfix	16. Transport
5. Koexistenz	11. Präsident	
6. Kompositum	12. Symposium	

Welche Wörter sind auch in Ihrer Muttersprache gebräuchlich?

Eckart Bücken

PRO und CONTRA

PROthese   CONTRAhent
PROpan   CONTRAbass
PROst   CONTRAst

Gefällt Ihnen das Gedicht? Erwächst der spaßige Effekt eher aus dem Anhören oder aus dem Ansehen?

Verschiedene Präfixe bei Substantiven

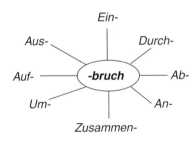

Welches Präfix aus dem Wort-Igel paßt?

1. Der ...*bruch* des Vulkans wurde rechtzeitig vorausgesagt.
2. Wegen des Gewitters verzögerte sich der ...*bruch* der Expedition zur Besteigung des Gipfels.
3. Wir treffen uns zum Angeln bei Tages...*bruch*.

4. Der ...*bruch* des Ostblocks war kaum vorhersehbar.
5. Der ...*bruch* des Dammes war bei diesen Wassermassen nicht zu verhindern.
6. Leider mußte der ...*bruch* des historischen Gebäudes angeordnet werden.
7. Der ...*bruch* von Wasser in den Kohlenschacht überraschte alle.
8. Europa befindet sich am Ende dieses Jahrtausends in einem ...*bruch*.

185 Und noch eine Igel-Übung!

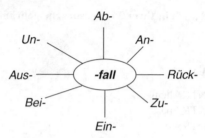

1. Da der Kranke zu früh aufgestanden ist, hat er einen schweren ...*fall* bekommen.
2. In einem ...*fall* hat der Geisteskranke das Fenster zerschlagen.
3. Daß ich nicht mit dem verunglückten Omnibus gefahren bin, verdanke ich einem glücklichen ...*fall*.
4. Bei dem ...*fall* erlitten mehrere Menschen Verletzungen.
5. Immer mehr Leute sammeln den recyclebaren ...*fall* gesondert.
6. Am Abend kam er plötzlich auf den ...*fall*, ins Kino zu gehen.
7. Das Konzertpublikum spendete dem Pianisten lang anhaltenden ...*fall*.
8. Im Herbst ist der ...*fall* an Arbeitszeit durch Erkältungskrankheiten besonders hoch.

186 Welches Wort paßt?

Anlage – Auflage – Auslage – Beilage – Einlage – Niederlage – Unterlage – Zulage

1. Leider erlitt unsere Fußballmannschaft am Wochenende eine ...
2. Das Lehrbuch von Prof. Schmitt erscheint bereits in der vierten ...
3. Die Vorsitzende des Gerichts bat um Einsichtnahme in die ... (Pl.) für den Prozeß.

4. Am Wochenende erscheinen die meisten deutschen Tageszeitungen mit einer ...
5. Sie blieb lange vor der Boutique stehen und betrachtete die ...
6. Das kleine Mädchen zeigt gute ... (Pl.) zum Zeichnen.
7. Bei gefährlichen Arbeiten gibt es normalerweise eine ...
8. Beim Rezitationsabend gab es auch musikalische ... (Pl.).

-satz

Auf-
Vor-   **Zu-**
Gegen-
Um-   **Ab-**
Er-

187

Setzen Sie -satz mit dem passenden Präfix ein.

1. Die wichtigste schriftliche Arbeit im Deutschunterricht ist der ...
2. Ein Abschnitt eines Textes, der mit einer neuen Zeile beginnt, ist ein ...
3. Alle Verkäufe eines Unternehmens in einer bestimmten Zeit sind der ...
4. Ein Kontrastverhältnis zwischen zwei Dingen ist ein ...
5. Eine feste Absicht zu einem bestimmten Tun oder Verhalten ist ein ...
6. Eine Ergänzung von etwas Verlorenem oder nicht mehr Brauchbarem ist ein ...
7. Ein hinzugefügter Einschub oder Nachtrag ist ein ...

An-
Zu-   **Um-**
Ab-
Aus-   **Vor-**

188

Ergänzen Sie das passende Präfix.

1. Wir suchten lange nach einer Lösung des Problems. Abel hatte den besten ...schlag.
2. Für den ICE muß man einen besonderen ...schlag zahlen.
3. Ich habe heute einen ...schlag von 100 DM für die Übersetzung bekommen, den Rest erhalte ich am Monatsende.

4. Manche Menschen bekommen von bestimmten Früchten einen ...*schlag* am ganzen Körper.
5. Wir haben von der Veranstaltung durch einen ...*schlag* am Schwarzen Brett erfahren.
6. Er beendete den Brief und steckte ihn in einen ...*schlag*.
7. Nach dem ...*schlag* auf das Regierungsgebäude fand man ein Bekennerschreiben einer militanten politischen Gruppe.

189 In der Übung sind die Wörter durcheinandergeraten. Können Sie die Sätze berichtigen?

Anschrift – Aufschrift – Inschrift – Überschrift – Unterschrift – Vorschrift

1. Der Reporter suchte für seinen Zeitungsartikel noch eine originelle *Aufschrift*.
2. Die *Überschrift* auf dem uralten Grabstein war kaum noch zu lesen.
3. Er ist umgezogen. Er hat eine neue *Unterschrift*.
4. Auf der Verpackung stand die *Vorschrift* „Umweltfreundlich!".
5. Die Sekretärin gab dem Direktor Briefe zur *Inschrift*.
6. Laut *Anschrift* ist das Rauchen an Tankstellen verboten.

Gerd Karpe

Schriftdeutung

„Ich bin die Größte", sagte die Überschrift.
„Das stimmt nicht", sagte die Aufschrift.
„Ich führe zum Ziel", sagte die Anschrift.
„Es kommt auf die Vorlage an", sagte die Abschrift.
„Nein, auf den Grips", sagte die Denkschrift.
„Nichts gegen fette Typen!" sagte die Druckschrift.
„Zeitgewinn ist alles", sagte die Kurzschrift.
„Ich lege Wert auf Charakter", sagte die Handschrift.
„Kopie ist mein Künstlername", sagte die Durchschrift.
„Banausen!" sagte die Kunstschrift.
„Ich bin am Ende", sagte die Schönschrift.
„Bitte, keine drei Kreuze!" sagte die Unterschrift.
„Ordnung muß sein!" sagte die Vorschrift.

190 Ergänzen Sie das passende Präfix.

Ab-, Aus-, Ein-, Nach-, Rück-

Karls Freund erzählt:

1. „Gestern äußerte Karl die ...*sicht,* am Wochenende in den Bergen zu wandern. 2. Er liebt die schöne ...*sicht,* die man von den Berggipfeln hat. 3. Obwohl er Kreislaufprobleme hat, will er auf den höchsten Gipfel wandern, und seine Frau kann ihm nicht die ...*sicht* vermitteln, daß das schädlich für ihn ist. 4. Karl nimmt keine ...*sicht* auf seinen Gesundheitszustand. 5. Wie ich seine Frau kenne, läßt sie ihn trotzdem gehen. Sie hat eben zu viel ...*sicht* mit ihm."

Nehmen Sie das passende Präfix aus der Tüte.

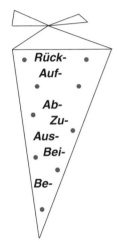

Rück-
Auf-
Ab-
Zu-
Aus-
Bei-
Be-

1. der große Bücher...*stand* einer Bibliothek
2. der Spartacus...*stand* gegen die Sklavenhalter
3. der ...*stand* des Kranken
4. der ...*stand* bei der Ratenzahlung
5. der ...*stand* der Metallarbeiter
6. ein Rechts...*stand* für den Angeklagten
7. der minimale ...*stand* zwischen den Fahrzeugen

Welches Präfix ist zu wählen?

An-, Auf-, Bei-, Ein-, Er-, Ver-, Vor-

1. Die Sekretärin bekam vom Chef den ...*trag,* neue Grünpflanzen für das Büro zu kaufen.
2. Die beiden Staatsmänner unterzeichneten einen ...*trag* über kulturelle Zusammenarbeit.
3. Aufgrund der langen Hitzeperiode erzielten die Bauern in diesem Jahr geringere ...*träge.*
4. Die Festschrift für den Jubilar enthält ...*träge* der bekanntesten deutschen Literaturwissenschaftler.
5. Gestern hörte ich einen interessanten ...*trag* über neueste Erkenntnisse in der Krebsforschung.

6. Das Gästebuch der Stadt enthält viele ...*träge* prominenter Persönlichkeiten.
7. Sie stellte einen ...*trag* auf Anerkennung einer zweiten Staatsbürgerschaft.

193 **Bilden Sie sinnvolle Komposita und gebrauchen Sie diese in typischen Satzkontexten.**

1.	Führerschein-	-abzug	4. Bett-	-umzug
2.	Truppen-	-anzug	5. Roman-	-entzug
3.	Hosen-	-auszug	6. Karnevals-	-bezug

2. Suffixe

-*ant* und -*ent*

Die Suffixe -*ant/-ent* bilden von Verben abgeleitete Personenbezeichnungen, die Handlungsträger sind (Nomina agentis).

194 **Wie heißt die Person? Wählen Sie zwischen Suffix -*ant* und -*ent*. Vervollständigen Sie die Sätze 1. bis 5. und bilden Sie ab 6. eigene Sätze.**

1. Wer eine Zeitung *abonniert* hat, ist ein ...
2. Wer einem Arzt bei der Operation *assistiert*, ist ...
3. Wer für politische Veränderungen *demonstriert*, ...
4. Wer ein Orchester *dirigiert*, ...
5. Wer aus einem Land *emigriert*, ...
6. *(gratulieren)*
7. *(intrigieren)*
8. *(konkurrieren)*
9. *(präsidieren)*
10. *(querulieren)*
11. *(referieren)*
12. *(repräsentieren)*
13. *(rezensieren)*

Scherzrätsel:

Welche Enten haben keine Flügel?

Friedrich Schleiermacher

Nimm mir ein Nu,
So bleib ich ein Nu.

-ant/-ent und *-and/-end*

Die Suffixe *-ant/-ent* haben aktivische Bedeutung (Nomina agentis), die Suffixe *-and/-end* haben passivische Bedeutung (Nomina patientis).

Ergänzen Sie das passende Suffix und ordnen Sie die Substantive Inhaltsbereichen wie *Hochschule, Berufe, Wirtschaft/Politik (Personen), Mathematik (Zahlbegriffe)* zu.

195

1. der Absolv...
2. der Aspir...
3. der Diplom...
4. der Divid...
5. der Doktor...
6. der Doz...
7. der Intend...
8. der Konkurr...
9. der Kontrah...
10. der Labor...
11. der Multiplik...
12. der Oppon...
13. der Praktik...
14. der Subtrah...
15. der Summ...

-at und *-ur*

Die Suffixe *-at* und *-ur* bilden u. a. Substantive zur Bezeichnung von Handlungsergebnissen (Nomina actionis).

Wann ist *-at* und wann ist *-ur* richtig?

196

1. destillieren
2. dressieren
3. fabrizieren
4. frisieren
5. inserieren
6. karikieren
7. korrigieren
8. präparieren
9. rasieren
10. referieren
11. testieren
12. zensieren
13. zitieren

Kurzwortbildung bei Fremdwörtern

Bei Fremdwörtern erfolgt häufig eine Kürzung auf den ersten Teil des Wortes (z. B. *Transformator → Trafo*). Diese Kurzwörter sind in der Umgangssprache oft gebräuchlicher als die vollständigen Wörter.

197 **Ersetzen Sie die kursiv gedruckten Wörter durch ihre Kurzformen auf *-i* bzw. *-o*.**

Gescheiterte Existenz? Ein junger Mann erzählt.

„Nach dem *Abitur* bin ich sofort an die *Universität* gegangen und habe 12 Semester erfolglos Jura studiert. Mein Vater kaufte mir mein erstes *Automobil* (ich selbst konnte mir damals kaum einen neuen *Pullover* leisten), von dem ich noch heute eine *Farbfotografie* im Zimmer hängen habe. Letztes Jahr schrieb ich meinen ersten *Kriminalroman*.
Leider war ich kein *Professioneller*. Kein Verlag wollte diesen Roman haben. Jetzt bin ich pleite und spiele *Zahlenlotterie* im *Abonnement*.“

Der junge Mann hat ein trauriges Schicksal.
Können Sie erklären weshalb?

-el

Die mit *-el* von Verben abgeleiteten Substantive sind Maskulina und bezeichnen Geräte oder Gegenstände, mit denen eine Tätigkeit ausgeübt werden kann (Nomina instrumenti).

198 **Bilden Sie Substantive mit dem Suffix *-el*.**

1. biegen	4. gürten	7. schließen	10. werfen
2. decken	5. heben	8. senken	11. ziehen
3. fliegen	6. kreisen	9. sitzen	

Wie heißen eigentlich die Pluralformen?

Das Suffix *-er* mit den Erweiterungen *-ler* und *-ner* bildet nur Maskulina. Es wird eine Person bezeichnet, die eine Tätigkeit ausübt (Nomen agentis). Es gibt aber eine ganze Reihe von Wörtern, die sowohl Personen als auch Geräte bezeichnen.

Jeder hat seine Schwächen!

199

Mein Freund Klaus hat offensichtlich eine Menge davon. Beschreiben Sie Klaus, indem Sie die passende Personenbezeichnung zum Verb finden.

Mein Freund Klaus dichtet schlecht. → Er ist ein *schlechter Dichter*.

1. Mein Freund Klaus raucht stark. → Er ist ein ... ...
2. Außerdem träumt er ewig. → Er ist ein ... ...
3. Mein Freund ißt leidenschaftlich gern. → Er ist ein ... ...
4. Auch kennt mein Freund Klaus viele Sorten Wein gut. → Er ist ein ... ...
5. Mein Freund Klaus kann auch sehr genau beobachten. → Er ist ein ... ...
6. Mein Freund Klaus liest sehr aufmerksam die Zeitung. → Er ist ein ... ...
7. Außerdem spielt er wie besessen im Casino. → Er ist ein ... ...
8. Mein Freund Klaus fährt aber sehr sicher Auto. → Er ist ein ... ...
9. Leider singt mein Freund Klaus miserabel. → Er ist ein ... ...

200 Ordnen Sie zu: Person oder Sache?

1. Rundfunkhörer – Kopfhörer
2. Plattenspieler – Schauspieler
3. Gleichrichter – Schiedsrichter
4. Glasschneider – Herrenschneider
5. Fallschirmjäger – Düsenjäger
6. Eisenträger – Preisträger
7. Buchhalter – Federhalter
8. Flurläufer – Eisläufer
9. Phrasendrescher – Mähdrescher
10. Dachdecker – Doppeldecker
11. Tropfenfänger – Tierfänger
12. Fernseher – Schwarzseher
13. Rundfunksprecher – Lautsprecher

Rätsel:

Du magst mich vorwärts oder rückwärts lesen,
Stets bin ich Helfer in der Not gewesen.

Wer streckt immer seine Arme aus und wird doch nicht müde?

Nun noch ein paar Fragen, die nicht ganz ernst gemeint sind:

1. Faltet ein Zitronenfalter wirklich Zitronen – oder wie kommt er zu seinem Namen?
2. Läuft ein Treppenläufer wirklich Treppen?
3. Kocht ein Gaskocher Gas?
4. Was macht eigentlich ein Brotmesser, wenn er das Brot mißt?

Michael Ende

Was so ein Wolkenkratzer tut,
erfordert sicher großen Mut –
mehr als Gedichte schreiben.
Mir aber scheint es rätselvoll,
wozu man Wolken kratzen soll.
Ich laß es lieber bleiben.

Anekdote

Zu dem Chirurgen Bernhard von Langenbeck kam die Gattin eines reichen Textilfabrikanten in die Sprechstunde. Weil sie sehr geizig war, sagte sie schon vor der Untersuchung: „Herr Doktor, mein Mann ist ja nur ein gewöhnlicher Herrenschneider." Langenbeck lächelte und sagte: „Oh, machen Sie sich keine Sorgen, Kollegen zahlen bei mir nur die Hälfte." „Wieso Kollegen?" fragte die Dame erstaunt. „Nun ja, Ihr Mann ist Herrenschneider – und ich bin Damenschneider."

Wortgitter

Bilden Sie zu den nachstehenden Substantiven die gebräuchlichen Kurzformen auf *-er* und tragen Sie diese in das Wortgitter ein (ä = ae, ü = ue, ß = ss).

senkrecht:
1. Trockenrasierapparat
2. Füllfederhalter
3. Aschenbecher
4. Rasenmähmaschine
6. Eisenbahnangestellter
7. Frachtschiff
9. Lastkraftwagen

waagerecht:
2. Fußballspieler
5. Textdichter
8. Stahlwerksarbeiter
10. Stadtbewohner
11. Fernsehapparat

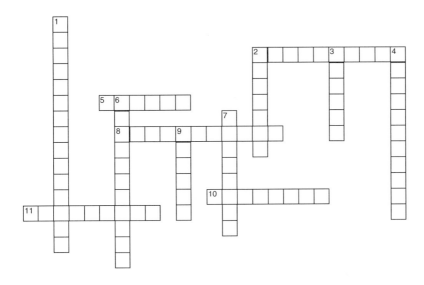

Die Ableitung der Bewohnernamen von Ländernamen läßt sich nur zum Teil in Regeln fassen. Bei der alphabetischen Liste können Ihnen folgende Hinweise nützlich sein:

-land → *-länder* oder *-e*:
   England → *Engländer, Finnland* → *Finne (Deutschland* → Adj. *Deutsche/r)*

-ien → *-ier, -(ian)er* oder *-e*:
   Abchasien → *Abchasier, Albanien* → *Albaner, Bolivien* → *Bolivianer, Bulgarien* → *Bulgare*

An auslautendes -*a* wird oft -*ner*, an auslautenden Konsonanten häufig -*er* angehängt:

> *Angola* → *Angolaner, Schweiz* → *Schweizer*

Zahlreiche Bewohnernamen lassen sich aber nur als Einheiten einer Kleingruppe einprägen:

> *Ägypten* → *Ägypter* (ebenso: *Litauen, Lybien*)
> *Afghanistan* → *Afghane* (ebenso: *Tadshikistan, Kasachstan*)
> *Sudan* → *Sudanese* (ebenso: *Senegal, Nepal*)

Unikale Ableitungen sind folgende Bewohnernamen:

> *Birmane, Chilene, Chinese, Franzose, Guatemalteke, Israeli, Jemenit, Kanadier, Laote, Madagasse, Malteser, Schwede, Slowake*

Wie heißen die Bewohner?

1.	Algerien	20.	Kenia
2.	Argentinien	21.	Kolumbien
3.	Birma	22.	Korea
4.	Brasilien	23.	Kroatien
5.	Chile	24.	Kuba
6.	Frankreich	25.	Laos
7.	Georgien	26.	Lettland
8.	Griechenland	27.	Litauen
9.	Guatemala	28.	Neuseeland
10.	Holland	29.	Nicaragua
11.	Indien	30.	Nigeria
12.	Irak	31.	Rumänien
13.	Irland	32.	Rußland
14.	Island	33.	Schweden
15.	Japan	34.	Senegal
16.	Jemen	35.	Slowakei
17.	Jordanien	36.	Spanien
18.	Kamerun	37.	Syrien
19.	Kasachstan	38.	Tibet

Und noch ein paar nicht ganz ernst gemeinte Fragen:

Wissen Sie eigentlich, warum die Inder nicht Indianer heißen?

Wenn mein *Afghane* mit schmutzigen Pfoten über den neuen *Perser* springt, mir die *Amerikaner* wegfrißt, Ankes *Persianer* zerfrißt, auch die *Wiener* und

den *Schweizer* nicht verschmäht, den alten *Schotten* umwirft und ich vor Wut
den *Franzosen* nach ihm werfe – muß dann nicht der *Araber* unserer Nachbarn nervös werden?

-heit (-keit, -igkeit)

Das Suffix *-heit* bildet feminine Substantive. Sie bezeichnen oft Eigenschaften von Menschen sowie Verhaltensweisen.

Formen Sie den Text so um, daß die hervorgehobenen Adjektive durch 203
Substantive auf *-heit* oder *-(ig)keit* ersetzt werden können.

Meine Traumfrau

Ein junger Mann erzählt seiner Mutter von seiner Braut: „Ach, Mama, meine
zukünftige Frau ist einfach wunderbar. Sie zeichnet sich durch ein *einfaches,
heiteres* und *freundliches* Wesen aus. In der Hausarbeit ist sie *genau* und
gründlich. Sie hat einen *ehrlichen* und *offenen* Charakter. Sie hat ein *beschei-
denes,* manchmal sogar *schüchternes* Auftreten. Es ist *selten,* daß sie vor
dem Spiegel steht, *eitel* zu sein ist ihr fremd. Nur wenn ein Vertreter vor der
Tür steht, ist sie leider manchmal zu *gutgläubig*. Sie nicht zu heiraten, wäre
dumm!" Die Mutter antwortet: „Hoffentlich ist es *wahr,* was du mir erzählst!"

a) Offensichtlich ist der junge Mann völlig unkri-
tisch. Sie kann alles mit ihm machen, was sie
will.

b) Hoffentlich hat auch sie den jungen Mann
gern.

Wie heißen die Wendungen?

-ling

Mit dem Suffix *-ling* werden maskuline Substantive gebildet. Sie bezeichnen vor allem
a)   Tätigkeiten von Personen
b)   (negative) Eigenschaften von Personen
c)   Tier- und Pflanzennamen

204   **Welches Wort paßt bedeutungsmäßig nicht in die Reihe? Warum?**

1.   Lehrling, Prüfling, Sperling, Liebling, Schützling
2.   Pfifferling, Stichling, Schierling, Strömling, Eindringling
3.   Feigling, Rohling, Jüngling, Frischling, Neuling

-ie

Das Suffix *-ie* bildet Feminina als Bezeichnungen für Personengruppen, Wissenschaftsgebiete und deren Fachwörter sowie Staatsformen.

205   **(a)   In welche der vier Gruppen gehören die Wörter?**

1. Aktie	10. Epidemie	19. Manie
2. Anatomie	11. Familie	20. Materie
3. Arie	12. Folie	21. Melodie
4. Aristokratie	13. Galerie	22. Monarchie
5. Arterie	14. Garantie	23. Ökonomie
6. Biologie	15. Kategorie	24. Pelargonie
7. Bourgeoisie	16. Komödie	25. Prämie
8. Demokratie	17. Kopie	26. Serie
9. Diphtherie	18. Linie	27. Zeremonie

Bei Wörtern mit *-ie* wird entweder das Suffix betont (Aussprache des Suffixes: i:) oder die vorletzte Silbe (Aussprache des Suffixes: jə).

(b)   Ordnen Sie die Wörter 1 bis 27 entsprechend ein.

Lesen Sie laut.

Genie ist Fleiß
Gewiß. Ich weiß.
Doch trotzdem: Nie
ist Fleiß Genie.

-ier

Das Suffix *-ier* bildet Maskulina und Neutra, wobei Aussprache und Pluralbildung bei den einzelnen Wortgruppen unterschiedlich sind:

I **(betont:) iːɐ̯; Pl. iːrə**
maskulin (Person); neutral (Sache)
Passagier; Klavier

II **(unbetont:) i̯ɐ̯; Pl. Ø**
maskulin (Person)
Belgier

III **(betont:) i̯eː; Pl. i̯eːs**
maskulin (Person); neutral (Sache)
Croupier; Collier

Ordnen Sie die Substantive den Gruppen I bis III zu.

1. Atelier	7. Metier	13. Quartier
2. Australier	8. Offizier	14. Revier
3. Bankier	9. Papier	15. Scharnier
4. Dossier	10. Parlamentarier	16. Spalier
5. Juwelier	11. Portier	17. Spanier
6. Kavalier	12. Premier	18. Vegetarier

-ik

Mit dem Suffix *-ik* werden Feminina gebildet. Es sind Fremdwörter, deren Betonung im Deutschen oft von der in Ihrer Muttersprache abweicht! Es sind meist Abstrakta, Bezeichnungen von Wissenschaftsgebieten und deren Fachwörter.

207 **Lesen Sie die Wörter auf -ik mit richtiger Betonung.**

1. Chronik
2. Ethik
3. Fabrik
4. Germanistik
5. Gestik
6. Klinik
7. Kolik
8. Kritik
9. Lyrik
10. Logik
11. Mathematik
12. Mimik
13. Musik
14. Optik
15. Panik
16. Physik
17. Polemik
18. Politik
19. Replik
20. Republik
21. Rhetorik
22. Romantik
23. Rubrik
24. Systematik

-in

Das Suffix -in zur Bezeichnung von Personen, Sachen und Abstrakta tritt in Lehn- und Fremdwörtern auf. Es wird betont (Ausnahme: *Mannequin*) und i:n oder ɛ̃: ausgesprochen.

208 **Ergänzen Sie den bestimmten Artikel zu den Substantiven. Lesen Sie die Substantive laut mit richtiger Betonung und Aussprache.**

1. ... Anilin
2. ... Bassin
3. ... Benzin
4. ... Bulletin
5. ... Delphin
6. ... Dessin
7. ... Doktrin
8. ... Kamin
9. ... Kretin
10. ... Magazin
11. ... Mannequin
12. ... Medizin
13. ... Rubin
14. ... Ruin
15. ... Satin
16. ... Termin
17. ... Vitamin

-ion/-ation

Mit dem Suffix -ion/-ation werden feminine Substantive gebildet. Diese femininen Substantive sind von Verben abgeleitet und bezeichnen Tätigkeiten bzw. deren Ergebnis.

209 **Bilden Sie zu den Verben die dazugehörigen Substantive auf -ion bzw. -ation.**

1. abstrahieren
2. addieren
3. akklimatisieren
4. artikulieren
5. assimilieren
6. definieren

7.	demonstrieren	13.	informieren	19.	klassifizieren
8.	diskutieren	14.	injizieren	20.	konfrontieren
9.	emanzipieren	15.	instruieren	21.	konstruieren
10.	improvisieren	16.	intervenieren	22.	konzentrieren
11.	infizieren	17.	investieren		
12.	infiltrieren	18.	kalkulieren		

-iv

Substantive auf *-iv* sind entsprechend ihrer lateinischen Herkunft Neutra oder Maskulina.

Wie heißt der Artikel? **210**

1.	... Adjektiv	7.	... Imperativ	13.	... Objektiv
2.	... Aktiv	8.	... Kollektiv	14.	... Stativ
3.	... Akkusativ	9.	... Komparativ	15.	... Substantiv
4.	... Archiv	10.	... Konjunktiv	16.	... Superlativ
5.	... Dativ	11.	... Motiv		
6.	... Detektiv	12.	... Nominativ		

Eine vietnamesische Studentin wurde von den Eltern ihrer deutschen Freundin gelobt: „Nach so kurzer Zeit sprichst du schon perfekt Deutsch!" Sie antwortete: „Nicht nur Perfekt, auch Präteritum, Aktiv und Passiv und Konjunktiv."

-nis

Das Suffix *-nis* bildet feminine und neutrale Abstrakta, aber auch Sachbezeichnungen.

Setzen Sie den bestimmten Artikel ein. Welches Genus überwiegt? **211**

1.	... Bedürfnis	7.	... Fäulnis	13.	... Kenntnis
2.	... Besorgnis	8.	... Finsternis	14.	... Verhältnis
3.	... Bündnis	9.	... Gedächtnis	15.	... Vermächtnis
4.	... Ereignis	10.	... Gefängnis	16.	... Versäumnis
5.	... Ergebnis	11.	... Geheimnis	17.	... Wagnis
6.	... Erschwernis	12.	... Hindernis	18.	... Zeugnis

```
-t
```

Die Substantive dieser Gruppe werden von einer Ablautform des Verbs mit Suffix *-t* gebildet. Es sind Abstrakta und Sachbezeichnungen.

212 **Kennen Sie die Verben, die zu den Substantiven gehören?**

1. Andacht	8. Gunst	15. Schrift
2. Flucht	9. Kunst	16. Sicht
3. Frost	10. Last	17. Sucht
4. Geburt	11. Macht	18. Tracht
5. Gift	12. Naht	19. Verlust
6. Glut	13. Saat	20. Zucht
7. Gruft	14. Schlacht	

Kunstdebatte

Der Maler Hans Thoma sitzt mit seinen jungen Kollegen zusammen, die leidenschaftlich über Kunst debattieren. Da ruft einer: „Das Entscheidende ist der Wille. Er allein schafft das Kunstwerk." Thoma schaut ihn nachdenklich an und sagt: „Wenn wirklich das *Wollen* das Ausschlaggebende wäre, dann hieße das Ganze wahrscheinlich *Wulst*. Die Hauptsache aber ist das *Können*, und deshalb heißt es eben *Kunst*."

```
Ableitungen vom Verb binden (in allen Stammformen)
```

213 **Setzen Sie das richtige Substantiv aus der Liste ein.**

der Binder – die Binde – die Bindung – der Band – die Bande – das Band – der Bund – das Bund – das Bündel – das Bündnis

1. Kürzlich ist ... letzt... ... der neuen Goethe-Ausgabe erschienen.
2. Die Sekretärin schnürte die Akten zu ... ... zusammen.
3. Er muß seinen verletzten Arm in ... ... tragen.
4. Als Mieter einer Wohnung sollte man sich rechtlich absichern, am besten als Mitglied ... Mieter...
5. Die beiden Nachbarstaaten haben ... militärisch... ... miteinander abgeschlossen.
6. Mehrere Mitglieder ... Drogen... wurden festgenommen.
7. Das junge Mädchen trug ... seiden... ... im Haar.

8. Der Bauer holte ... ... Stroh aus der Scheune.
9. Zu einem guten Ski gehört ... gut... ...
10. Zu einem grauen Anzug paßt ... grau... ...

Verbalabstrakta verschiedener Bildungsweisen

Bilden Sie entsprechend dem folgenden Muster Verbalabstrakta: **214**

> **Der Abiturient wird in Physik mündlich *geprüft*.** → **die mündliche *Prüfung* des Abiturienten in Physik**

1. Die Technik wird im Sprachunterricht sinnvoll *verwendet*.
2. Die Schüler *schreiben* ordentlich im Aufsatz.
3. Die Studenten werden im Sprachunterricht häufig *getestet*.
4. Das Kind wird vom Sport zeitweilig *befreit*.
5. Die Tochter *interessiert* sich leidenschaftlich für Technik.
6. Die Schülerin *zweifelt* ständig an ihren Fähigkeiten.
7. Die Sportler werden zu den Weltmeisterschaften vorzüglich *untergebracht*.
8. Die Delegation *kommt* pünktlich in Berlin *an*.

3. Komposita

Substantivische Komposita (wie z. B. *Fischfrau*) sind stabil in ihrer Struktur und werden zusammengeschrieben. Der Hauptakzent des Wortes liegt auf dem ersten Glied. Das Zweitglied bestimmt das Genus und die Flexion. Schwierig ist für den Sprachbenutzer, daß die Formen der Zusammensetzungen so vielfältig sind. Das Erstglied steht entweder in der Grundform (*Fischfrau*) oder wird mit einem Fugenelement an das Zweitglied gebunden: mit *-(e)n*: *Taschenrechner*; mit *-(e)s*: *Regierungssprecher*; mit *-e*: *Mausefalle*; mit *-ens*: *Schmerzensschrei*.

Unterstreichen Sie in den folgenden Texten die substantivischen Komposita.   **215**

Nirgendwo gibt es mehr Jasager als auf dem Standesamt.

Lehrer: „Wozu gehören die Wale?" – „Zu den Säugetieren." – „Sehr gut. Und wozu gehört der Hering?" – „Zu den Pellkartoffeln."

Roda-Roda

Es gibt Tiere, Kreise und Ärzte.
Es gibt Tierärzte, Kreisärzte und Oberärzte.
Es gibt einen Tierkreis und einen Ärztekreis.
Es gibt auch einen Oberkreistierarzt.
Ein Oberkreistier aber gibt es nicht.

216 *Meer... oder Meeres...?*

1. Für die zukünftige Ernährung der Menschen spielen ...algen eine große Rolle.
2. Der ...boden der Ozeane ist größtenteils noch unerforscht.
3. Der Finnische ...busen ist Teil der Ostsee.
4. Die ...enge von Gibraltar hat seit dem Altertum eine wichtige Bedeutung.
5. Das deutsche Wort für Ozeanographie ist ...kunde.
6. Der griechische Name des ...gottes ist Poseidon.
7. Nicht im Meer leben die in Afrika beheimateten ...katzen.
8. Tabakspfeifen aus ...schaum sind nicht billig.
9. Die Tierschützer kämpfen gegen den Einsatz von ...schweinchen bei medizinischen Experimenten.
10. Amsterdam liegt unter dem ...spiegel.
11. ...wasser ist salzhaltig.
12. Delphine und Wale sind ...säugetiere.

**Und wie heißt das berühmte
Wahrzeichen von Kopenhagen?**

Tag..., Tage... oder Tages...?

Bilden Sie Komposita und kombinieren Sie sie zu sinnvollen Wortverbindungen.

1.	der ...bau	des jungen Mädchens
2.	das ...buch	für die Braunkohleförderung
3.	die ...leistung	im Fernsehen
4.	die ...seite	einer Versammlung
5.	das ...geld	des Mondes
6.	die ...ordnung	für eine Dienstreise
7.	die ...schau	mit seinen bunten Flügeln
8.	der ...falter	eines Bergmanns
9.	der ...ablauf	für eine Region
10.	die ...zeitung	eines Spitzensportlers

Kind..., Kinder... oder Kindes...? 218

1.	...kleid	5.	...entführung
2.	...lied	6.	...hand
3.	...alter	7.	...mißhandlung
4.	...taufe	8.	...arzt

**Was ist eigentlich eine *Kinderfrau* und was ist eine *Kindfrau*?
Und was versteht man unter *Kindesliebe* und was unter einer *Kinderliebe*?**

Not..., Haus..., Land..., Salz...? 219

Welches der vier Wörter paßt jeweils als erster Teil für alle Wörter einer der vier Gruppen A–D? Lesen Sie die zusammengesetzten Wörter mit dem bestimmten Artikel.

A	B	C	D
Aufgabe	Lösung	Enge	Signal
Schlüssel	Streuer	Karte	Verband
Flur	Bergwerk	Regen	Stand
Arzt	See	Plage	Arzt
Wirtschaft	Gebäck	Haus	Reife
Nummer	Wasser	Straße	Geld
Tier	Gurke	Maschine	Helfer

220 *künstlich* oder *künstlerisch*?

Künstlich bedeutet *nicht echt, nicht natürlich.*
Künstlerisch ist von *Kunst* abgeleitet.

Nach welchem Muster ist das Kompositum zusammengesetzt?

a) **Kunstleder** → *künstliches* **Leder**
b) **Kunstmappe** → **Mappe, in der** *künstlerische* **Entwürfe gesammelt werden**

1. Kunstausstellung
2. Kunstdarm
3. Kunstharz
4. Kunsthaar

5. Kunstbetrachtung
6. Kunsthochschule
7. Kunsthandwerker
8. Kunstdünger

221 **Nach welchem Muster ist das Kompositum gebildet?**

Blumentopf → **Topf** *für* **Blumen**
Blechtopf → **Topf** *aus* **Blech**

1. Kaffeetasse – Porzellantasse
2. Trainingsanzug – Baumwollanzug
3. Radweg – Sandweg
4. Keramiktopf – Blumentopf
5. Tonschüssel – Puddingschüssel
6. Kaffeelöffel – Silberlöffel
7. Bastmatte – Trainingsmatte
8. Aktentasche – Ledertasche

222 **Bei manchen Komposita sind die beiden Glieder umkehrbar: Für einen** *Goldzahn* **braucht man** *Zahngold.*

Glasfenster – Bohnenkaffee – Lederschuh – Traubenwein – Fliesenwand – Stoffmantel – Rohrleitung

223 **Nach welchem Muster ist das Substantiv zusammengesetzt?**

Motorschaden → **Schaden** *am* **Motor**
Sturmschaden → **Schaden** *durch* **Sturm**

1. Blitzschaden	6. Karosserieschaden	
2. Flurschaden	7. Maschinenschaden	
3. Sachschaden	8. Brandschaden	
4. Hochwasserschaden	9. Personenschaden	
5. Wildschaden	10. Umweltschaden	

224

Was gibt das Erstglied an:
a) Ort des Arbeitsvorganges?
b) Material des Gegenstandes?
c) Beruf des Herstellers?

1. Bandarbeit	6. Fabrikarbeit	11. Lederarbeit
2. Bergmannsarbeit	7. Gartenarbeit	12. Kupferarbeit
3. Drechslerarbeit	8. Bildhauerarbeit	13. Waldarbeit
4. Elfenbeinarbeit	9. Heimarbeit	14. Landarbeit
5. Büroarbeit	10. Juwelierarbeit	15. Holzarbeit

225

Daß auch Schriftsteller Spaß an Wortzusammensetzungen finden, soll Ihnen folgendes Beispiel zeigen:

Christian Morgenstern

Neue Bildungen, der Natur vorgeschlagen

Der Ochsenspatz
Die Kamelente
Der Regenlöwe
Die Turtelunke
Die Schoßeule
Der Walfischvogel
Die Quallenwanze
Der Gürtelstier
Der Pfauenochs

Der Werfuchs
Die Tagtigall
Der Sägeschwan
Der Süßwassermops
Der Weinpintscher
Das Sturmspiel
Der Eulenwurm
Der Giraffenigel
Das Rhinozepony
Die Gänseschmalzblume
Der Menschenbrotbaum

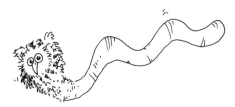

Welche Tiere würden Sie erfinden?

Gruppenspiel

Wir schlagen folgendes Gruppenspiel mit Komposita vor: Bilden Sie Komposita, bei denen jeweils das Zweitglied des vorhergehenden Wortes zum Erstglied des darauffolgenden wird.

Tennis*ball* – *Ball*spiel – *Spiel*tag – *Tages*zeitung – ...

Natürlich können Sie die Wortketten auf ein bestimmtes Sachgebiet eingrenzen.

226 **Die Bestandteile der Komposita sind durcheinandergeraten. Tauschen Sie jeweils Erstglied oder Zweitglied untereinander aus.**

1. Autodatum
2. Armbandbesucher
3. Froschmacher
4. Herstellungswetter
5. Museumssünder
6. Regenuhr
7. Spaßmann
8. Umweltfahrer

227 **Wählen Sie die passenden Tierbezeichnungen als Erstglied.**

Biene – Bulle – Gans – Hase – Hund – Katze – Pferd – Rabe

1. Großer Fleiß ist ...fleiß.
2. Ein Feigling ist ein ...fuß.
3. Große Hitze ist eine ...hitze.
4. Starke Kälte ist eine ...kälte.
5. Eine sehr schnelle, nicht gründliche Körperwäsche ist eine ...wäsche.
6. Eine Behandlung einer Krankheit mit sehr starken Mitteln ist eine ...kur.
7. Ein schlechter Vater ist ein ...vater.
8. Wenn es plötzlich kalt wird, bekomme ich immer eine ...haut.

228 **Wählen Sie die passende Tierbezeichnung als Zweitglied.**

Bock – Dachs – Katze – Rabe – Ratte – Schimmel – Vogel – Wolf – Wurm

1. Das Symbol für Bürokratie ist der Amts...
2. Ein leidenschaftlicher Leser ist ein Bücher...
3. Der Fleisch... ist ein Küchengerät.
4. Ein freches Kind ist ein Frech...
5. Ein Mensch, dem immer etwas Schlimmes passiert, ist ein Pech...
6. Jemand, den man fälschlicherweise beschuldigt, ist ein Sünden...
7. Jemand, der viel liest, ist eine Lese...
8. Die Lauf... ist eine Transportanlage.
9. Jemand, der nie Glück hat, ist ein Unglücks...

(a)   Welche Körperteilbezeichnungen ergeben sich aus den Verbindungen
von Erst- und Zweitglied?

Erstglied: *Adam – Elle – Fuß – Galle – Knie – Luft – Ohr – Puls – Schlüssel*

Zweitglied: *Ader – Apfel – Bein – Blase – Bogen – Läppchen – Röhre – Scheibe – Sohle*

(b)   Setzen Sie die gefundenen Körperteilbezeichnungen (wenn notwendig mit Artikel) in die Sätze ein.

Allerlei Ärger in der Familie

1. Inge, lege beim Essen nicht ... ... auf den Tisch.
2. Peter, warum hustest du dauernd? Iß doch langsam, dann bekommst du keine Krümel in ... ...
3. Anne, hör auf, mit den Ohrringen zu spielen. Du bekommst sonst noch ganz entzündete ...
4. Oma, nimm nicht so viel von dem fetten Fleisch. Nach der Operation an ... ... mußt du vorsichtig sein.
5. Halt deine Beine ruhig. Du trittst mir dauernd gegen ... ...
6. Schneide bitte das Fleisch für Anne. Seitdem sie sich ... ... gebrochen hat, kann sie ja den Arm nicht mehr bewegen.
7. Jens, hör auf zu schreien. Es ist nicht so schlimm, wenn dich eine Biene in ... ... gestochen hat.
8. Onkel Hans ist an unsere Tischsitten nicht gewöhnt und schluckt vor Aufregung, daß sein ... auf und ab hüpft.
9. Wenn ich dauernd bei euch leben müßte, hätte ich mir längst ... ... aufgeschnitten.

Bilden Sie Sätze nach folgendem Muster:

Der *Zigarettenfilter* gibt der *Filterzigarette* ihren Namen.

1. Mütze – Schirm	3. Uhr – Armband	5. Bad – Strand
2. Stuhl – Lehne	4. Schiff – Segel	6. Kuchen – Streusel

Bilden Sie das Kompositum. Achten Sie auf die Fugenelemente.

Wenn auf dem Markt *Gemüse angeboten* wird, ist das ein *Gemüseangebot.*

1. Wenn man über *Kunst urteilt,* ist das ein ...
2. Was man zum *Geburtstag geschenkt* bekommt, ist das ...
3. Wenn die Bauern das *Getreide ernten,* ist das die ...

4. Wenn man sich sehr für *Musik interessiert,* hat man ein großes ...
5. Wenn man sich an seine *Kindheit erinnert,* sind das ...
6. Wenn man aus *Liebe heiratet,* ist das eine ...

232 **Ist das Zweitglied Subjekt oder Objekt der Tätigkeit?**

1. Bindfaden = Der Faden bindet.
2. Bratkartoffeln = Ich brate die Kartoffeln.
3. Lehrstoff
4. Lesebuch
5. Mähmaschine
6. Kühlschrank
7. Rührkuchen
8. Scheuermittel
9. Schlagsahne
10. Aufnahmegerät
11. Singvogel
12. Trinkwasser
13. Webstuhl
14. Schutzbekleidung

233 **(a) Bilden Sie Mehrfachkomposita nach folgendem Stellungsprinzip:**

1 2   3
die **Feier zum Abschluß des Schuljahres**

3 2 1
→ *die* **Schuljahresabschluß***feier*

1. die Weltmeisterin im Schnellauf auf dem Eis
2. das Spiel für die Qualifikation zur Weltmeisterschaft im Fußball
3. das Werk zur Verarbeitung von Erdöl
4. der Techniker zur Steuerung von Programmen
5. die beste Leistung des Jahres auf der Welt

(b) Lösen Sie die Mehrfachkomposita nach dem Stellungsprinzip von (a) auf. Welche Teile sind nicht auflösbar?

4 3 2 1
die **Straßenverkehrszulassung***ordnung*

1 2 3 4
→ *die* ***Ordnung*** **zur Zulassung im Verkehr auf der Straße**

1. die Abgassonderuntersuchungsplakette
2. das Krankenkassenkostendämpfungsgesetz
3. die Betonmischmaschinenreparatur
4. der Kinderoberbekleidungsartikelverkauf
5. der Knochenmarkspenderbankskandal
6. die Jahresdurchschnittstemperaturberechnung

Samuel Beckett hat für ein deutsches Kompositum eine besondere Schreibweise vorgeschlagen und meinte, das sei die einzig richtige, nämlich:

Son-
   nen-
      un-
         ter-
            gang

Können Sie erklären, warum er auf diese Idee kam?

4. Synonyme

(vgl. Einleitung zur Synonymie beim Verb, S. 65)

4.1. | Synonympaare

-art oder *-sorte* als Zweitglied?

         234

> *Arten*: Klassen in den Fachwissenschaften (Biologie: *Affenarten, Nadelholzarten*; Meteorologie: *Wolkenarten*; Linguistik: *Wortarten* usw.)
> *Sorten*: verschiedene Zuchtformen einer Kulturpflanze *(Tomatensorten)* und verschiedene Qualitätsformen einer Ware *(Käsesorten)*

(a)   **Entscheiden Sie, was zutrifft:** *Art* **oder** *Sorte.*

1. Affen...	10. Kaffee...	19. Sport...
2. Apfel...	11. Kartoffel...	20. Tabak...
3. Boden...	12. Käse...	21. Ton...
4. Brot...	13. Katzen...	22. Virus...
5. Edelstahl...	14. Nadelholz...	23. Vogel...
6. Gemüse...	15. Papier...	24. Wein...
7. Gesteins...	16. Pflanzen...	25. Weizen...
8. Getreide...	17. Pilz...	26. Wort...
9. Käfer...	18. Reis...	

(b) Kennen Sie sich aus?

1. Nennen Sie ein paar Brotsorten.
2. Welche Baumarten kennen Sie?
3. Welche Getreidesorten gibt es?
4. Welche Weinsorten haben Sie schon probiert?
5. Können Sie ein paar Vogelarten nennen?

235 *Bahn, Straße oder Weg?*

Bahn:
a) *Fahrbahn*: Teil der Straße, die Fahrspur
b) eine abgegrenzte Strecke mit einer bestimmten Breite und Länge, auf der sportliche Wettkämpfe (z. B. Autorennen) stattfinden
c) die Strecke, die ein fliegender oder kreisender Körper zurücklegt
Straße: mit Asphalt, Beton u.a. befestigter breiter Streifen für Fahrzeuge
Weg: nicht befestigter Erdstreifen für Fußgänger (und Radfahrer)

Setzen Sie das passende Substantiv mit Artikel ein.

1. Der Verkehr auf d... Haupt... wird durch Ampeln geregelt.
2. Der französische Rennfahrer kam mit seinem Wagen ins Schleudern und geriet aus d... ...
3. Durch den Regen sind d... ... im Park aufgeweicht.
4. Das neue Schwimmbecken hat acht 50-Meter-...
5. Auf stark befahrenen Land... kann es für Wanderer und Radfahrer recht gefährlich werden.
6. Deshalb ist es begrüßenswert, wenn es extra angelegte Rad... und Wander... gibt.
7. Astronomen haben d... Planeten... der Erde um die Sonne genau berechnet.
8. Aufgrund einer Baustelle bildete sich auf d... Gegenfahr... ein Stau.
9. Die ... (Pl.) der Großstadt sind kein Spielplatz für Kinder.
10. Im Weltall befinden sich mehrere Fernsehsatelliten, die sich auf ein... elliptisch... ... um die Erde bewegen.
11. Das Auto hielt am ...rand, um den Anhalter mitzunehmen.

236 *Boden oder Erde?*

Boden:
a) oberste Schicht der Erdoberfläche (*fruchtbarer Boden*)

b) Grundfläche von Räumen, im Freien und in Gewässern (nur Sing.) *(der Meeresboden)*
c) Grundfläche eines Behälters *(der Boden des Eimers)*
d) (unbewohnter) Raum unter dem Dach eines Gebäudes *(Bodenkammer)*

Erde:
a) Stoff, in dem Pflanzen wachsen können *(Ich habe frische Erde für unsere Blumenkästen gekauft.)*
b) Erdoberfläche als Grund, auf dem man steht und geht *(Unser Haus steht auf ebener Erde.)*
c) Planet; Welt

(a) Ersetzen Sie die kursiv gedruckten Wörter durch *Boden* oder *Erde*.

1. Für den Kartoffelanbau eignen sich besonders gut sandige *Äcker*.
2. Der *Grund* der Flasche war noch mit Flüssigkeit bedeckt.
3. Auf der *Welt* leben etwa sechs Milliarden Menschen.
4. Jeder einzelne muß sich umweltbewußt verhalten, wenn unser *Planet* überleben soll.
5. Der *Grund* des Meeres ist noch weitgehend unerforscht.
6. Wegen der langen Trockenzeit zerfallen die *Acker*krumen wie Staub, sobald man sie in die Hand nimmt und zwischen den Fingern reibt.

(b) Wann muß *Erde*, wann *Boden* eingesetzt werden?

1. In unserem Haus liegen Küche und Bad zu eben... ..., Wohn- und Schlafzimmer befinden sich im ersten Stock.
2. D... Dach... mußten wir erst einmal gründlich entrümpeln.
3. Um den Garten anzulegen, mußte zunächst Mutter... aufgeschüttet werden.
4. Erst dann konnten wir Bäume pflanzen und Blumen und Sommergemüse in d... ... bringen.
5. In der Magdeburger Börde wird aufgrund der Fruchtbarkeit d... ... intensiv Landwirtschaft betrieben.
6. In manchen Altbauten gibt es ein... Trocken..., der zum Aufhängen der Wäsche genutzt werden kann.
7. Das Raumschiff hat d... ... zweimal umkreist.
8. Das Glas kippte um und fiel zu ...
9. D... ... des Glases hatte schon einen Sprung.
10. Frank sammelte die Scherben von d... ... auf.
11. Der Maulwurf lebt unter d... ...

237 *Fahrt* oder *Reise*, das ist hier die Frage, über die Sie entscheiden müssen!

Im Vergleich mit *Reise* ist *Fahrt* zeitlich kürzer bemessen.

(a) 1. **Beschreiben Sie die beiden Bildfolgen.**
2. **Erklären Sie den Unterschied zwischen *Fahrt* und *Reise* mit Hilfe der Bildfolgen.**

143

(b) Setzen Sie *Fahrt* oder *Reise* in die folgenden Sätze ein.

1. Während der ... mit der Seilbahn zur Spitze des Berges kann man eine schöne Aussicht genießen.
2. Wir haben für unseren Sommerurlaub bei der ...agentur eine Kanada... gebucht.
3. Meine Freunde und ich planen für das Wochenende eine ... ins Blaue.
4. Das Signal zeigt, daß der Zug freie ... hat.
5. Weil ein Hindernis auf den Gleisen lag, mußte der Zug seine ... unterbrechen.
6. Der Brief hat eine lange ... gemacht, bevor er mich erreichte.
7. Während der ... darf man nicht von der S-Bahn abspringen.
8. Das Theater unternimmt im Oktober eine Gastspiel... nach Italien.
9. Von M. Claudius stammt der Spruch: Wenn jemand eine ... tut, so kann er was erzählen.

238 *Ferien* oder *Urlaub*?

Während *Ferien* ein auf Institutionen bezogener Zeitraum ist, in dem der normale Betrieb ruht (z. B. *Schulferien*), ist *Urlaub* ein auf den einzelnen bezogener Zeitraum, in dem er zum Zweck der Erholung von der Arbeit freigestellt wird (z. B. *Jahresurlaub*).

Setzen Sie *Ferien* oder *Urlaub* als Erst- bzw. Zweitglied des Kompositums ein und bilden Sie Sätze.

1. Genesungs...	8. Erholungs...	15. ...tag
2. Hitze...	9. Winter...	16. ...antrag
3. Abenteuer...	10. Theater...	17. Weihnachts...
4. Schwangerschafts...	11. ...kurs	18. Mindest...
5. Semester...	12. Kurz...	19. ...reise
6. ...vertretung	13. ...sperre	20. Kälte...
7. Bildungs...	14. ...saison	21. Parlaments...

239 *Folge* oder *Wirkung*?

Folge: das Ergebnis, das nach und aufgrund einer Handlung oder eines Vorgangs eintritt
Wirkung: a) das Ergebnis der Anwendung von etw. (z. B. Medikamente, chemische Substanzen)

b) der Einfluß, den jd./etw. auf jdn./etw. hat
c) der Eindruck, den jd./etw. bei jdm. hinterläßt

Beachten Sie die Bedeutungserklärungen beim Ausfüllen der Lücken.

1. Eine ... der anhaltenden Trockenheit war, daß viele Quellen versiegten.
2. Die ... (Pl.) seiner Handlungsweise muß er selbst tragen.
3. Die Kandinsky-Ausstellung hatte eine nachhaltige ... auf die Besucher.
4. Die Ermahnungen des Vaters blieben ohne jede ... auf den Sohn.
5. Noch heute leiden viele Menschen an den ... (Pl.) der Atomkatastrophe von Tschernobyl.
6. Die ... des Schlafmittels trat nach kurzer Zeit ein.
7. Das Verhalten des Studenten hatte seine Exmatrikulation zur ...
8. Das naßkalte Novemberwetter hat eine deprimierende ... auf meine afrikanische Freundin.
9. Die ... von Alkohol ist hinlänglich bekannt.
10. Die ... zu hohen Alkoholkonsums ist Betrunkenheit.

Grund oder *Ursache*? 240

Grund bezeichnet die unmittelbare Veranlassung (z. B. eine rationale Entscheidung oder eine gefühlsmäßige Reaktion) für ein bestimmtes Verhalten oder Handeln. Ein anderes Wort für *Grund* ist *Motiv* oder *Anlaß*. Wenn man von *Ursache* spricht, meint man dagegen immer einen objektiven Sachverhalt, der einen anderen Sachverhalt bewirkt bzw. tieferliegende Beweggründe für ein Verhalten oder Handeln. Vergleichen Sie: a) *Als Grund für sein unmögliches Verhalten nannte er Ärger über die nicht bestandene Prüfung.* b) *Für mich liegt die Ursache aber tiefer: er hat nie gelernt, mit Konflikten umzugehen.*

(a) Setzen Sie richtig ein.

§ Im Gerichtssaal notiert §

1. Gestern fand die Hauptverhandlung um den Brandanschlag auf die Diskothek „Rock & Pop" statt. Als ... des Brandes hatten die Ermittlungen zweifelsfrei Brandstiftung durch mehrere in Brand gesetzte Benzinkanister ergeben.
2. In der ersten polizeilichen Vernehmung hatte der Eigentümer der Diskothek zunächst abgestritten, die Tat selbst begangen zu haben. Doch die Untersuchungsbeamten hatten alle... ..., an seinen Aussagen zu zweifeln.

3. Man hatte nämlich herausgefunden, daß der Diskothekenbesitzer kurz vor dem geschäftlichen Ruin stand. Deshalb vermutete man als ... für den Brandanschlag auf das eigene Geschäft einen geplanten Versicherungsbetrug. 4. Bereits sechs Wochen zuvor war durch eine Gasexplosion, deren ... noch nicht genau geklärt ist, das Erdgeschoß zerstört worden. 5. Die geschäftlichen Schwierigkeiten waren auch d... ... für die Trennung der Ehefrau des Diskothekenbesitzers von ihrem Mann vor drei Wochen. 6. Diese hatte noch, bevor sie ihren Mann verließ, einen großen Teil des noch verbliebenen Geldes für sich vom Bankkonto abgehoben. Als ... dafür gab sie Teilhaberschaft an der Diskothek an. 7. Der Verteidiger sah als eigentlich... ... für die Tat des Angeklagten, daß dieser durch den Verlust seiner Frau und den nahenden geschäftlichen Ruin in eine ausweglose Situation geraten war. Das Gericht erließ ein mildes Urteil.

(b) Spielen Sie in der Gruppe die Gerichtsszene nach. Sie brauchen dazu einen Staatsanwalt, einen Ermittlungsbeamten, der das Ergebnis der Ermittlungen vorträgt, vielleicht einen oder zwei Zeugen des Brandes, den Verteidiger und natürlich den Angeklagten. Auch die geschiedene Ehefrau des Angeklagten kann mitspielen. Vielleicht entscheiden Sie sich ja auch für ein anderes Urteil?

241 *Ziel* oder *Zweck*?

Ziel und *Zweck* haben eine gemeinsame Bedeutung: das, was man mit einer Handlung erreichen will. *(Ziel/Zweck der Übung ist die Ausspracheschulung.)*
Darüber hinaus drückt (oft der Plural von) *Zweck* aus: Verwendung, Gebrauch von etw.; der Singular: Sinn einer Handlung.

1. D... eigentlich... ... meines Anrufes ist, dich zu bitten, mir beim Tapezieren zu helfen.
2. Nach einer Stunde fragte ich Antje, ob es noch ein... ... habe, länger auf Sebastian zu warten.
3. Ich habe mir zum ... gesetzt, meine Magisterarbeit noch vor den Semesterferien abzugeben.
4. Jede Sprachübung kann nur ein Mittel zum ... sein.
5. Es hat kein... ..., mit ihm über sein Verhalten zu reden – er ist unbelehrbar.

6. Ich hoffe, daß meine Spende ein... gut... ... erfüllt.
7. Diesem jungen Menschen fehlt ein klar..., bestimmt... ...
8. Die gefundenen Waffen wurden für Untersuchungs... (Pl.) beschlagnahmt.
9. D... weitgesteckt... ... der Oppositionspartei ist, die Wahlen zu gewinnen und die Regierung zu übernehmen.
10. Mein Auto ist zwar klein, erfüllt aber sein... ...
11. Sie hat sich von ihr... ..., Politikerin zu werden und die Frauenrechte zu vertreten, nie abbringen lassen.
12. Sie studiert mit d... ..., Augenärztin zu werden.

Lage oder *Zustand*?

Lage:
a) die Art, wie jd. oder etw. liegt *(eine bequeme Lage einnehmen)*
b) der Ort, an dem etw. in bezug auf seine Umgebung liegt *(eine sonnige Lage)*
c) die Bedingungen, Umstände oder Verhältnisse in einer bestimmten Zeit *(Die Lage der Regierung ist hoffnungslos.)*
d) (übertr.) *(nicht) in der Lage sein, etw. zu tun*: (nicht) fähig sein, etw. zu tun

Zustand:
a) physische oder psychische Verfassung von jdm. *(der gesundheitliche Zustand)*
b) Form bzw. äußere Eigenschaften von etw. *(gasförmiger Zustand von Stoffen, der verwahrloste Zustand des Grundstücks)*

Im Krankenhaus

1. Krankenschwester: „Na, wie fühlen Sie sich heute?"
2. Patient: „Ganz gut. Finden Sie nicht auch, daß sich mein Gesundheits... nach der Operation schnell gebessert hat?"
3. K.: „Ja. Wenn Sie erst wieder in d... ... sind aufzustehen und spazierenzugehen, können Sie bald entlassen werden. Sie brauchen aber dann noch viel Ruhe."
4. P.: „Unser Haus hat ein... sehr ruhig... ... direkt am Park. Außerdem würde sich meine Frau darum kümmern, daß ich ausreichend Schonung bekomme."
5. K.: „Wie geht es eigentlich Ihrer Frau? Sie war ja bei ihrer Einlieferung in ein... ... großer Nervosität."

6. P.: „Sie war natürlich sehr besorgt um mich. Außerdem hat sie sich Gedanken darüber gemacht, wie teuer wohl mein Aufenthalt im Krankenhaus werden wird. Sie müssen wissen, daß unser... finanziell...... sehr schwierig ist, seit wir uns das Haus gekauft haben. Es war in ein... sehr schlecht... ..., und wir mußten viel investieren, um es in ein... bewohnbar...... zu bringen. Deshalb hat meine Frau befürchtet, daß wir vielleicht nicht in d...... sind, einen längeren Krankenhausaufenthalt zu bezahlen."
7. K.: „Ich glaube, daß wir Sie bald entlassen können. Machen Sie sich keine Sorgen! Soll ich jetzt noch Ihr Kissen aufschütteln, damit Sie ein... bequem...... einnehmen können?"

„Es sind nicht alle *Leute Menschen*" (Sprichwort)

Leute sagt man, wenn man a) eine Gruppe von Menschen und b) die Menschen in der Nachbarschaft oder Umgebung meint. In allen anderen Fällen sagt man auch im Plural *Menschen*.

243 (a) **Entscheiden Sie, wann Sie *Menschen* und wann *Leute* einsetzen müssen.**

1. Auf der Erde leben etwa sechs Milliarden ...
2. Auf der Party habe ich lauter sympathische ... kennengelernt.
3. Die ... erzählen, daß ihn seine Frau verlassen hat.
4. Er war froh, als er nach wochenlanger Wanderung durch die Wüste endlich wieder auf ... traf.
5. Zum Glück sind die ... so verschieden; sonst wäre es sehr langweilig auf der Welt.
6. Viele ... sind gegenüber Fremden oft nur wenig aufgeschlossen.
7. Die Schokoladenfabrik beschäftigt mehr als 200 ...
8. Beim Arzt saßen viele ... und warteten auf ihren Aufruf.

(b) **Füllen Sie die Lücken in den Sprichwörtern und Redewendungen aus.**

1. Wo man singt, da laß dich ruhig nieder; böse ... haben keine Lieder.
2. Laß die ... reden; sie reden über jeden.
3. Feine ..., feine Sachen.
4. Allen ... recht getan, ist eine Kunst, die niemand kann.

Äußern Sie sich über den Wahrheitsgehalt dieser Sprichwörter.

Linie:

a)   ein relativ langer und meist gerader Strich

eine gerade Linie   eine krumme Linie   eine gestrichelte Linie

b)   ein exakt ausgerichtetes Neben- oder Nacheinander von Personen oder Dingen *(Die Läufer stehen in einer Linie am Start.)*

Reihe:

a)   räumliches Neben- oder Nacheinander von Personen oder Dingen, das nicht so exakt ausgerichtet sein muß *(Wir stellten die Stühle in eine Reihe.)*

b)   zeitliches Nacheinander *(eine Reihe von Tagen)*

Zeile:

a)   nebeneinanderstehende Wörter eines Textes *(eine Zeile auf einer Heftseite)*

b)   gleichmäßig nebeneinanderstehende (meist) gleichartige Dinge *(eine Häuserzeile)*

Setzen Sie nun entsprechend ein.

1. Der Schüler hat beim Vorlesen eine ... im Text übersprungen.
2. Der technische Zeichner zieht die ... mit einer besonderen Feder.
3. Nach einer ... von Jahren traf sich unsere alte Klasse wieder.
4. Wenn ich kein ...blatt unterlege, kann ich keine geraden ... schreiben.
5. Auf Seite 10, dritte ... von oben, befindet sich ein Druckfehler.
6. Ich sitze im Theater am liebsten in der ersten ...
7. Die Leute stellten sich in einer ... an der Kasse an.
8. Die Soldaten treten in ... an.
9. Riesa, Meißen und Dresden liegen in einer ... entlang der Elbe.

4.2. Synonymgruppen

245 Synonyme der Aufforderung

Anweisung:
a) Auftrag bzw. Anordnung eines Vorgesetzten für einen Mitarbeiter
b) gedruckte Hinweise oder Instruktionen zur Benutzung von technischen Geräten

Aufruf:
a) öffentlicher Appell (einer Gewerkschaft, einer politischen Organisation) an eine Bevölkerungsgruppe zum Handeln
b) Nennen einer Person in einer Reihe Wartender (beim Arzt, im Anwaltsbüro, beim Arbeitsamt)

Bitte: höfliche, persönliche Äußerung eines Wunsches

Empfehlung:
a) Lob von jdm. über jdn. oder etw. als Ratschlag zur Nutzung (Arztwahl, Buch)
b) lobende positive Beurteilung von jdm. (auch schriftlich, oft zu beruflichen Zwecken)

Ermahnung: nachdrückliche Aufforderung – mit Warnung oder Tadel verbunden – zu bestimmtem Verhalten (Ruhe, Vorsicht)

Gebot:
a) Gesetz, moralischer oder religiöser Grundsatz oder von der Vernunft vorgeschriebene Handlungsanleitung
b) amtliche Anordnung (Straßenverkehr, Parkbenutzung)

Mahnung:
a) dringende Aufforderung – mit Kritik verbunden – zu bestimmtem Verhalten (Vorsicht, Sauberkeit)

b) (schriftliche) Aufforderung an jdn., daß er noch Geld zahlen oder andere Verpflichtungen (Vertrag, Termin) einhalten muß
Rat(schlag): Vorschlag zur Hilfe für das Verhalten von jdm. (Plural nur: *Ratschläge*)
Vorschrift: (meist schriftliche) Festlegung, wie man sich in einem bestimmten Umfeld (Baustellen: Tragen eines Helmes; Fahrstuhl: Begrenzung der Personenzahl) verhalten muß
Vorschlag: Anregung an jdn., etw. Bestimmtes zu tun, das den Vorschlagenden meist mit einbezieht (einen [gemeinsamen] Ausflug machen)

(a) Ordnen Sie folgenden Wendungen in die Tabelle ein.

- einen Aufruf (an die Bevölkerung) erlassen
- jdm. eine Empfehlung geben
- eine Bitte äußern
- jdm. Vorschriften machen
- sich bei jdm. Rat holen
- jds. Vorschlag annehmen
- die Vorschriften einhalten
- jds. Rat brauchen
- jdm. eine Bitte erfüllen
- Ermahnung zu Ruhe und Ordnung
- etw. auf jds. Empfehlung tun
- eine Anweisung befolgen
- etw. auf jds. ausdrückliche Anweisung tun
- eine Vorschrift verletzen
- die nötigen Anweisungen geben
- jdm. eine Mahnung schicken
- an jdn. mit einer Bitte herantreten

Aufforderung	Reglementierung	Ratschlag	Wunsch

(b) Welches Wort aus der Synonymgruppe *Aufforderung* paßt?

1. Oberst... ... im Straßenverkehr ist gegenseitige Rücksichtnahme.
2. Wegen der noch nicht abgezahlten Rate erhielt sie ein... ... vom Versandhaus.

3. Es sollte ein... ... der Höflichkeit sein, einen Gesprächspartner nicht zu unterbrechen, sondern ihn erst ausreden zu lassen.
4. In wenigen Minuten erfolgt ... ... der Passagiere der Lufthansa-Maschine nach Atlanta.
5. Der Videokamera lag ein... detailliert... Gebrauchs... bei.
6. Er wollte ein... ... von mir, weil er nicht wußte, wie man ein Bewerbungsschreiben aufsetzt.
7. Auf ... eines einflußreichen Freundes erhielt er die Stelle als Art Director.
8. Ich machte ihm ... ..., heute abend gemeinsam auszugehen, weil es unser einziger freier Abend in dieser Woche ist.
9. Er trat mit ein... ... an sie heran, die sie ihm nicht abschlagen konnte.
10. Trotz wiederholt... ... seiner Freunde, langsamer zu fahren, gab er Gas.
11. Laut ... ist der Umgang mit offenem Feuer in Garagen verboten.
12. Auf ... des Rektors wurde der Semesterbeginn um zwei Tage vorverlegt.
13. Auf dein... ... hin habe ich mir gestern den neuen Kinofilm angesehen, bin aber von der Hauptdarstellerin längst nicht so begeistert wie du.

246 Aus dem Terminkalender eines Politikers

(a) Welches Erstglied aus der Liste paßt zu welchem Zweitglied auf den Kalenderblättern?

AIDS-, Arbeits-, Einwohner-, Fach- über Solarenergie, Gemeinderats-, Gipfel-, Jahres- der Buchhändler und Verleger, Rektoren-, Umwelt-, Wähler-

(b) Bilden Sie aus den Wörtern der Übung (a) mit Hilfe von Verben bzw. Wortgruppen wie *teilnehmen, einberufen, Diskussion leiten, Vorlage ausarbeiten,* ... Sätze.

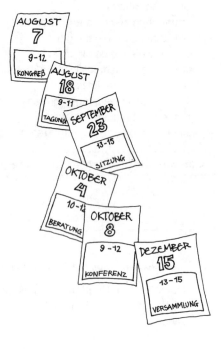

Besuch von der Kriminalpolizei

Vervollständigen Sie diesen Dialog, indem Sie aus den folgenden Substantiven der Mitteilung das jeweils angemessene heraussuchen.

Antwort – Auskunft – Bescheid – Darstellung – Erklärung – Hinweis – Versprechen

1. „Guten Tag, Kriminalpolizei, wir möchten gern von Ihnen ein... ... Kennen Sie den Mann auf diesem Foto?" – 2. „Nein, diesen Mann habe ich noch nie gesehen." – 3. „Wir haben aber ein... ... erhalten, daß Sie mit diesem Mann mehrmals in verschiedenen Hotels gesehen wurden. 4. Haben Sie dafür ein... ...?" – 5. „Ich muß Ihnen darauf kein... ... geben." – 6. „Dann werden Sie morgen ein... ... von uns erhalten, wann Sie sich im Polizeipräsidium zu einer Befragung einzufinden haben." – 7. „Was haben Sie eigentlich gegen mich vorzubringen?" – 8. „Wir gehen davon aus, daß Sie uns wissentlich ein... falsch... ... gegeben haben." – 9. „Na schön, geben Sie mir d... ..., daß ich Strafmilderung bekomme, wenn ich Ihnen jetzt ein Geständnis ablege?"

Setzen Sie den Dialog fort.

(a)   Suchen Sie sich eine Arbeitsstätte heraus und beschreiben Sie diese
mit eigenen Worten.

(Die anderen Lerner aus Ihrer Gruppe sollen erraten, welche Arbeitsstätte gemeint ist.)

Antiquariat – Apotheke – Bäckerei – Brauerei – Gärtnerei – Tankstelle – Verlag – Werft

(b)   Erarbeiten Sie mit einem Partner/einer Partnerin einen Dialog zu einer der folgenden Situationen:

1. *Bäckerei* (Bäckermeister und Bäckerlehrling; Bäckerlehrling hat den Brötchenteig versalzen und versucht nun, sich zu rechtfertigen)
2. *Apotheke* (Apotheker und Kunde; Apotheker hat dem Kunden ein angebliches Schlankheitsmittel verkauft, das dieser nun reklamiert)
3. *Tankstelle* (Tankstellenmitarbeiter und Autofahrer; Tankstellenmitarbeiter glaubt, in dem Autofahrer einen der Männer wiederzuerkennen, die in der Woche zuvor die Tankstelle überfallen haben; Autofahrer streitet es ab)
4. *Verlag* (Lektor und Buchautor; Buchautor ist von seinem neuen Buch

ganz überzeugt und redet auf den Lektor ein, daß es unbedingt veröffentlicht werden muß; der Lektor reagiert skeptisch)
5. *Antiquariat* (zwei Kunden haben beide zugleich nach einem begehrten Buch gegriffen und streiten sich nun darüber, wer es kaufen darf)
6. *Gärtnerei* (Gärtner und Kunde; Kunde, will für Freund/Freundin einen Blumenstrauß zum Valentinstag bestellen, weiß aber nicht, welche Blumen er nehmen soll; Gärtner berät Kunden)

249 **Was benutzen sie bei ihrer Arbeit? Setzen Sie das Substantiv mit dem unbestimmten Artikel ein.**

Ahle – Beil – Feile – Hobel – Kelle – Lötkolben – Pflug – Pinsel – Säge – Schere – Wasserwaage – Zirkel

1. Der Bauer benutzt ... ...
2. Der Fleischer benutzt ... ...
3. Der Holzfäller benutzt ... ...
4. Der Klempner benutzt ... ...
5. Der Konstrukteur benutzt ... ...
6. Der Maler benutzt ... ...

7. Der Maurer benutzt ... ...
8. Der Schlosser benutzt ... ...
9. Der Schneider benutzt ... ...
10. Der Schuhmacher benutzt ... ...
11. Der Tischler benutzt ... ...
12. Der Zimmermann benutzt ... ...

a) Aus welchen Berufen stammen die beiden bildhaften Wendungen?
b) Wie heißen und was bedeuten sie?

Berufe raten

Bilden Sie Fragen und Antworten nach den Mustern:

> reparieren, Wasserleitung *(Klempner)*
> → **Wer repariert die Wasserleitung? – Der** *Klempner.* **Er erneuert die Steigleitung in unserer Küche./...**

> steuern, Flugzeug *(Pilot)*
> → **Wer steuert das Flugzeug? – Der** *Pilot.* **Er bringt es sicher durch die Schlechtwetterfront./...**

1. züchten, Bienen
2. regeln, Straßenverkehr
3. geleiten, Schiff
4. leiten, Orchester
5. einsetzen, Fensterscheibe
6. beglaubigen, Dokument
7. schaffen, Skulptur
8. begutachten, Schrift
9. füttern, Wildtiere
10. verkaufen, alte Bücher

Antiquar, Bildhauer, Dirigent, Förster, Glaser, Graphologe, Imker, Lotse Notar, Verkehrspolizist

Bilden Sie selbst Fragen und entsprechende Antworten mit folgenden Berufsbezeichnungen:

Akrobat – Architekt – Astronom – Elektriker – Friseur – Juwelier – Kürschner – Mannequin – Optiker – Reporter – Schäfer/Hirt – Tischler – Winzer

5. Antonyme

In den Übungen zur Antonymie wurden weniger Antonyme im engeren Sinn erfaßt, sondern vor allem Arten der Bedeutungsbeziehungen, die Ausdruck eines betonten, aufeinander bezogenen Kontrastes sind. Dabei ist zu beachten, daß die Grenzen zwischen Bedeutungsgleichheit – Bedeutungsähnlichkeit – Bedeutungsunterschied – Bedeutungsgegensatz oft fließend sind.

251 Finden Sie den Sinn im Unsinn? Ersetzen Sie die kursiv gedruckten Substantive durch die Antonyme aus der Liste.

Angst – Fleiß – Freude – Haß – Lust – Optimismus – Schadenfreude – Stolz – Treue

In Grimms Märchenbuch geblättert

1. Mit ihrer Bosheit wird Schneewittchens Stiefmutter *Liebe* ernten.
2. Die sieben Zwerge haben Schneewittchen ewigen *Verrat* gelobt.
3. Als sie von ihren Eltern im dunklen Wald alleingelassen worden waren, konnten Hänsel und Gretel vor *Mut* nicht schlafen.
4. Nach dem Tod der bösen Hexe lebten Hänsel und Gretel von nun an herrlich und in *Trauer*.
5. Der Küchenjunge in „Dornröschen" tut seine Arbeit ohne *Frust* und Liebe und erhält deshalb oft Ohrfeigen vom Küchenmeister.
6. Mit seinem *Pessimismus* siegt das tapfere Schneiderlein über alle Gefahren.
7. Wegen ihrer *Faulheit* wird Goldmarie von Frau Holle belohnt.
8. Der Leser empfindet *Mitleid* mit Pechmarie, die von Frau Holle mit Pech überschüttet wird.
9. Die Königstochter lehnt aus *Bescheidenheit* alle Prinzen als Heiratsbewerber ab und muß zur Strafe den König „Drosselbart" nehmen.

252 Setzen Sie die Antonyme der nachfolgenden Wörter entsprechend der Numerierung zur Lösung des Wortgitters ein (Ä = AE).

waagerecht:

1. Aktivität
2. Import
3. Theorie
4. Qualität

senkrecht:

5. Kopie
6. Konkretisierung
7. Antipathie
8. Konsumtion
9. Maximum

Falsch Gemixtes!

Unser Tip: Lösen Sie die Komposita auf. Setzen Sie die Erstglieder und Zweitglieder der Komposita neu zusammen, so daß sinnvolle Bildungen entstehen. Suchen Sie nun zu den neuen Bildungen die dazugehörigen Antonyme.

1. Totalzug
2. Laubzeit
3. Trockenbäume
4. Schnellschaden

5. Kleinindustrie
6. Süßgebäude
7. Leichtstadt
8. Nebenwasser

(a) Welches Adjektiv (Erstglied) paßt zu welchem Zweitglied? Bilden Sie **254** die richtigen Komposita.

1. alt — Wein
2. fremd — Land
3. schwach — Sprache
4. voll — Studium
5. direkt — Bau
6. rot — Strom
7. weiß — Automat
8. flach — Brot

(b) Bilden Sie nun die Antonyme zu den Wörtern.

(a) Wer ist es tatsächlich? Finden Sie es heraus, indem Sie die kursiv ge- **255** druckten Substantive durch deren Antonyme ersetzen.

1. Ist der *Feigling* mutig?
2. Hat der *Freund* uns gegenüber böse Absichten?
3. Muß der *Lehrer* Hausaufgaben machen?
4. Wer hat nach einer Feier die Zeche zu zahlen? Der *Gast*?

(b) Wissen Sie es?

1. War Goliath ein *Zwerg*?
2. Ist ein Brief an den *Absender* gerichtet?
3. Kommen zu einem Treffen für männliche Singles *Ehemänner*?
4. Ist ein populärwissenschaftliches Buch für den *Fachmann* geschrieben?

256 Die bessere Hälfte – wie heißt die weibliche Verwandte?

1. der Schwager
2. der Cousin
3. der Enkel
4. der Vater
5. der Sohn
6. der Onkel

Setzen Sie die Anfangsbuchstaben der gebildeten Antonyme entsprechend ihrer Numerierung in das untenstehende Kästchen ein. Das zu erratende Lösungswort ist die Verwandtschaftsbezeichnung für die Mutter eines Ehemannes.

1	2			3			4	5	6		

a) Wer wird in Ihrer Familie auf Händen getragen?
b) Wer ist bei Ihnen daheim Hahn im Korbe?

257 Alltag auf unseren Straßen

Sie sind Zeuge eines Verkehrsunfalls geworden und müssen nun der Polizei über den Hergang berichten. Wir helfen Ihnen dabei. Sie müssen nur noch den Text vervollständigen, indem Sie die entsprechenden Antonyme für die hervorgehobenen Wörter einsetzen.

1. „Gegen 16.15 Uhr geriet ich vor der großen Ampelkreuzung im Stadtzentrum in einen Stau. Die *Spitze* der Fahrzeugkolonne konnte ich gar nicht sehen, denn ich fuhr ganz am ... 2. Vor mir scherte plötzlich ein bordeauxroter Opel Kadett zu einem Überholmanöver aus, übersah dabei aber ein entgegenkommendes Auto. Während der Opel-Fahrer leichtsinnig auf's *Gaspedal* trat, mußte der Fahrer des entgegenkommenden Fahrzeugs auf die ...

treten, um Schlimmeres zu verhindern.   3. Es kam zwar zu einem Zusammenstoß der beiden Fahrzeuge, es entstand aber kein *Totalschaden*, sondern nur ...   4. Die *Frontscheibe* des Opel Kadett war zertrümmert, aber die ... war noch ganz.   5. Der Fahrer des Opel Kadett erlitt nur leichte Prellungen an den *Armen*, an den ... blieb er unverletzt.   6. Durch den Verkehrsunfall entstand ein *Chaos*, bis ein Verkehrspolizist ... schaffte."

Finden Sie die 6 antonymischen Wortpaare des Puzzles heraus?   **258**

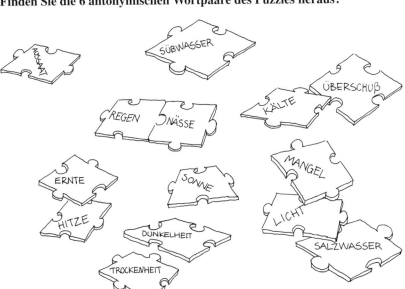

259

Das Wandern ist des Müllers Lust

Sie sollen in Ihrem neugegründeten Wanderverein für die erste Gebirgswanderung werben. Der Text ist schon fast fertig – Sie müssen nur noch die Lücken füllen. Setzen Sie die passenden Antonyme ein.

1. Entfliehen wir gemeinsam dem *Lärm* der Großstadt, um die ... des Gebirges zu genießen!   2. Unsere Wanderung wird einen ganzen Tag dauern: früh am *Morgen* brechen wir auf, und erst am späten ... kehren wir zurück. 3. Geplant ist eine Bergbesteigung. Am *Fuß des Berges* wird es sicher noch von Touristen wimmeln, auf dem ... werden es aber bestimmt nur noch wenige sein.   4. Ihr werdet es nicht bereuen, die Strapazen der Wanderung auf Euch genommen zu haben! Eine herrliche Landschaft erwartet uns, wenn wir

aus der *Enge* der Felsschlucht in die ... der Gebirgswiesen kommen. 5. Aus der *Ferne* sieht man nur kleine Punkte, erst aus der ... erkennt man die Gemsen auf dem schroffen Gestein. 6. Auf dem Berggipfel gibt es ein Restaurant, in dem wir uns nach der *Anstrengung* der Wanderung eine ... verdient haben. 7. Nach der *Hitze* des Tages wird uns die ... eines Bieres guttun.

Dem Text fehlt noch ein passender Werbeslogan als Überschrift. Ihnen fällt bestimmt ein passender Spruch ein!

6. Homonyme

260 **Wie lautet der Plural?**

Bank
1. Auf den Park... sieht man manchmal Obdachlose schlafen.
2. In der Stadt gibt es Filialen von verschiedenen ...
Mutter
3. Im Warteraum des Kinderarztes sitzen ... und Väter mit ihren Kindern.
4. Wenn sich die Schrauben lockern, muß man die ... mit einem Schlüssel anziehen.
Strauß
5. Der Pianistin wurden große Blumen... überreicht.
6. ... sind große Laufvögel, die in den afrikanischen Steppen vorkommen.
Tuch
7. Sie hat für ihren Mann ein Dutzend Taschen... gekauft.
8. Englische ... werden wegen ihrer guten Qualität in der ganzen Welt geschätzt.

261 **Bilden Sie Sätze mit den Homonymen nach den Bedeutungsangaben bzw. Beispielen in den Klammern.**

1. der Band – das Band (Goethe-Ausgabe – Haarschmuck)
2. der Bund – das Bund (Vereinigung von Partnern – zusammengebundenes Gemüse)
3. der Gehalt – das Gehalt (Anteil [z. B. von Fett in der Milch] – Monatslohn)
4. das Mark – die Mark (organisches Gewebe – Währungseinheit)
5. das Steuer – die Steuer (Lenkrad – Abgabe)
6. die See – der See (Ostsee – Bodensee)

Setzen Sie Artikel und Endungen ein.

1. Auf den Blättern und Gräsern lag funkelnd... *Tau.*
2. Der Segler nahm ... stark... *Tau* zum Festbinden seines Bootes.
3. ... groß... *Verdienst* Albert Einsteins ist die Begründung der Relativitätstheorie.
4. Als Hilfsarbeiter hat er ... gering... Monats*verdienst.*
5. ... Geschwindigkeits*messer* an meinem Auto ist nicht in Ordnung.
6. Sie kaufte ... nichtrostend... Küchen*messer.*
7. ... *Kunde* von dem Unglück verbreitete sich schnell.
8. ... neu... *Kunde* betrat das Geschäft.
9. Zwei ist ... fünft... *Teil* von zehn.
10. ... Ober*teil* dieses Kleides ist mir zu weit.
11. Im Mittelalter trugen die Ritter ein Schwert und ... eisern... *Schild.*
12. Der Radfahrer hat ... Vorfahrts*schild* nicht beachtet.

Wissen Sie die Antwort? Geben Sie den richtigen Artikel an.

Flur
1. Wo steht der Schirmständer?
2. Wo kann man spazierengehen?

Junge
3. Wer spielt gern Fußball?
4. Wer wird von dem Muttertier versorgt?

Kiefer
5. Wie heißt ein bekannter Nadelbaum?
6. Wie heißt einer der Schädelknochen?

Leiter
7. Wer ist für seine Angestellten verantwortlich?
8. Womit kann man einen Baum ersteigen?
9. Was ist ein Stoff, der elektrischen Strom durchläßt und weiterführt?

Mast
10. Woran wird ein Bootssegel befestigt?
11. Wie nennt man die Intensivfütterung von Schlachttieren?

Worte oder *Wörter*?

Der Plural *Wörter* wird gebraucht, wenn es sich um einzelne Wörter handelt. Der Plural *Worte* wird gebraucht, wenn es sich um eine sinnvolle Äußerung (im Sinne einer komplexen sprachlichen Einheit in Abgrenzung zum Einzelwort) handelt.

Wir spielen an der Börse

Spielanleitung: Jeder Spielteilnehmer hat jeweils die gleiche Summe Geldes (z. B. 10 000 DM) zur Verfügung, um sie an unserer Spielbörse in Aktien zu investieren. Als Aktien dienen die folgenden 14 Sätze, d. h., die Spielteilnehmer müssen Sätze kaufen. Jede Aktie (jeder Satz) kostet 1000 DM. Aber aufgepaßt! Es sind fehlerhafte Sätze eingeschmuggelt worden! Vor einem Kauf dieser Sätze wird gewarnt, denn am Spielende gibt es 1000 DM Abzug pro fehlerhaften Satz. Als Prämie für jeden richtigen Satz winken jeweils 2000 DM. Der Spieler mit der höchsten Geldsumme am Ende hat gewonnen. (Empfehlenswert ist es, wenn sich der Lehrer als Aktienverkäufer betätigt, um das Spiel zu koordinieren.)

Sätze:

1. Die Studenten lernen die neuen *Wörter* des Textes.
2. Buchstabieren Sie die beiden Fremd*wörter*!
3. Die beiden Vor*wörter* des Buches enthalten wichtige Bemerkungen des Autors.
4. Der Autor schließt seinen Aufsatz mit *Wörtern* von Heinrich Heine.
5. Dieses Wörterbuch enthält 50 000 *Wörter*.
6. Der Dozent schreibt die besonders schwierigen *Worte* an die Tafel.
7. Die *Worte* des Redners gingen im Beifall der Zuhörer unter.
8. Der Redner benutzte zu seinem Vortrag nur Stich*worte*.
9. Der Sänger sang so undeutlich, daß man von den *Wörtern* des Liedes nur einzelne *Worte* verstehen konnte.
10. Der Professor leitet seinen Vortrag mit *Worten* Einsteins ein.
11. Er hat in seinem Aufsatz vier *Wörter* falsch geschrieben.
12. Die freundlichen *Worte* des Arztes beruhigten den Patienten.
13. Freunde, die sich lange und gut kennen, brauchen oft nur wenige *Worte,* um einander zu verstehen.
14. Meine Freude über die Geburt meines Kindes läßt sich mit *Wörtern* gar nicht beschreiben.

265 **Verwechseln Sie nicht!**

> Die Substantive auf *-e* sind feminin, die Substantive auf einen Konsonanten sind maskulin bzw. neutral.

Akt/Akte

1. Über jeden Gerichtsprozeß wird ... ... angelegt.
2. ... erst... ... des Theaterstücks dauerte über eine Stunde.

Niet/Niete
3. Ich habe im Lotto schon wieder ... ... gezogen.
4. Er verband die beiden Blechstreifen mit ... ...
Sproß/Sprosse
5. Plötzlich brach ... ... der Leiter, und der Tapezierer stürzte herunter.
6. Die Pflanze trieb ... erst... ... in der Frühlingssonne hervor.
Laden/Lade
7. Er bewahrt das Geld in ... Schub... seines Schreibtisches auf.
8. In ... Gemüse... werden auch Getränke verkauft.
Leisten/Leiste
9. Über dem Fenster befestigte sie ... ... für die Gardine.
10. Der Schuhmacher spannt den Schuh über ... ...

Herausgefallen! 266

Ordnen Sie die verstreut liegenden Wörter dem richtigen Satz zu. Achten Sie darauf, daß eine Zusammenziehung von Präposition und Artikel notwendig sein kann.

der Kohl   das Etikett   die Tablette   die Etikette   das Deck

die Stolle   die Streife   die Decke   das Tablett   die Kohle

der Stollen   der Streifen

1. Bei sonnigem Wetter sind die meisten Schiffspassagiere auf ...
2. Nach Anweisung des Arztes nahm er dreimal täglich ... ...
3. ... ... von drei Polizisten kontrollierte das Spiel-Center.
4. Das Verhalten des Diplomaten war ein Verstoß gegen ... ...
5. Jede Medizin muß neben ... ... auch mit einer Packungsbeilage versehen sein.
6. ... ist neben Erdöl und anderen Brennstoffen ein wichtiger Energieträger.
7. Die Suche nach den in ... verschütteten Bergleuten dauert noch an.
8. ... ... und die Kartoffeln sind trotz der langen Trockenheit im Sommer gut gediehen.
9. ... ... der Kirche ist mit Fresken von Michelangelo bemalt.

10. Die Kellnerin trägt die Speisen auf ... ...
11. Sie nahm ... ... Mull zum Verbinden der Wunde.
12. Seine Mutter hat für ihn zu Weihnachten ... ... gebacken.

267 *Rohr* oder *Röhre*?

Erkennen Sie die abgebildeten Gegenstände?

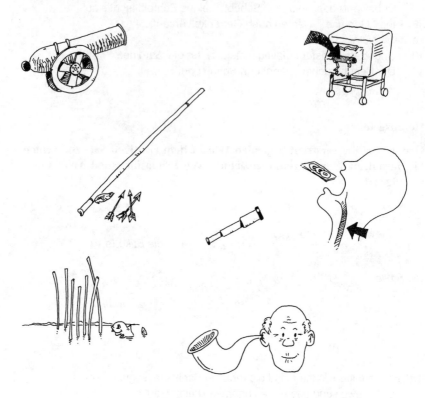

III. Adjektiv

1. Präfixe

Beim Adjektiv sind nur die Präfixe der Verneinung von Bedeutung. Dabei ergibt sich ein Zusammenspiel mit Suffixen.

Verneinung mit Präfix *in-* oder Präfix *un-*?   **268**

1. Das Kino hat eine ...direkte Beleuchtung.
2. Die farbliche Gestaltung des Raumes wirkt ...ästhetisch.
3. Der Film war ...interessant.
4. Daß er dem Praktikanten nicht hilft, ist ...kollegial.
5. Bei der Kindererziehung darf man nicht ...konsequent sein.
6. Der ...disziplinierte Schüler wurde gerügt.
7. Der Kritiker ist anderen Meinungen gegenüber oft etwas ...tolerant.
8. Es ist ...produktiv, nur zu kritisieren, ohne Änderungsvorschläge zu machen.
9. Die Sachbearbeiterin ist in Fragen der Arbeitskooperation ...kompetent.
10. Daß du die Arbeit nicht genau planst, ist ...rationell.
11. Unser letztes Treffen verlief wegen eines Streites ziemlich ...harmonisch.
12. Er stellte dem Mädchen Fragen, die sie als ...diskret empfand.
13. Die Geschwulst ist nach dem Urteil der Ärzte ...operabel.

Verneinung mit Präfix *un-* oder Suffix *-los*?   **269**
Beachten Sie, daß bei der Präfigierung mit *un-* manchmal zusätzlich noch die Suffigierung mit *-lich* oder *-ig* notwendig ist.

1. eine ...fehler... Arbeit
2. ein ...ernst... Mensch
3. ein ...geschmack... Pulver
4. ein ...gast... Haus
5. eine ...schlaf... Nacht
6. eine ...natur... Farbe
7. ein ...ton... Film
8. eine ...not... Belastung
9. eine ...takt... Bemerkung
10. ein ...person... Brief
11. ein ...licht... Raum
12. ein ...lücke... Beweis
13. ein ...hilfe... Säugling
14. eine ...ruhe... Wohngegend
15. eine ...reife... Frucht

270 Welches Adjektiv gehört wohin?

1. Der Fotograf stellt die Entferung auf ... ein.
2. Bis der Streit beigelegt war, gab es ein ... Hin und Her.

unendlich
endlos

3. Wegen des zusätzlichen Urlaubs müssen Sie einen ... Antrag an den Personalchef stellen.
4. Ein Kennzeichen dieser Erkrankung ist die ... Schwellung der Beine.

unförmig
formlos

5. Der Vater reagierte auf die Frage mit einem ... Kopfschütteln.
6. Er war nur ein ... Werkzeug in den Händen der Verbrecher.

unwillig
willenlos

7. Die Mutter war ... über den Verlust ihres Sohnes.
8. Nach dem Erdbeben bot die ganze Stadt einen ... Anblick.

untröstlich
trostlos

9. Ich kam zur ... Zeit und störte die Familie beim Mittagessen.
10. In der Zeit des Feudalismus waren die Bauern völlig ...

unrecht
rechtlos

11. Der bei den Ausgrabungen entdeckte Text war nur ein ... Bruchstück.
12. Von einem Laien auf eine Fachfrage eine Antwort zu verlangen ist ...

unsinnig
sinnlos

2. Suffixe

-*al* und -*ell*

Die beiden Fremdsuffixe -*al* und -*ell* sind z. T. synonym *(universal/universell),* z. T. aber auch in ihrer Bedeutung deutlich zu unterscheiden: *nominaler Stil* = durch Nomen geprägt; *nominelles Mitglied* = nicht echtes, wirkliches Mitglied, sondern nur dem Namen nach.

Im synonymen Bereich beider Suffixe ist eine weitere Bedeutungsdifferenzierung möglich:
a) sich auf die im Erstglied benannte Sache beziehend (Bezugsadjektiv): *regional, industriell*
b) die im Erstglied benannte Eigenschaft ausdrückend (Vergleichsadjektiv): *katastrophal, sensationell*
c) durch die im Erstglied genannte Sache verursacht: *hormonal* (neben *hormonell*), *ministeriell*

-al oder *-ell*?

271

Epoche – Entdeckung → die epoch*ale* Entdeckung
Sensation – Erfolg → der sensation*elle* Erfolg

1. Triumph – Sieg
2. Redaktion – Überarbeitung
3. Zentrum – Kommission
4. Kultur – Entwicklung
5. Bakterie – Erkrankung
6. Provinz – Inszenierung
7. Materie – Wohlstand
8. Ministerium – Anweisung
9. Opposition – Gruppe
10. Phänomen – Gedächtnis
11. Industrie – Revolution
12. Genie – Idee

Ordnen Sie die gebildeten Adjektive den Bedeutungsvarianten a)–c) zu.

Verwechseln Sie nicht!

272

1. Wer ... denkt, geht vom Verstand und nicht vom Gefühl aus, – wer ... arbeitet, arbeitet zweckmäßig und sparsam mit den Mitteln. *(rational, rationell)*
2. Wer ein ... Schreiben verfaßt, tut dies aus Höflichkeit und der Vorschrift entsprechend, – wer seine Aufgabe ... anfaßt, behandelt sie äußerlich und oberflächlich. *(formal, formell)*
3. Wer eine ... Ehe führt, führt eine musterhafte und vorbildliche Ehe, – wer eine ... Hilfe leistet, hilft geistig und gesinnungsmäßig. *(ideal, ideell)*
4. Wer ein ... Geschäftsmann ist, ist als Geschäftsmann ehrlich und gewissenhaft, – wer ... denkt, denkt sachlich und der Wirklichkeit gemäß. *(real, reell)*
5. Wer eine ... Rembrandtzeichnung besitzt, hat eine echte, von Rembrandt angefertigte Zeichnung, – wer ein ... Souvenir besitzt, hat ein eigenartiges und merkwürdiges Souvenir. *(original, originell)*

-bar, -lich, -sam

-bar und *-sam* verbinden sich mit Verbstämmen und Substantiven, *-lich* dazu noch mit Adjektiven. *-bar* und *-lich* sind sehr produktiv, *-sam* ist wenig produktiv. Teils sind die Ableitungen synonym *(einprägsam/einprägbar)*, teils sind sie in der Bedeutung unterschiedlich *(furchtbar/furchtsam)*.

-bar hat vor allem bei verbalem Erstglied die modale Grundbedeutung „können":
a) nach transitiven Verben passivisch: *ableitbar* (= kann abgeleitet werden)
b) nach intransitiven Verben aktivisch: *(un)sinkbar* (= kann [nicht] sinken)
übertragene Bedeutung: *kostbar, wunderbar*

-lich hat folgende Bedeutungen:
a) wie *-bar* a): *verständlich* (= kann verstanden werden)
b) hat die im Erstglied genannte Wirkung: *bedrohlich, ärgerlich*
c) zu jdm./etw. gehörig (Bezugsadjektiv): *elterlich, beruflich*
d) wie jd./etw.: *väterlich, herbstlich*
e) abschwächend: *ältlich, gelblich*
übertragene Bedeutung: *ehrlich, köstlich*

-sam drückt die Bedeutung der Basis als Eigenschaft aus *(gehorsam* = gehorchen, *mühsam* = Mühe/sich mühen), oft mit Intensivierung der Basisbedeutung *(bedeutsam* = viel bedeuten, *arbeitsam* = viel arbeiten) oder mit Spezifizierung *(genügsam* = anspruchslos, *behutsam* = vorsichtig).

273 Verbinden Sie das passende Substantiv mit dem Adjektiv.

1. achtbar – achtsam
   (wissenschaftliche Leistung des Mannes – Umgang mit Glas)
2. ausführbar – ausführlich
   (Kraftwerksprojekt – Protokoll einer Sitzung)
3. biegbar – biegsam
   (Eisenblech – Weidenzweig)
4. ehrbar – ehrlich
   (Finder – Bürgerstochter)
5. furchtbar – furchtsam
   (Kind – Hitze)
6. heilbar – heilsam
   (Strafe – Krankheit)
7. kostbar – köstlich
   (Goldschmuck – Humor)

8. nutzbar – nützlich   (Haushaltgerät – Wasserkraft der Flüsse)
9. strafbar – sträflich   (Sorglosigkeit – Verstoß gegen die Verkehrsordnung)
10. unaussprechbar – unaussprechlich   (Fremdwort – Schmerz um einen Toten)
11. veränderbar – veränderlich   (Mechanismus – Aprilwetter)
12. wunderbar – wunderlich   (Wirkung des Medikaments – alter Mann)

Ergänzen Sie in den Anzeigentexten die Suffixe und erklären Sie die Bedeutung der Wörter. *274*

1. Steffi, 22, 156 cm, *sportl., berufl.* erfolgreich, *einfühls.,* wünscht sich *strebs., fröhl.,* jungen Partner.

2. Witwe, 52, 167 cm, *leidenschaftl.* Hobbygärtnerin, *vorbildl.* Hausfrau, *fraul.* Figur, *anschmiegs.,* möchte bald *ehrl.* Mann *persönl.* kennenlernen.

3. Unternehmer, 42, 184 cm, *vorzeigb.* in Jeans und Smoking, *unterhalts.,* hat den *sehnl.* Wunsch, nicht *alltägl., sinnl.* verträumte Mädchenfrau kennenzulernen.

4. Timo, 24, 180 cm, *annehmb.* Äußeres, *natürl., arbeits.,* etw. *schweigs.,* mit Sinn für *gemütl.* Heim würde sich über Deinen Anruf *unheiml.* freuen.

Können Sie selbst so eine Anzeige entwerfen? Denken Sie an die Adjektive mit -*bar*, -*lich* und -*sam*.

(a)   Welche Eigenschaften mögen Sie an den Menschen und welche nicht? *275*
Entscheiden Sie, welches Suffix Sie wählen müssen.

1. ängst...	8. freund...	15. streit...
2. auswechsel...	9. furcht...	16. tugend...
3. bestech...	10. kind...	17. unwandel...
4. betrieb...	11. lenk...	18. vergeß...
5. dümm...	12. mitteil...	19. wunder...
6. erträg...	13. reiz...	
7. folg...	14. spar...	

Wie finden Sie Leute mit den in den Bildern ausgedrückten Eigenschaften?
Wie heißen die Wendungen?

a)

b)

c)

d)

(b) Verwechseln Sie die Adjektive nicht!

1.	gewaltsam – gewaltig	(Bauwerk – Unterdrückung)
2.	heilsam – heilig	(Strafe – Abendmahl)
3.	langsam – länglich	(Metallstück – Bewegung)
4.	sparsam – spärlich	(Hausfrau – Haar)
5.	wirksam – wirklich	(Leben – Heilmittel)

-er **oder** *-isch*?

Adjektive auf *-er* und *-isch* zu Orts- und Ländernamen bilden mit Substantiven oft feste Begriffe (Eigennamen).

Welches Suffix wählen Sie? (Vorsicht, manche Adjektive haben keine Fle- 276
xionsendung!) Erklären Sie die Bedeutung der Eigennamen.

1. Bayern – Kraut
2. Bremen – Stadtmusikanten
3. Dresden – Stolle
4. Hamburg – Dramaturgie (von Lessing)
5. Jena – Glas
6. Köln – Wasser
7. Leipzig – Allerlei
8. Meißen – Porzellan
9. Rußland – Brot

-e(r)n oder *-ig?*

silbern bedeutet: aus Silber
silbrig bedeutet: wie Silber

277

Verbinden Sie das passende Substantiv mit dem Adjektiv.

1. gläsern – glasig   (Blick – Vitrine)
2. golden – goldig   (Uhr – Kind)
3. hölzern – holzig   (Birne – Regal)
4. seiden – seidig   (Kleid – Haar)
5. steinern – steinig   (Treppe – Feldweg)
6. wollen – wollig   (Decke – Haar)

-gemäß und *-mäßig*

-gemäß ist begrenzt produktiv und hat folgende Bedeutungen:

a) wie es im Erstglied verlangt wird (obligatorisch ist): *vereinbarungs-gemäß*

b) zum Genannten passend: *traditionsgemäß*

-mäßig ist sehr produktiv und hat folgende Bedeutungen:

a) wie *-gemäß* a): *vorschriftsmäßig*

b) die im Erstglied genannte Sache betreffend: *verkehrsmäßig*

c) ähnlich wie die genannte Person/Sache: *studentenmäßig, bärenmäßig*

278 **Welches Suffix wählen Sie?**

1. Anne gehört leistungs... zu den besten Studentinnen.
2. Die Lehrveranstaltungen hat sie regel... besucht.
3. Dabei war ihr manches allerdings zu schul...
4. Ihre Hausarbeit hat sie termin... abgegeben.
5. In der Klausur hat sie die Themen sach... behandelt.
6. Die Prüfungsformulare hat sie vorschrifts... ausgefüllt.
7. In der mündlichen Prüfung lief alles wunsch...
8. Ob ihr ganzes Leben so plan... verläuft?

279 (a) „obligatorisch – passend – betreffend – ähnlich" – oder wie? Setzen Sie *-gemäß* oder *-mäßig* ein und nennen Sie die Bedeutung.

1. Alters... passen die beiden sehr gut zusammen.
2. Unser Kind darf sich nur alters... Fernsehfilme ansehen.
3. Unser Wohnort ist verkehrs... günstig gelegen.
4. Jeder Autofahrer muß sich verkehrs... verhalten.
5. Im Urlaub hatten wir wetter... großes Glück.
6. Man muß immer wetter... Kleidung anziehen.
7. Die Professorin ist zeit... sehr belastet.
8. Der Redner benutzte zeit... Anschauungsmaterial.
9. Wir hatten alle bären... Hunger.
10. Der Zoo hat nun ein neues bären... Gehege.

(b) **Lesen Sie das Gedicht laut und achten Sie auf die Betonung des Schlüsselworts.**

Heinz Erhardt

Legitim

Mich fragte neulich ein Tenor,
wie mir sein Linkerton in „Butterfly"
gefallen hätt?
Ich sagte ihm:
legitim!
Worauf er mich nicht nur entsetzt,
nein, auch sogar etwas verletzt
berichtigte, daß „legitim"
so gar nicht passe hier und heute,
weil es ja *rechtmäßig* bedeute!

Ich antwortete, daß ich ihm
sehr dankbar sei für seine Lehre –
doch hier der Umlaut zu betonen wäre:
recht *mäß*ig.

-haft und *-lich*

Verbinden Sie sinnvoll die Adjektive mit den Substantiven (in der Klammer). Umschreiben Sie die Bedeutung der Adjektive in der Verbindung. *280*

1. bildhaft – bildlich
2. herzhaft – herzlich
3. krankhaft – kränklich
4. namhaft – namentlich
5. schadhaft – schädlich
6. schmerzhaft – schmerzlich
7. schreckhaft – schrecklich
8. stimmhaft – stimmlich

(Darstellung eines Märchens – Titel eines Romans)
(Frühstück – Neujahrsgruß)
(Aussehen eines Menschen – Eifersucht)
(Abstimmung – Persönlichkeit)
(Zahn – Nikotin)
(Verletzung – Abschied)
(Eisenbahnunglück – Kind)
(Begabung eines Schülers – Konsonant)

-ig

Das Suffix *-ig* ist sehr produktiv und drückt aus:
a) wie jd./etw. sein: *ein riesiger Mann* = ein Mann wie ein Riese
b) voll von etw. sein: *ein zorniger Mann* = ein Mann voller Zorn

Welche Bedeutung liegt in den Beispielen vor? *281*

1. das seidige Haar
2. ein löchriger Mantel
3. rissiges Eis
4. eine staubige Straße
5. ein eisiger Wind
6. ein faltiges Gesicht
7. buschige Augenbrauen
8. eine strohige Apfelsine
9. eine fleckige Tischdecke

282 Adjektiv mit Suffix *-ig* oder *-lich*? Mit oder ohne Umlaut des Stammvokals?

1.	der Bruder	13.	der Frost	25.	das Haus
2.	die Jugend	14.	die Gunst	26.	der Staub
3.	die Wehmut	15.	der Dunst	27.	die Natur
4.	die Anmut	16.	der Bart	28.	die Luft
5.	die Last	17.	die Art	29.	der Durst
6.	der Gast	18.	das Maß	30.	die Vernunft
7.	die Hast	19.	die Masse	31.	die Geburt
8.	die Trauer	20.	die Macht	32.	der Schaden
9.	der Bauer	21.	die Nacht	33.	die Sache
10.	die Not	22.	die Wolke	34.	der Spaß
11.	der Tod	23.	das Korn	35.	die Kraft
12.	der Sport	24.	der Zorn		

283

Bei Zeitangaben drückt *-ig* eine Dauer aus, *-lich* drückt aus, daß sich etw. im genannten Abstand wiederholt.

-ig oder -lich?

1. Die Lexikologie-Vorlesung findet vierzehntäg... statt.
2. Jens ist gestern zu einer vierzehntäg... Studienreise aufgebrochen.
3. Der Bus verkehrt auf dieser Strecke halbstünd...
4. Nach einer halbstünd... Busfahrt erreichten wir den Ausflugsort.
5. Die Kaufsumme für das Grundstück ist in vierteljähr... Raten zahlbar.
6. Andrea ist von einer vierteljähr... Auslandsreise zurückgekehrt.
7. Herr Müller hält eine zweistünd... Vorlesung.
8. Nehmen Sie von der Medizin zweistünd... einen Teelöffel!

-ig, -lich und -isch

284 Verbinden Sie sinnvoll die Adjektive mit den Substantiven (in der Klammer). Welche Adjektive haben eine pejorative Nebenbedeutung?

1.	bäuerlich – bäurisch	(Benehmen – Grundbesitz)
2.	geistlich – geistig	(Arbeit – Würdenträger)
3.	heimlich – heimisch	(Verabredung – Tier)
4.	herrlich – herrisch	(Auftreten – Sonnenuntergang)
5.	höflich – höfisch	(Mensch – Dichtkunst)

6.	kindlich – kindisch	(Naivität – alter Mann)
7.	mündlich – mündig	(der Jugendliche – Prüfung)
8.	sinnlich – sinnig	(Wahrnehmung – Geschenk)
9.	verständlich – verständig	(Kind – Text)
10.	vorzeitlich – vorzeitig	(Abreise – Tier)
11.	unglaublich – ungläubig	(Mensch – Nachricht)

Substantivierte Adjektive und Partizipien

Substantivierte Adjektive und Partizipien I/II bezeichnen im Neutrum Abstrakta, im Maskulinum und Femininum meist Personen.

Wo wählen Sie das Neutrum, wo das Maskulinum und/oder das Femininum? Wo wählen Sie den bestimmten und/oder unbestimmten Artikel? 285

1. Anne wollte (bekannt) am Flughafen abholen. 2. Wegen (streikend) hatte das Flugzeug Verspätung. 3. Anne bat (angestellt) um Auskunft. 4. Der mußte erst (vorgesetzt) anrufen. 5. Aber der wußte auch nichts (neu). 6. Alle mußten warten – (alt), (krank), (behindert) und die Mütter mit (klein). 7. Annes (bekannt) ist (abgeordnet) des Parlaments. 8. Sie erklärte (vorsitzend) der Kommission die Verspätung. 9. (vorsitzend) sagte: Das ist bei uns (üblich).

Ein schwieriges (oft substantiviertes) Adjektiv 286

deutsch, (das) Deutsch **oder** *das Deutsche*? **Achten Sie auf die manchmal notwendige Zusammenziehung von Präposition und Artikel.**

1. Wir haben jede Woche vier Stunden ...
2. Wie heißt dieses Wort auf ...?
3. Wie muß der Satz in (gut) ... heißen?
4. In ... ist eine solche Wortstellung nicht möglich.
5. Die Schüler haben gute Zensuren in ... erhalten.
6. Ich habe mich mit ihm nur ... unterhalten, so gut kann er schon ...
7. Er ist seit drei Jahren Lehrer für ...
8. (Goethe) ... unterscheidet sich in verschiedener Hinsicht von (heutig) ...
9. Fast alle Werke Shakespeares sind in ... übersetzt worden.
10. Der Tscheche Egon Erwin Kisch hat seine Reportagen in ... geschrieben.

287 Substantivierte Farbadjektive

blau, grün, rot oder *weiß*? Mit Artikel (und manchmal auch Zusammenziehung von Präposition und Artikel) oder ohne Artikel?

1. Wir fuhren ohne ein bestimmtes Ziel, es war eine Fahrt in ...
2. Sie sah blaß aus, weshalb sie noch etwas ... auflegte.
3. Beim Schachspiel beginnt immer ...
4. Das ist kein großer Unterschied, das ist dasselbe in ...
5. Du versprichst einem immer ... vom Himmel herunter.
6. Als ... vertrug er das Klima am Amazonas nicht.
7. ... ist die Farbe der Liebe.
8. ... in seinem Auge war von der Krankheit leicht gelb.
9. Gibt es zum Mittagessen heute etwas ...?
10. In vielen Ländern geht die Braut in ... zur Hochzeit.
11. ... des Tuches reizte den Stier.
12. ... des Himmels war von einer ganz besonderen Intensität.
13. Das Wochenende verbringen wir immer außerhalb der Stadt, in ...
14. ... ist die Farbe der Hoffnung.

3. Komposita

Die Komposita des Adjektivs lassen sich in zwei Gruppen unterteilen: Bei der ersten Gruppe (Übung 288–293) erfolgt die Systematisierung durch das adjektivische Zweitglied, das eine gewisse abstrahierende Funktion hat. Bei der zweiten Gruppe (Übung 294–297) ergibt sich die Systematisierung dagegen vom Wortcharakter des Erstglieds her. Ein besonderes Phänomen stellen die partizipialen Bildungen (Übung 298) dar.

-arm **und** *-reich*

-arm bedeutet, daß etw. in geringer Menge vorhanden ist, abhängig vom Bezugswort als Mangel oder Vorteil: *kontaktarmer Mensch* (Mangel) – *geräuscharme Maschine* (Vorteil)
-reich bildet Antonyme dazu (nur Vorteil)

Können Sie die Sätze nach dem Muster umformen?

> **Die Diätkost hat wenig Fett, aber viele Vitamine.** → **Sie ist fett*arm*, aber vitamin*reich*.**

1. Der Norden des Landes hat wenig Wald, aber viel Wasser.
2. Der Boden hat wenig Rohstoffe, aber hohe landwirtschaftliche Erträge.
3. Die Lufthülle des Planeten hat wenig Sauerstoff, aber viel Stickstoff.
4. Das Theaterstück hat wenig Figuren, aber viel Handlung.
5. Hans hat wenig Gefühl, aber viele Einfälle.
6. Eddi hat viel Phantasie, aber...
7. Dieser See hat wenig Fische, aber ...
8. Dieses Gebiet hat wenig Holz, aber ...

Was würden Sie vorziehen: *-arm* oder *-reich*?

1. Nikotin – Zigarette
2. Kalorien – Mahlzeit
3. Niederschlag – Urlaubsmonat
4. Schnee – Gegend
5. Idee – Lehrbuch
6. Vegetation – Hochebene

-fähig

> Das Zweitglied *-fähig* drückt aus:
> a) etw. (selbst, von sich aus) können: *flugfähig*
> b) etw. mit einer Person/Sache tun können (Passivumschreibung): *belastungsfähig*
> c) für etw. geeignet sein: *einsatzfähig*

Können Sie die Sätze so umformen, daß Sie Komposita mit *-fähig* verwenden?

1. Das Lernprogramm kann *ausgebaut* werden.
2. Der Mensch kann bis ins hohe Alter *lernen*.
3. Der junge Mann kann stark *belastet* werden.
4. Der Verletzte kann jetzt in die Klinik *transportiert* werden.
5. Das gestrandete Schiff kann nicht mehr *manövrieren*.
6. Die Samenkörner können auch nach mehreren Jahren noch *keimen*.
7. Ich bin überarbeitet und kann nichts mehr *aufnehmen*.

-frei und *-los*

Mit den Zweitgliedern *-frei* und *-los* wird das Fehlen dessen angegeben, was im Erstglied genannt ist. Mit *-frei* wird dieses Fehlen als positiv, mit *-los* als negativ angesehen. In einigen Fällen ist das mit *-los* bezeichnete Fehlen neutral zu sehen.

291 **Wie heißen die Adjektive?**

1.	keim... Trinkmilch	9.	disziplin... Schüler
2.	respekt... Benehmen	10.	eis... Hafen
3.	rost... Stahl	11.	chancen... Bewerbung
4.	ziel... Suche	12.	fieber... Patient
5.	schlaf... Nacht	13.	gebühren... Benutzung
6.	porto... Brief	14.	kultur... Mensch
7.	sinn... Arbeit	15.	störung... Empfang
8.	wartung... Computer	16.	talent... Autor

292 **Welches Adjektiv paßt zu welchem Substantiv? Wo ist das Fehlen *(-los)* negativ und wo ist es neutral zu sehen?**

1.	*arbeitslos*	Aufregung
2.	*ärmellos*	Eisenbahnerin
3.	*gewissenlos*	Polizist
4.	*grundlos*	Pullover
5.	*nahtlos*	Rohr
6.	*schnurlos*	Tag
7.	*sonnenlos*	Telefon
8.	*treulos*	Verbrecher
9.	*waffenlos*	Verlobter

-voll

Das Zweitglied *-voll* bedeutet: in hohem Maße vorhanden. Es wird mit oder ohne Fugen-*s* angeschlossen:
Wert – Ring → der wertvolle Ring; Rücksicht – Nachbar → der rücksichtsvolle Nachbar.

Bilden Sie passende Adjektive mit -*voll*.

1. Verantwortung – Mensch
2. Geschmack – Einrichtung
3. Liebe – Behandlung
4. Sehnsucht – Brief
5. Vertrauen – Gespräch
6. Takt – Hinweis
7. Temperament – Mädchen
8. Ehrfurcht – Haltung
9. Effekt – Darbietung
10. Vorwurf – Blick

Zu welchen der gebildeten Adjektive gibt es ein Antonym mit -*los*?

Mit adjektivischem Erstglied werden oft qualitative Angaben gebildet: *eine Rose mit langem Stiel = eine langstielige Rose.*

Wie heißen die adjektivischen Komposita?

1. ein Kind mit dunklen Haaren
2. ein Junge mit blauen Augen
3. eine Frucht mit dicker Schale
4. ein Film mit feinem Korn
5. ein Dreieck mit gleichen Seiten
6. ein Wagen mit hohen Rädern
7. ein Tier mit langen Ohren
8. ein Hund mit kurzen Beinen

Adjektivische Komposita mit dem Numerale als Erstglied geben an, aus wieviel Teilen etw. besteht oder womit etw. ausgestattet ist:
Lexikon – 18 Bände → ein achtzehnbändiges Lexikon (bestehend aus 18 Bänden)
Auto – vier Türen → ein viertüriges Auto (ausgestattet mit vier Türen)

Bilden Sie die Adjektive und entscheiden Sie, welche Bedeutung vorliegt.

1. Gasherd – 4 Flammen
2. Leuchter – 7 Arme
3. Speiseservice – 24 Teile
4. Beilage – 6 Seiten
5. Sportflugzeug – 2 Sitze
6. Treppe – 13 Stufen
7. Tier – 8 Füße
8. Autobahn – 6 Spuren
9. Tür – 2 Flügel
10. Fahrzeug – 3 Räder

Nicht ganz ernst gemeint!

Lesen Sie den Text laut vor.

Anne fuhr mit ihrem 2sitzer zum 6tagerennen, wo Peter mit seinem 3rad startete. Sie setzte auf ihn und gewann nach 4maligem Versuch eine 5stellige Summe. Am 7schläfer trafen sie sich zum 5uhrtee, wo sie ein 4pfundbrot und ein 9auge aßen. Bald aber schrieb sie ihm einen 8seitigen Abschiedsbrief, denn sie beherrschte das 10fingersystem. Die Liebe ist eben oft eine 1bahnstraße. Da wurde Peter zum 1siedler.

> Durch substantivische Erstglieder bei adjektivischen Komposita werden Vergleichsbildungen geschaffen, die eine Steigerung (Intensivierung) ausdrücken. Die Komposita sind oft emotional betont.

296 Wählen Sie das passende Substantiv als Erstglied.

Baum – Blitz – Felsen – Grund – Haar – Nagel – Spindel – Spott – Stein – Stock – Stroh

Wo die Liebe eben hinfällt
1. Ich halte deine Meinung für ...falsch.
2. Ich bin ...fest von Annas Unschuld überzeugt.
3. Ihr Freund ist mit dem ...neuen Wagen gegen einen Baum gefahren.
4. Er war ...scharf an einem LKW vorbeigefahren.
5. Vor Schreck saßen wir ...steif da.
6. Er ist zwar ...reich, aber ...dumm.
7. Er ist ein ...langer und ...dürrer Kerl.
8. Er meint, so ein kleines Auto sei ja ...billig.
9. Anna ist doch sonst ...gescheit.

297 Wählen Sie den passenden Tiernamen als Erstglied.

Aal – Bär – Hund – Lamm – Maus – Mäuschen – Pudel – Rabe – Spinne

1. ...feind
2. ...fromm
3. ...glatt
4. ...müde
5. ...naß
6. ...schwarz
7. ...stark
8. ...still
9. ...tot

Überlegen Sie sich zu den gefundenen Adjektiven einen passenden Kontext.

a) Wann steht wohl einer da wie ein begossener Pudel?

b) Wann schleicht einer wie die Katze um den heißen Brei?

c) Wie verhalten sich Leute, die wie Hund und Katz' sind?

Substantivische Erstglieder treten häufig in Partizipialkomposita auf. Diese sind sehr sprachökonomisch (verkürzter lexikalischer Ausdruck statt syntaktische Konstruktion). Das Partizip II-Kompositum ist eine Umschreibung für eine Passiv- oder Reflexivkonstruktion.

(a) Entscheiden Sie, ob Sie Partizip I oder Partizip II einsetzen müssen. **298**

Das ist ein Waschmittel, das die Faser schont. → **Das ist ein** *faserschonendes* **Waschmittel.**
Das ist ein Material, das durch Glasfasern verstärkt wird. → **Das ist ein** *glasfaserverstärktes* **Material.**

1. Das sind Produktionsmethoden, die die Umwelt zerstören.
2. Das ist ein Motor, der durch Sonnenenergie getrieben wird.
3. Ich nehme eine Tablette, die die Schmerzen stillt.
4. Wir besteigen einen Berg, der von Schnee bedeckt war.

5. Wir setzten uns an einen Tisch, der mit Blumen geschmückt war.
6. Es gibt im Deutschen viele Wörter, die Laute nachahmen.
7. Du hast einen Fehler gemacht, der den Sinn entstellt.
8. Wir wollen einen Sprachunterricht, der sich auf das Fach bezieht.

(b) Jetzt gehen Sie den umgekehrten Weg.

> **Ich besitze eine *wassergeschützte* Uhr. → Ich besitze eine Uhr, die *gegen Wasser geschützt* ist.**

1. Die Mikrobiologen untersuchen *krankheitserregende* Bakterien.
2. Der Arzt verschrieb dem Patienten ein *herzstärkendes* Mittel.
3. Dieser *luftgekühlte* Motor hat noch weitere Vorzüge.
4. Mit einem Taschentuch wischte sich der alte Mann die *schweißbedeckte* Stirn.
5. Meine Freundin ist *geschäftsführende* Direktorin eines Sprachinstituts.
6. Ich mag kein *fettdurchwachsenes* Fleisch.
7. Auf dem Trödelmarkt werden auch *handgemalte* Teller verkauft.
8. In der alten Truhe fanden wir nur noch *mottenzerfressene* Leinentücher.
9. Die *startberechtigten* Läufer erhielten eine Startnummer.
10. Zwischen den Hausnachbarn ist ein *nervenaufzehrender* Streit ausgebrochen.
11. Mit *tränenerstickter* Stimme sprach die Schauspielerin den Abschiedsmonolog.
12. Das Kind hat eine *naturgegebene* mathematische Begabung.

(c) Nun fällt es Ihnen bestimmt nicht mehr schwer, die folgenden Partizipialkomposita aufzulösen.

> **die glasgedeckte Veranda → *mit* Glas gedeckt**

1. die *meerumrauschte* Insel
2. der *maschinegeschriebene* Brief
3. die *stoßgesicherte* Uhr
4. der *diensterfahrene* Beamte
5. die *konjunkturbedingte* Arbeitsmarktsituation
6. das *gegenwartsbezogene* Theaterstück
7. die *personengebundene* Monatsfahrkarte
8. die *eisenbeschlagene* Truhe
9. der *amtsenthobene* Minister
10. die *rebenumsponnene* Hauswand

4. Synonyme

4.1. │ Synonympaare │

eng oder *schmal?*

> *Eng* und *schmal* haben eine gemeinsame Bedeutung: von geringer Ausdehnung sein. In dieser Bedeutung wird in bezug auf Körperteile nur *schmal* gebraucht *(schmale Schultern)*; *eng* (+ *zu*) wird gebraucht, wenn nicht ausreichend Platz vorhanden ist *(Das Kleid ist zu eng.)*.
> Weitere Bedeutungen von *eng* sind:
> a)   sehr dicht nebeneinander *(enge Umarmung)*
> b)   bei Kleidungsstücken: direkt am Körper liegend *(enger Rock)*
> c)   sehr gut oder freundschaftlich *(enge Beziehungen)*

1. Auf der Disco fiel mir ein Mädchen mit einer weißen Bluse und ... Jeans auf.
2. Ich glaube, du arbeitest zuviel, du siehst sehr ... im Gesicht aus.
3. Ich muß meine Hose ändern, sie ist mir zu ... geworden.
4. Mein Kinderzimmer ist zwar lang, aber dafür auch ziemlich ...
5. Mehrere Schränke und ein großer Tisch machen das Zimmer sehr ...
6. In dem Raum gab es nur ein hohes, ... Fenster.
7. Da die Obstbäume zu ... stehen, können sie sich nicht gut entwickeln.
8. Das Kind hat sich ... an seine Mutter geschmiegt.
9. Es heißt, die beiden sind ... miteinander befreundet.

fest oder *hart?*

1. Quecksilber kommt gewöhnlich nicht in ... Zustand vor.
2. Für Bergwanderungen braucht man ... Schuhwerk.
3. Wir saßen sehr unbequem auf den ... Bänken im Zeltkino.
4. Die Sitze im Auto sind zu ... gefedert.
5. Ich schreibe nicht gern mit einem ... Bleistift.
6. Zum Waschen ist ... Wasser schlecht geeignet.
7. Marmor ist ein sehr ... Gestein.
8. Nüsse haben eine ... Schale.
9. Die Krankenschwester machte dem Patienten einen ... Verband.

10. In den ersten Nachtstunden schläft der Mensch besonders ...
11. Die Sprachausbildung ist ein ... Bestandteil der Umschulung.
12. Die Schwimmer haben ein sehr anstrengendes, ... Training.

301 *genau* oder *pünktlich?*

Genau kann nur mit einer expliziten Zeitangabe stehen und bedeutet: nicht früher bzw. später als diese Zeitangabe. (Meine Uhr ist *genau* um 19.57 Uhr stehengeblieben.)
Pünktlich bezieht sich auf eine festgelegte oder verabredete Zeit, kann aber auch ohne eine explizite Zeitangabe stehen. Es schließt eine Erwartung/Bewertung des Sprechers darüber ein, wie genau eine festgelegte oder verabredete Zeit eingehalten werden soll/eingehalten wurde. (Die Kabarettisten begannen *pünktlich* [um 20.30 Uhr] mit der Vorstellung.)

1. Der Nachrichtensprecher sagte: „Mit dem Gongschlag ist es ... 12 Uhr."
2. Die Mutter sagte den Kindern, sie sollten ... um 7 Uhr wieder zu Hause sein.
3. ... am Ersten jedes Monats zahlt er seine Miete.
4. Meine Uhr geht auf die Sekunde ...
5. Die meisten Studenten kamen ... zum Seminar, nur einige verspäteten sich.
6. Meine Tochter kam ... um 22.10 Uhr zur Welt.
7. Wenn wir nicht ... in Berlin ankommen, verpassen wir den Anschlußzug.
8. Der Zug fährt ... um 7.35 Uhr ab.
9. Der Zug ist ... abgefahren.

Ist es in Ihrem Heimatland noch „pünktlich", wenn jemand zu einer Verabredung eine Viertelstunde später kommt? Sprechen Sie in der Gruppe über den soziokulturellen und individuellen Wert „Pünktlichkeit".

302 *scharf* oder *spitz?*

scharf: ein Gegenstand ist so bearbeitet (z. B. geschliffen), daß er gut schneidet, sticht oder kratzt, wodurch man auch sich oder andere verletzen kann (*ein scharfes Schwert*)

spitz: bezeichnet eine Form, bei der die Seiten an einem Ende aufeinander zulaufen und sich in einem Punkt treffen *(ein spitzer Hut)*; im Zusammenhang mit Gegenständen wie *Dolch, Nadel* u. a. bedeutet es außerdem, daß man sich daran leicht verletzen kann

1. die ... Axt	11. die ... Kralle
2. der ... Bart	12. das ... Messer
3. das ... Beil	13. die ... Nagelschere
4. der ... Bleistift	14. der ... Pfeil
5. das ... Dach	15. das ... Sägeblatt
6. der ... Damenschuh	16. die ... Schneide
7. der ... Dorn	17. die ... Schreibfeder
8. das ... Kinn	18. die ... Stecknadel
9. der ... Kleidausschnitt	19. die ... Kante
10. die ... Klinge	20. der ... Winkel

schräg oder *schief*?   303

Schräg bedeutet, daß etw. zur Seite geneigt ist bzw. von einer (fiktiven) waagerechten oder senkrechten Bezugslinie abweicht, also nicht gerade ist. *Schief* bedeutet, daß etwas in unkorrekter Weise, nicht gewollt abweichend ist. *Schief* wird auch negativ wertend benutzt.

Setzen Sie das richtige Adjektiv ein.

1. Ich habe mich geärgert, weil die Verkäuferin den Stoff ... abgeschnitten hat.
2. Warum hängt das Bild in deinem Zimmer so ... ?
3. Wir haben den Schreibtisch nur wegen der günstigeren Lichtverhältnisse ... zum Fenster gestellt.
4. Es ist bekannt, daß in der italienischen Stadt Pisa der ... Turm steht.
5. Mit Hilfe einer ... Linie kann man eine Fläche aufteilen.
6. Karierter Stoff wirkt besonders hübsch, wenn er ... verarbeitet wird.
7. Es ist erfreulich, wenn mittelalterliche Häuser mit ... Dächern restauriert werden.
8. Die Vorrichtung zum Heben von Lasten wird als ... Ebene bezeichnet.
9. Es ist ärgerlich, daß die Absätze schon wieder ... gelaufen sind.
10. Um den Weg abzukürzen, ging ich ... über den Platz.

4.2. Synonymgruppen

304 **Guten Appetit – oder?**

(a) Welches Wort wählen Sie?

bitter – fade – herb – prickelnd – ranzig – saftig – sauer – schal – scharf – süß – versalzen

1. Eine Kopfschmerztablette ist ...
2. ... Kirschen schmecken mir besser als ...
3. Bier, das lange im Glas steht, wird ...
4. Eine gute Birne muß ... sein.
5. Alte Butter schmeckt ...
6. Das Gulasch war mir zu ...
7. Mit sehr viel Wasser verdünnter Obstsaft schmeckt ...
8. Weißweine sind im Gegensatz zu Dessertweinen ...
9. Wir tranken ... Sekt.
10. Die Fischsuppe gestern war ...

(b) Ergänzen Sie sinnvoll:

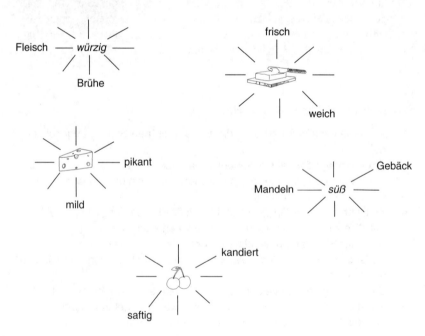

Stimmung und Charakter

(a) Wie ist ein Mensch, der so aussieht? Ordnen Sie den Gesichtern die passenden Adjektive zu.

arrogant
bedrückt
bekümmert
betrübt
entgeistert
entrüstet

erbost
erstaunt
hochmütig
hochnäsig
kummervoll
mißmutig
schmerzerfüllt

traurig
überrascht
unglücklich
verärgert
verblüfft
verdrossen

verdutzt
verstimmt
verwundert
verzweifelt
wehmütig
wütend
zornig

(b) Ein Spiel zu zweit oder in der Gruppe: Was kann Sie in gute Laune versetzen?

Informieren Sie sich zunächst über die Wortbedeutungen der Wörter in der untenstehenden Wortliste. Bilden Sie dann in rascher Folge Kettenfragen. Denken Sie sich für die Antworten geeignete Gründe für Ihre gute Stimmung aus.

> A: Du bist ja so *gut gelaunt*. Wie kommt denn das?
> → B: Ich bin so gut gelaunt, weil ... / Ich freue mich so über ... / Ich freue mich so darüber, daß ...

aufgeräumt – ausgelassen – begeistert – entzückt – frohgestimmt – fröhlich – heiter – lustig – munter – übermütig – vergnügt

306 Zu welchen der vier Synonymgruppen gehören die Adjektive?

1.	2.	3.	4.
ausdauernd	*bescheiden*	*eigensinnig*	*mutig*

anspruchslos – beharrlich – beherzt – beständig – bockig – entschlossen –
furchtlos – genügsam – halsstarrig – hartnäckig – heldenhaft – heroisch –
kühn – mäßig – querköpfig – sparsam – starrsinnig – stetig – störrisch – stur
– tapfer – trotzig – unentwegt – unermüdlich – unerschrocken – verbohrt –
verstockt – verwegen – waghalsig – widerspenstig – zäh

307 Die kluge Krähe

Durst trieb eine Krähe zum Wasser, das sie in einem Eimer entdeckte. Sie wollte von dem Wasser trinken, doch das Wasser bedeckte den Eimer nur zur Hälfte, und so konnte sie es vom Eimerrand aus nicht erreichen. Auch konnte sie den Eimer nicht ankippen, um ihren Durst auf diese Weise zu stillen, denn der Eimer war viel zu schwer. Da hatte sie einen Einfall: Sie warf viele Steine hinein. Als die Steine hinabsanken, stieg das Wasser, so daß die Krähe davon trinken konnte. Aus dieser Fabel soll man lernen, daß Klugheit vor Stärke geht. Durch Klugheit vermag so mancher Schwierigkeiten zu überwinden, die er mit Stärke allein nicht bewältigen könnte.

(nach: *Gerhard von Minden*)

Welche der folgenden Adjektive zum Wortfeld *klug* treffen auf die Handlungsweise der Krähe zu? Setzen Sie das passende Adjektiv aus der Wortliste ein.

geschickt – begabt – überlegt – gescheit – diplomatisch – vernünftig – schlau – weise – verständig

1. Die Krähe hat nicht vorschnell aufgegeben, weil sie zu schwach war, sondern hat durch ... Handeln ihr Ziel erreicht.   2. Indem sie nachdachte, kam sie auf einen ... Gedanken.   3. ... hat sie es dann geschafft, vom Wasser zu trinken.   4. Die Krähe hat ... (Komparativ) gehandelt, als es die Menschen den Tieren für gewöhnlich zutrauen.   5. Doch nicht alle Menschen verhalten sich so ..., wie der Fabeldichter die Krähe handeln läßt.

Duftende Sprache der Reklame: Parfüm-Werbung

(a) Lesen Sie die Anzeigentexte. Stellen Sie Adjektiv-Listen zu den Klischeevorstellungen zusammen:

1. Was paßt zu einer Frau?
2. Was paßt zu einem Mann?

DAMENDÜFTE

Ein ganz besonderer Duft, provozierend und leidenschaftlich, orientalisch-ambrierent.

Verführerisch, bezaubernd und unschuldig zugleich. Ein Parfüm der Zärtlichkeit. Mit der blumigen Süße des Orients und einer Note aus Moschus.

Zärtlich und kraftvoll zugleich. Ein exotisch-blumiger Duftakkord, der warm, holzig und erogen ausklingt.

Ein Duft, der das Gestern mit dem Heute vereint. Blumig, exotisch und fruchtig.

Als Eau de Toilette ein sportlich-eleganter Duft für den Tag. Als Parfüm extravagant für den Abend. Ein orientalisches Dufterlebnis.

Ein fruchtiger, frischer Duft, der in der Basisnote blumig und moosig erscheint.

HERRENDÜFTE

Eintauchen und wohlfühlen in das Dufterlebnis aus holzig-moosig-ledrig-würzigen Akkorden.

Ein Meisterwerk aus Kontrasten.

Frisch und lebendig.

Ein Duft für den eleganten, gepflegten Herrn.

Ein Rausch voller Harmonie aus blumigen, holzigen und orientalischen Duftkompositionen.

Eine männliche, anspruchsvolle Herren-Serie.

Ein männlicher, aufregender, würziger Duft.

Ein markanter, charaktervoller Duft mit einem herben Citrusbouquet. Die feine, mit Moschus veredelte Holznote verleiht der Komposition Wärme und Hartfestigkeit.

(b) Mixen Sie sich aus den Adjektiven die Beschreibung eines Parfüms, das Ihnen gefallen könnte.

(c) Und wie möchten Sie keinesfalls riechen?

Welche Farbschattierung/welches Muster hat Ihre Lieblingskleidung und aus welchem Material ist sie?

> **Ich trage am liebsten ... Pullover/Blusen/Kleider aus ... und ... Hosen/Röcke aus ...**

Sie können gern die folgende Wortsammlung benutzen:

bunt – einfarbig – gepunktet – gestreift – grell – kariert – knallig – pastellfarben – verwaschen – zartfarben

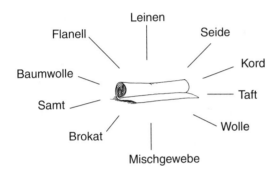

Flanell
Leinen
Seide
Baumwolle
Kord
Samt
Taft
Brokat
Wolle
Mischgewebe

5. Antonyme

Gegensätze unter den Menschen

(a)   Nennen Sie das Antonym zum Adjektiv.

1. eine *rüstige* Greisin
2. ein *häufiger* Gast
3. ein *verschlossener* Mensch
4. eine *schweigsame* Frau
5. ein *kräftiges* Baby
6. ein *dicker* Mann
7. *großzügige* Eltern

(b)   Prüfen Sie, ob die folgenden Adjektive mit einer Person verbindbar sind und ob es zu den Adjektiven Antonyme gibt.

blaß – durchlässig – ehrlich – entlegen – geizig – intakt – mächtig – peinlich – spät – unwirksam

311 Der menschliche Körper

Verbinden Sie die Adjektive mit den passenden Substantiven und suchen Sie für die Adjektive die treffenden Antonyme.

1.	*blond*	Gesicht
2.	*finster*	Figur
3.	*gelenkig*	Haare
4.	*gerade*	Glieder
5.	*gerötet*	Haltung
6.	*hoch*	Magen
7.	*hungrig*	Stimme
8.	*zierlich*	Wangen

Wie heißen die Antonyme?

312

(a)   Wenn der Pechvogel ins Restaurant geht ...

1.   ist der Kellner nicht *höflich,* sondern ...
2.   ist die Tischdecke nicht *sauber,* sondern ...
3.   sind die Gläser nicht *blank,* sondern ...
4.   ist das Bier nicht *frisch,* sondern ...
5.   ist die Suppe nicht *heiß,* sondern ...
6.   ist das Fleisch nicht *weich,* sondern ...
7.   ist das Messer nicht *scharf,* sondern ...
8.   sind die Brötchen nicht *knusprig,* sondern ...

(b)   Wenn der Glückspilz ins Restaurant geht

1.   Seine Freundin kommt nicht zu *spät,* sondern ist ...
2.   Der Ober ist nicht *nervös,* sondern ...
3.   Die Speisekarte ist nicht *eintönig,* sondern ...
4.   Der Wein ist nicht *gepanscht,* sondern ...
5.   Die Suppe ist nicht *fade,* sondern ...
6.   Die Kartoffeln sind nicht *glasig,* sondern ...
7.   Die Tischnachbarn sind nicht *mürrisch,* sondern ...
8.   Die Rechnung ist nicht *hoch,* sondern ...

Nichts für den Feinschmecker!

Übrigens können auch scharfe Sachen geschmacklos sein.
Übrigens wird selbst in feinsten Hotels eiskalt warmes Bier serviert.

Nennen Sie die Antonyme zu den kursiv gedruckten Adjektiven.
Widersprechen Sie, denn Sie sehen die Angelegenheiten anders:

Sogar der beste Schüler hat diesmal einen *oberflächlichen* Aufsatz geschrieben. → Ich finde ihn recht *gründlich.*

(Redemittel: im Gegenteil/meiner Meinung nach/ich sehe das anders/ich glaube/...)

1. Er bekundete nur *scheinbares* Interesse.
2. Die Rezension der Filmkritikerin ist mir zu *subjektiv.*
3. Ich finde, das war ein *spannender* Film.
4. Die letzte Bemerkung war *überflüssig.*
5. Ist dir seine *frostige* Begrüßung aufgefallen?
6. Soviel ich weiß, handelt es sich um eine *flüchtige* Bekanntschaft.
7. Die *laute* Unterhaltung am Nachbartisch hat mich gestört.
8. Er ist wohl ein *häufiger* Gast in deiner Wohnung?
9. Ich empfinde ihn als sehr *verschlossenen* Menschen.
10. Es ist nicht zu fassen! Deine Schüler arbeiten alle mit *großem* Eifer mit.

Schulmeisterliche Strenge

Es ist das passende Antonym gesucht.

1. Ich nehme immer *feines* Mehl zum Backen.
   → Das ist aber ungesund, du mußt ... Mehl nehmen.
2. An einen Kuchen gehören nur *süße* Mandeln!
   → Da irrst du dich, ein bis zwei ... Mandeln geben dem Kuchen ein feines Aroma.
3. Helene hat sich die *grünen* Pflaumen aus dem Garten genommen.
   → Was, man darf doch nur ... Obst essen!
4. Trinkst du gern *starken* Kaffee?
   → Nein, das ist schädlich für den Magen. Ich trinke nur ... Kaffee.
5. Ich mag nur *süße* Weine.
   → Um Himmels willen, die sind doch viel zu kalorienreich. Ich trinke stets ... Weine.
6. Nehmen Sie noch von dem *mageren* Schweinefleisch?
   → Keinesfalls! Es ist mir noch zu ...
7. Vorsicht, das sind doch *giftige* Pilze!
   → Aber nein! Die Anispilze sehen nur so aus. Es sind ... Pilze.
8. Gib mir bitte *frisches* Brot.
   → Davon bekommt man Magenschmerzen. Außerdem muß erst das ... Brot alle werden.

315 Landschaftsbeschreibung

Wie heißen die Antonyme zu den Adjektiven?

1. belaubte Bäume
2. klarer Himmel
3. gebirgige Landschaft
4. schmaler Weg
5. schattiger Platz
6. mattes Licht

7. seichte Flußstelle
8. hohes Gras
9. saftige Weiden
10. ödes Land
11. helle Wolken
12. schroffes Gestein

Suchen Sie sich passende Wortverbindungen für eine (fiktive) Landschaft heraus. Schreiben Sie dann eine Landschaftsbeschreibung.

316 Feine Unterschiede!

Suchen Sie die Synonyme und Antonyme für die jeweilige Bedeutungsvariante.

fein (Faden)	→ dünn	→ dick
fein (Benehmen)	→ vornehm	→ derb
fein (Essen)	→ gut	→ schlecht

1. flach (Land, Wasser, Urteil, Dach)
2. stark (Erkältung, Dosis, Mauer, Bursche)
3. schwer (Musik, Strafe, Fieber, Übung)
4. steif (Kragen, Bein, Grog, Empfang)
5. matt (Papier, Interesse, Licht, Herzton)
6. frisch (Hemd, Butter, Luft, Brot)

317 Nomen est Omen?

Spielen Sie mit bei unserer scherzhaften Deutung von Ortsnamen. Suchen Sie im Atlas Ortsnamen mit dem antonymen Adjektiv.

In *Finster*walde ist es immer *finster*. Und wo ist es immer *sonnig*? – In *Sonne*berg.

1. In Miesbach ist es mies. Und wo ist es schön?
2. In Altenburg ist alles alt. Und wo ist alles neu?
3. In Großenhain ist alles groß. Und wo ist alles klein?
4. In Weißenburg ist alles weiß. Und wo ist alles schwarz?
5. In Bad Salzig schmeckt alles salzig. Und wo schmeckt alles süß?

6. In Ruhleben haben die Leute ein ruhiges Leben. Und wo ist es immer laut?
7. In Kaltenbrunn ist es kalt. Und wo ist es warm?

Fallen Ihnen weitere Beispiele ein?

Gegensatz in der Verneinung

Ist die Verneinung mit -*un* und *nicht* möglich oder nur die Verneinung mit *nicht*?

1. Wir waren mit dem Ergebnis *zufrieden*.
2. Sie ist mit der Familie *befreundet*.
3. Deine Meinung ist mir *gleichgültig*.
4. Seine Adresse ist mir *bekannt*.
5. Sie ist *freundlich* zu den Kunden.
6. Sie ist *streng* zu den Kindern.
7. Er war *glücklich* über die Verschiebung des Termins.
8. Wir waren *erstaunt* über deine Reaktion.
9. Wir waren *überzeugt* von der Richtigkeit seiner Behauptung.
10. Ihr Verhalten war den meisten *verständlich*.

Gleichheit im Gegensatz

Formen Sie die Sätze nach dem Muster um:

> **Der Tee ist mir *zu schwach*. ↔ Der Tee ist mir *nicht stark genug*.**

1. Er spricht zu leise und zu schnell.
2. Die Fragen waren für den Prüfling nicht schwer genug.
3. Es ist jetzt zu dunkel zum Fotografieren.
4. Die Wohnung ist für die Familie nicht groß genug.
5. Das Zimmer ist zu schmal und zu niedrig.
6. Das Wasser ist zum Baden nicht warm genug.
7. Ich kenne sie nicht gut genug.
8. Der Sänger singt zu tief.

Die Wahrheit im Gegensatz

Vervollständigen Sie die Sprichwörter, indem Sie die Antonyme zu den Adjektiven einsetzen.

1. *Süß* schmeckt, was ... verdient ist.
2. *Junger* Most sprengt ... Schläuche.

3. Mit *feiner* Seide näht man keinen ... Sack.
4. Verletzen ist *leicht,* heilen ...
5. In *guter* Stunde soll man sprechen, in ... soll man schweigen.
6. Je *bitterer* die Schale, je ... der Kern.
7. *Kleine* Ursachen, ... Wirkungen.
8. *Böse* Beispiele verderben ... Sitten.
9. *Große* Dinge haben ... Anfänge.
10. *Trunken* gesündigt, ... gebüßt.
11. Ein *leerer* Wagen muß dem ... ausweichen.

Der Witz im Gegensatz

Der Richter fragt streng: „Angeklagter, warum haben Sie denn immer geparkte Wagen aufgebrochen?" – „Ja, wissen Sie, die fahrenden waren für mich immer zu schnell."

„Ich glaube, wir müssen unseren Hahn schlachten. Er sieht so unlustig aus." meint Paul zu seiner Frau. – „Meinetwegen, wenn du glaubst, daß er dadurch lustiger wird!"

„Ingeborg ist ja schön getäuscht worden, als sie den alten Millionär heiratete!" – „Wieso? Hat er kein Geld?" – „Geld schon. Aber er ist zwanzig Jahre jünger, als er sich ausgab."

„Mein Name ist Kurz." – „Meiner auch. Ich heiße Lang."

Lösungen

1. nicht *auf* das Verkehrsschild *geachtet*   2. nicht *auf* der Schnellstraße *fahren*   **1**
3. *auf* den Rathausturm *steigen*   4. *fliegt* regelmäßig *auf* der Strecke   5. *auf*
Peters Brief bald *antworten*   6. arbeiten *auf* den Feldern

Feste Formen (z. B. Verbote) lassen sich nicht umformen.

1. Ich *zweifle an* der Richtigkeit ...   2. Man soll nicht *über* etwas *urteilen*, ...   **2**
3. Mein Bruder *wohnt in* einem ...   4. ... hat *über* alle seine Gegner *gesiegt*.
5. ... hat man zuerst *über* organisatorische Fragen *gesprochen*.   6. ... *spielt*
auch *in* den umliegenden Gemeinden.   7. ... *trauert um* die Opfer ...   8. ...
kämpft gegen die Tuberkulose ...   9. ... *herrschten* die Römer *über* das ganze
Mittelmeer.

1. Der Arbeiter *lädt* schwere Kisten *auf* den Wagen/*belädt* den Wagen mit   **3**
schweren Kisten.   2. Der Kleingärtner *sät* Möhren *auf* das Beet/*besät* das
Beet mit Möhren.   3. Die Mutter *streicht* Butter *auf* das Brot/*bestreicht* das
Brot mit Butter.   4. Der Konditor *streut* Zucker *auf* den Kuchen/*bestreut* den
Kuchen mit Zucker.   5. ...

gemeinsame Bedeutung der *be*-Verben: vollständiges Erfaßtsein durch eine
Tätigkeit

bildhafte Wendungen:
(a) *jemandem aufs Dach steigen* (umg.) = jdn. tadeln, jdm. Vorwürfe machen,
jdn. kritisieren: *Ich werde ihm bald einmal aufs Dach steigen müssen, denn er
hat mir das geliehene Geld immer noch nicht zurückgegeben.*
(b) *den Teufel an die Wand malen* (scherzhaft) = Schlechtes vorhersagen, Un-
heil durch Nennen möglicherweise herbeirufen: *Als er davon sprach, daß es zu
ihrem Winterurlaub bestimmt keinen Schnee geben werde, sagten ihm die anderen, er solle nicht den Teufel an die Wand malen.*

1. ... Schadenersatz *beanspruchen*.   2. ... die Auszahlung des Geldes *beantra-*   **4**
gen.   3. ... *bezweifelte* die Richtigkeit ...   4. ... *beauftragte* er die Bank, ...
5. ... es sollte kein Versicherungskunde *benachteiligt* werden.   6. ... seine Firma *bekämpfe* Versicherungsbetrüger.

1. Die Luft ist dem Behälter entströmt.   2. Der Hund ist meinem Nachbarn   **5**
entlaufen.   3. Der Minister ist dem Wagen entstiegen.   4. ... ist ... entglitten.
5. ist entkommen   6. ist entschlüpft

1. entwenden   2. entleihen   3. entziehen   4. entladen   5. entsenden   **6**

1. bewässert   2. gestört   3. vergiftet   4. gefärbt   5. versiegelte   6. ver-   **7**

197

schärft 7. gespannt 8. bewaffnet 9. ermutigt 10. sicherte 11. bekräftigte 12. belastet
Die Schnur hat **einen** Knoten.

8 1. [a] 2. [b] 3. [b] 4. [a] 5. [a] 6. [b] 7. [b] 8. [b] 9. [a]

9 **(a)** 1. [c] 2. [a] 3. [d] ... [c] 4. [b] ... [b] 5. [a] 6. [b] ... [c]
7. [d] 8. [c] 9. [b] ... [c] 10. [b] ... [d] ... [d]
(b) resultative Bedeutung

bildhafte Wendung:
zwei Fliegen mit einer Klappe schlagen = zweierlei auf einmal erreichen, zwei
Dinge zusammen erledigen: *Mit meiner Reise nach Dresden habe ich gleich
zwei Fliegen mit einer Klappe geschlagen. Da die Aussprache mit den Vertre-
tern der Hochschule schon zu Mittag beendet war, konnte ich mir noch die
Gemäldegalerie ansehen.*

10 **(a)** 1. erspart 2. ernährt 3. erzwingen 4. ertragen
(b) 1. Geduld haben, nichts überstürzen 2. jdm. Aufmerksamkeit erweisen,
indem man ihm eine Kleinigkeit schenkt 3. man muß auch etw. riskieren und
darf nicht zu viel fragen 4. man kann nichts erzwingen, sondern muß Geduld
haben

bildhafte Wendung:
jdm. fällt ein Stein vom Herzen = jd. ist innerlich erleichtert, jd. fühlt sich von
einer Sorge befreit: *Als der Professor mir sagte, daß ich die Prüfung bestanden
hätte, fiel mir ein Stein vom Herzen.*

11 1. verquirlen 2. verkneten 3. vermischen 4. verarbeiten 5. verstreichen 6. verrühren 7. verkleben 8. verkochen 9. verspeisen

12 1. [b] 2. [a] 3. [b] 4. [b] 5. [b] 6. [a] 7. [a] 8. [b]
verliebt sein = Zustandsreflexiv zu *sich verlieben*; *verhaßt sein* = Scheinparti-
zip, keine Verbform vorhanden

13 1. versperrt 2. gesperrt 3. schließen 4. verschließen 5. gekürzt
6. verkürzt 7. schärfen 8. verschärft 9. gestärkt 10. verstärken
11. gehärtet 12. verhärtet
bildhafte Wendung: *sein Schäfchen ins trockne bringen/sein Schäfchen im
trocknen haben* = sich einen Gewinn bzw. finanziellen Vorteil verschaffen:
*Peter hat die Briefmarkensammlung seines Großvaters mit großem Gewinn
verkauft. Dabei hat er sein Schäfchen ins trockne gebracht.*

14 1. zersprang 2. zerlaufen ... zerschmolzen 3. zerplatzte 4. zerkochten
5. zerkrümelten 6. zerrann

15 1. zerrissen/zerfetzt 2. zerschnitten 3. zerrissen/zerfetzt 4. zerbrochen
5. zerfraß 6. zerrissen 7. zerfetzte/zerriß

1. Die Blüte fällt ab. [c]   2. Der Zug fährt ab. [a]   3. Der Brief wird abge- **16** sendet. Die Sekretärin/... sendet den Brief ab. [b]   4. Die Scheibe Brot wird abgeschnitten. Die Bauersfrau/... schneidet die Scheibe Brot ab. [d]   5. Die Truppen ziehen ab/werden abgezogen. Die Regierung/... zieht die Truppen ab. [a/b]   6. Der Zweig wird abgerissen. Das Kind/... reißt den Zweig ab. [d] 7. Die Bleistiftspitze bricht ab/wird abgebrochen. Der Schüler/... bricht die Bleistiftspitze ab. [c/d]   8. Der Mantelknopf geht ab. [c]   9. Das Badewasser fließt ab. [a]   10. Der Einbrecher wird abgeführt. Der Polizist/... führt den Einbrecher ab. [b]

1. Der Autofahrer stellt den Motor ab. [b]   2. Die Kunststudentin zeichnet **17** das Rembrandt-Bild ab. [a]   3. Die Sopranistin singt die Noten vom Blatt ab. [a]   4. Der Bademeister dreht das Wasser ab. [b]   5. Das Elektrizitätswerk schaltet den Strom ab. [b]   6. Die Sekretärin schreibt das Manuskript ab. [a]

1. abgewöhnt   2. abbestellt   3. abgebaut   4. abgeschafft   5. abgebracht **18** 6. Rate ... rate ab

1. anstarren   2. redet an   3. anreden/ansprechen   4. rufe an   5. lüge an **19** 6. brülle an

1. anschneiden   2. anzünden   3. angeknabbert   4. angestimmt   5. ange- **20** sägt   6. anbraten   7. angefressen   8. angesengt

1. hat angefahren   2. ist angefahren   3. ist angelaufen   4. hat angelaufen **21** 5. ist angebrochen   6. haben angebrochen   7. sind angegangen   8. ange-gangen hat   9. haben angeklebt   10. ist angeklebt

1. aufschlagen/aufklappen   2. aufknöpfen   3. aufspannen   4. aufdrehen **22** 5. aufbinden/aufknoten/aufknüpfen   6. aufschneiden/aufdrücken/aufstechen 7. aufschließen/aufbrechen   8. aufschrauben   9. aufziehen

1. Der Rauch ist aufgestiegen.   2. ... ist aufgetroffen.   3. ist aufgekommen **23** 4. ist aufgebraust   5. hat aufgestampft   6. sind aufgeklatscht   7. sind auf-geflattert   8. ist aufgegangen   9. ist aufgeprallt   10. ist aufgeschlagen

1. [b]   2. [a]   3. [a]   4. [a], [b]   5. [a]   6. [b], [b], [a] **24**
bildhafte Wendungen:
(a) *jdm. einen Bären aufbinden* = jdm. etwas vorlügen, jdm. etwas weisma-chen, jdm. etwas Unglaubwürdiges erzählen: *Der Baron von Münchhausen hat seinen Freunden und Bekannten mit seinen Reise- und Jagderlebnissen manch kräftigen Bären aufgebunden, so mit seiner Erzählung vom Ritt auf der Kano-nenkugel oder von seiner Kletterpartie zum Mond.*
(b) *das Pferd beim Schwanze aufzäumen* = eine Arbeit von der falschen Seite anpacken, eine Aufgabe vom Ende her lösen wollen: *Du willst eine Inhaltswie-dergabe von dem Text machen, bevor du die unbekannten Vokabeln im Wörter-buch nachgeschlagen hast? Da zäumst du ja das Pferd beim Schwanze auf!*

25 1. aufbacken   2. aufheften   3. aufkleben   4. Aufpolstern   5. Auffärben
6. aufwärmen   7. aufzudrucken   8. aufsprühen

26 1. Peter hat den Fernseher ausgedreht.   2. Der Klempner hat das Metallrohr
ausgeglüht.   3. Der Archäologe hat eine antike Skulptur ausgegraben.
4. Der Bruder hat den Krimi ausgelesen.   5. Die Mutter hat die Erbsen ausge-
quollen.   6. Der Großvater hat die Tabakspfeife ausgeraucht.   7. Die Spedition hat die Möbel ausgeräumt.   8. Der Gärtner hat das Unkraut ausgerissen.
9. Die Fischer haben die Netze ausgeworfen.

27 1. fährt aus [b]   2. preßt aus [a]   3. schabt aus [a]   4. löffelt aus [a]
5. austrägt [b]   6. räumt aus [a]   7. packt aus [a]   8. auspumpen [a]

28 1. Falten   2. Getreide   3. Zigarette/Kerze   4. Buch   5. Kerze   6. Radio
7. Namen   8. Glas Bier

29 1. beigestanden [c]   2. beigefügt [a]   3. beiwohnen [b]   4. beisteuern [a]
5. beitragen [c]   6. beispringen [c]   7. beistimmen [c]
bildhafte Wendung: *jdm. unter die Arme greifen* = jdm. (in einer Verlegenheit)
helfen, jdn. (in einer Notsituation) unterstützen: *Als ich wegen meiner langen
Krankheit in Geldschwierigkeiten kam, hat mir mein Freund mit mehreren hundert Mark unter die Arme gegriffen.*

30 1. Der D-Zug ist in den Bahnhof eingefahren. [a]   2. ... haben den Burghof
eingefaßt. [b]   3. hat den Kaffee eingegossen [a]   4. hat den Park einge-
grenzt [b]   5. hat den Merksatz eingekästelt [b]   6. haben das Wild eingekreist [b]   7. ist in den Hafen eingelaufen [a]   8. hat Gurken eingelegt [a]
9. hat den Wein eingeschenkt [a]   10. ist in das neue Haus eingezogen [a]

31 1. einwerfen [a]   2. eingeworfen [b]   3. eingedrückt [a]   4. eingedrückt
[b]   5. einschlagen/eintreten [b]   6. eingeschlagen [a]   7. eingetreten [a]
8. eingetreten [b]   9. eingefallen [b]   10. eingefallen [a]

32 1. Der Buchbinder bindet das Buch ein. [a]   2. Die Mitgliedsbeiträge werden
einkassiert. [b]   3. Ute kauft Lebensmittel ein. [b]   4. Die Verkäuferin packt
das Porzellan ein. [a]   5. Das Kaufhaus nimmt große Beträge ein. [b]
6. Wurst und Käse werden eingewickelt. [a]   7. Das teure Kleid wird sorgfältig eingehüllt. [a]
bildhafte Wendung: *sich wie ein Elefant im Porzellanladen benehmen* (umg.)
= sich plump und ungeschickt benehmen, undiplomatisch sein, durch Unge-
schicklichkeit Schaden anrichten: *Martin hat sich benommen wie ein Elefant im
Porzellanladen, als er im Beisein von Kolleginnen einen frauenfeindlichen Witz
erzählte.*

200

1. Löcher 2. Benzin 3. Holz oder Kohle 4. Wein 5. Geschirr 6. IC- **33**
Zuschlag 7. Suppe

gemeinsame Hauptbedeutung: wiederholte Handlung

1. [b] 2. [a] 3. [a] 4. [a] 5. [b] 6. [a] 7. [a] 8. [b] 9. [b] **34**

1. Der Radfahrer beugt den Oberkörper vor. [a] 2. Das Reisebüro bestellt die **35**
Hotelzimmer vor. [b] 3. Die Hausfrau heizt die Backröhre vor. [b] 4. Die
Mutter kocht für das Fest vor. [b] 5. Die Sekretärin merkt den Termin vor. [b]
6. Die Musikprofessorin spielt den Studenten das Klavierstück vor. [c]
7. Das Kind streckt die Hände vor. [a] 8. Der Maler streicht die Zimmerdecke vor. [b] 9. Die Trainerin turnt den Mädchen die Bodenübung vor. [c]
10. Der Sprachlehrer spricht den Schülern das schwierige Wort vor. [c]

1. kommen nur selten vor 2. herrschen die Kiefernwälder vor 3. vorgege- **36**
ben 4. vorgelegt 5. schreibt eine ständige Kontrolle der Abwässer vor
6. haben eine Exkursion in den ehemaligen Tagebau vor 7. vorgeschlagen
8. vorfinden

1. zudrehen 2. zuklappen/zuschlagen 3. zuschrauben 4. zustöpseln **37**
5. zuschütten/zuschieben 6. zunageln 7. zunähen 8. zukleben 9. zu-
kneifen

1. Der Wagen fährt *auf die Kreuzung* zu. 2. Der Hubschrauber fliegt *auf den* **38**
Flugplatz zu. Der Kanarienvogel ist *unserer Nachbarsfamilie* zugeflogen.
3. ... *auf den Marktplatz* zu. 4. auf seinen Herrn zu 5. auf die Elbe/der Elbe zu; auf den Ausgang/dem Ausgang zu 6. auf das Seeufer zu; einer Entscheidung zu 7. auf die Raubtiergruppe zu

1. Georg spielt dem Mittelstürmer den Ball zu. [b] 2. Der Torwart winkt **39**
dem Mannschaftskapitän zu. [a] 3. Antje lächelt ihrer Großmutter zu. [a]
4. Die Mutter teilt jedem Kind eine Portion Eis zu. [b] 5. Franz steckt seiner
Banknachbarin einen Zettel zu. [b] 6. Maria blinzelt ihrer Freundin zu. [a]
7. Frau Stein nickt ihrer jungen Nachbarin zu. [a] 8. Alle Hausbewohner si-
chern der neuen Mieterin Hilfe zu. [b]

1. zukaufen [b] 2. zupacken [a] 3. zuschlagen [a] 4. zugießen/zugeben **40**
[b] 5. zugeben [b] 6. zulangen [a]

bildhafte Wendung:
die Ohren spitzen = aufmerksam zuhören, lauschen, genau auf etw. achtge-
ben: *Die beiden Herren im Abteil neben mir sprachen zunächst über familiäre*
Dinge. Als plötzlich der Name meines Freundes fiel, spitzte ich doch die Oh-
ren.

1. [a] 2. [a] 3. [b] 4. [b] 5. [a] 6. [b] 7. [b] 8. [b] 9. [a] **41**
10. [a]

42 1. Der Schlosser feilt die Kette durch. [a]   2. [a]   3. [b]   4. [a]   5. [b]
6. [b]   7. [a]   8. [a]   9. [b]   10. [b]

43 1. durchforschte [a]   2. durchsegelte [a]   3. durchlitt [b]   4. durchqueren
[a]   5. durchschwimmen   [a]   6. durcheilt   [a]   7. durchleuchten   [a]
8. durchmischte [a]   9. durchwacht [b]

44 1. durchgebrochen   2. durchbróchen   =   überwunden   3. durchgedrungen
4. durchdrúngen = erfüllt   5. durchgekreuzt   6. durchkréuzt = verhindert
7. durchláufen = absolviert, beendet   8. durchgelaufen   9. durchsétzt = ver-
mischt   10. durchgesetzt = sich gegen den Widerstand der anderen behaupten

bildhafte Wendung: *etw. übers Knie brechen* = etw. (aus Ungeduld) überstürzen, etw. gewaltsam lösen, etw. voreilig entscheiden, ohne es richtig zu überlegen und zu planen: *Die Berufswahl ist eine Frage, die über das ganze Leben
entscheidet und die man deshalb nicht übers Knie brechen sollte.*

45 1. [a]   2. [c]   3. [c]   4. [a]   5. [b]   6. [b]   7. [c]   8. [a]   9. [b]
10. [b]   11. [c]

46 1. [f]   2. [f]   3. [e]   4. [d]   5. [d]   6. [e]   7. [f]   8. [d]   9. [e]

bildhafte Wendung: *jdm. raucht der Kopf* = jd. ist geistig stark angespannt, jd.
ist sehr beschäftigt, jd. hat viel Arbeit (oder viele Sorgen): *Seit Wochen sitze ich
über den Büchern und pauke für die Abschlußprüfung, daß mir der Kopf
raucht.*

47 1. übergesiedelt [b]   2. sprudelte über [a]   3. überkocht [a]   4. schäumt
über [a]   5. hängen über [a]   6. übergegangen [b]   7. schwappt über [a]
8. übergeschnappt = übertragen: verrückt sein [a]

48 1. übergegangen = jds. Eigentum werden   2. übergángen = jdn. auslassen
3. überstánden = wieder gesund werden   4. übergestanden = herausragen
5. übersétzt = in einer anderen Sprache wiedergeben   6. übergesetzt = ans
andere   Ufer   bringen   7. übergesprungen   =   den   Ort   wechseln   8.
übersprúngen = auslassen   9. übergetreten = die Religion, eine Organisation
o. ä. wechseln   10. übertréten = etw. nicht beachten   11. übergezogen = anziehen   12. überzógen = mehr Zeit brauchen als geplant

49 1. Veränderung des Objekts der Handlung durch das Subjekt der Handlung
2. Bewegung des Objekts der Handlung durch das Subjekt der Handlung
3. Bewegung des Objekts der Handlung   4. Bewegung des Objekts der Handlung   5. Bewegung des Objekts der Handlung   6. Bewegung des Objekts der
Handlung   7. Bewegung des Objekts der Handlung   8. Veränderung des Objekts der Handlung   9. Veränderung des Objekts der Handlung   10. Veränderung des Objekts der Handlung

50 1. [a]   2. [b]   3. [b]   4. [a]   5. [b]   6. [a]   7. [a]   8. [b]

1. umbáut = umgeben sein von etw. 2. ùmgebaut = verändert 3. uṁgefah- **51**
ren = zerstört 4. umfáhren = ringsum fahren 5. uṁgegangen = geschickt
behandelt 6. umgángen = vermieden 7. ùmgerissen = zur Erde geworfen
8. umríssen = skizziert 9. ùmgeschrieben = verändert 10. umschriében =
erklärt 11. ùmgestellt = anders organisiert 12. umstéllt = eingekreist

1. [c] 2. [a] 3. [a] 4. [a] 5. [b] 6. [b] 7. [c] 8. [c] **52**

1. untergegraben = untergemischt 2. untergraben = zerstört 3. unterhalten **53**
= geredet 4. untergehalten = darunter gehalten 5. untergelegt = beigegeben
6. unterlegen = darunter legen 7. untergeschoben = unter das Kind geschoben 8. unterschoben = fälschlich behauptet 9. untergestellt = unter ein
Dach gestellt 10. unterstellt = untergeben, untergeordnet 11. unterzogen =
wurde untersucht 12. untergezogen = unter die Jacke (Mantel, ...) gezogen

bildhafte Wendung: *unter dem Pantoffel stehen/unter den Pantoffel*
kommen/ein Pantoffelheld sein/jdn. unter dem Pantoffel haben/den Pantoffel
führen/schwingen (umg.) = sich (von der Ehefrau) bevormunden lassen, (von
der Ehefrau) beherrscht werden, ohne eigenen Willen (gegenüber der Ehefrau)
sein: *In seiner Firma spielt er seinen Angestellten gegenüber den starken*
Mann, und zu Hause steht er unter dem Pantoffel.

1. *hin*bestellt 2. *hin*fahren 3. *hin*ein 4. *hin*fallen 5. *her*aus ... *hin*ein- **54**
rutschte 6. *her*überschwimmen 7. *hin*ein 8. *her*schwimmen 9. *her*auszuziehen 10. *hin*zuschleppen 11. *her*anbrauste 12. *her*ein 13. *hin*aus-
ging 14. *hin* ... *hin*auf 15. *her*

1. ausgearbeitet = (bis ins Detail) vorbereitet 2. herausgearbeitet = darge- **55**
stellt 3. herangezogen = etw. als Beweis vorlegen 4. angezogen = sich sehr
für etw. interessieren 5. ausholen = einen Sachverhalt ausführlich darstellen
6. herausgeholt = nicht genügend ausgewertet 7. hereingefallen = einen
Nachteil oder Schaden haben 8. eingefallen = sich an etw. erinnern 9. her-
abgesetzt = (zu Unrecht) kritisiert 10. abgesetzt = gestrichen

1. Lehne dich ... *an die Wand/...* 2. *... an den Baum/die Mauer/...* gestellt **56**
3. ... bindet ... *an das Gitter/den Stab/...* 4. ... hängen ... *an den Zug/die Lo-*
komotive/... 5. ... liefert ... *an den Kunden* 6. ... heftet ... *an die Waren*
7. ... nagelt ... *an die Tür* 8. ... näht ... *an die Jacke/den Mantel/...* 9. ... faßt
... *an die Hand*

1. Schreibst ... *auf einen Zettel* 2. Setz ... *auf den Herd* 3. ... *auf den Tisch* **57**
legen 4. ... tut ... *auf die Teller* 5. ... streicht ... *aufs Brot* 6. ... spießt ...
auf die Gabel 7. ... *auf den Tisch* stützen 8. ... fädelt ... *auf eine Schnur*
9. ... *auf das Kleid/den Rock/...* nähen

1. ... wickelt ... *aus dem Papier* 2. ... *aus dem Schrank/dem Regal/...* geräumt **58**
3. ... klopft ... *aus der Tabakspfeife* 4. ... *aus den Nestern* nehmen 5. ... fal-

len ... *aus den Ähren*   6. ... *aus dem Boden* gerissen   7. ... fliegen ... *aus dem Nest*   8. ... graben ... *aus der Erde*

59 1. ... *in die Wand* geschlagen   2. ... tritt *in das Klassenzimmer*   3. Gießen ... *in die Gläser*   4. ... *in den Keller/den Schacht/*... gedrungen   5. ... steigen *in den Bus/die Straßenbahn/*...   6. Laß ... *in die Badewanne/das Becken/*...   7. ... packt ... *in den Koffer/den Rucksack/*...   8. ... klebt ... *in das Briefmarkenalbum*   9. ... sperrt ... *in den Stall*   10. hüllen ... *in eine Decke*

bildhafte Wendung: *den Nagel auf den Kopf treffen* = das Wesentliche einer Sache erkennen, genau das Richtige finden: *Meine Freundin hat gesagt, dem jungen Mann fehlt es an Selbstbewußtsein. Ich glaube, mit dieser Bemerkung hat sie den Nagel auf den Kopf getroffen.*

60 1. *über das T-Shirt/das Hemd/*... gezogen   2. ... *durch die Prüfung* gefallen   3. ... *um die Schulter* gelegt   4. ... *unter ein Dach* gestellt   5. ... *über die Ufer* getreten   6. ... *durch die Wand/die Decke/*... gedrungen   7. ... *über den See/den Fluß* gesetzt

61 1. *ge*fallen   2. *zu*gefallen   3. *zer*fällt   4. fällt ... *ab*   5. *auf*gefallen   6. *aus*fiel   7. *ent*fallen   8. *ein*fallen   9. *ver*fallen

62 1. *ver*geben   2. *durch*gegeben   3. *er*gab sich   4. *ab*geben   5. auf dem Zettel *an*geben   6. gaben ein Telegramm an ihn *auf*   7. *zu*geben   8. habe es *auf*gegeben

bildhafte Wendung: *(sich) auf seinen Lorbeeren ausruhen* = nach einem Erfolg untätig werden, nach einem Lob sich keine Mühe mehr geben: *Nach seinem Sieg bei den vorjährigen Meisterschaften hat er sich auf seinen Lorbeeren ausgeruht und zu wenig trainiert. Das Ergebnis war sein diesjähriger zehnter Platz.*

63 1. waren geschlossen   2. war zu Ende   3. Bist du noch wach/noch nicht im Bett?   4. Wir wollen noch etwas unternehmen.   5. Was beabsichtigst du heute nacht noch (zu tun)?   6. durchnäßt   7. angezogen   8. bist du uns allen überlegen/bist du besser als wir   9. davon habe ich genug   10. Ich plane etwas mit der neuen Brücke.

64 1. wurde ich aus dem Krankenhaus *entlassen*   2. *hinterlassen*   3. *überlassen*   4. *zugelassen*   5. ist zu *unterlassen*   6. *ausgelassen*   7. Die mündliche Prüfung wurde mir *erlassen.*   8. *verlasse* ich Deutschland

65 1. wurde *an*gelegt   2. *bei*gelegt   3. *ab*gelegt   4. wurde als Rebellion *aus*gelegt   5. *be*legt   6. *ver*legt   7. *zer*legt   8. *über*legt   9. legen ihr Geld in den Messehäusern *an*

66 1. Der Vater hat seinem Sohn die Bitte um Geld abgeschlagen.   2. Der Heimleiter hat eine Bekanntmachung an das Schwarze Brett angeschlagen.   3. Die

Schüler haben ihre Lesebücher auf Seite 20 aufgeschlagen. 4. Die Schülerin hat ihr Mathematikbuch in Papier eingeschlagen. 5. Ein Blitz hat den Mann beim Spaziergang erschlagen. 6. Der Student hat den Namen im Lexikon nachgeschlagen. 7. Die Eltern haben die Kosten der Urlaubsreise überschlagen. 8. Die Verkäuferin hat Geld aus der Kasse unterschlagen. 9. Der junge Mann hat seiner Bekannten einen gemeinsamen Spaziergang vorgeschlagen. 10. Die Tochter hat eine Tasse beim Abwaschen zerschlagen.

67 1. *voraus-/vorher*sehen 2. *vor*sehen 3. *zu*sehen 4. *ver*siehst 5. *ein*siehst 6. *nach*sehen 7. sieh *... an* 8. *ab*sehen

68 1. Ich besetze im Hörsaal einen Platz für dich. Die ausgeschriebene Stelle einer Professur C2 für Molekularbiologie wurde mit einer jungen Frau besetzt. Die Jugendlichen haben das leerstehende Haus besetzt, um zu verhindern, daß es abgerissen wird. ...

bildhafte Wendung: *den Bock zum Gärtner machen* = den Ungeeignetsten mit einer Aufgabe betrauen, jdm. eine Arbeit übertragen, für die gerade er völlig ungeeignet ist: *Die neue Lehrerin hat den Bock zum Gärtner gemacht, als sie einem besonders undisziplinierten Schüler die Pausenaufsicht übertrug.*

69 1. eine Schuld abtragen: Die Zerstörung mehrerer Telefonzellen sollten die Jugendlichen in Arbeitseinsätzen wiedergutmachen; einen Berg abtragen: Die Erdschichten des Berges wurden mit einem Bagger nach und nach entfernt; ein Gebäude abtragen: Die Mauern des verfallenen Gebäudes wurden abgerissen; die Kleidung abtragen: Sie hat ihren Mantel so häufig getragen, daß er inzwischen an einigen Stellen schon verschlissen ist; 2. die Zeitung austragen: Der Zeitungsausträger bringt jeden Morgen zwischen 6 und 7 Uhr die Tageszeitung ins Haus; einen Boxkampf austragen: Der Sportverein will in der nächsten Zeit einen Boxkampf veranstalten; ...

70 1. *entzogen* 2. *unterziehen* 3. *auszuziehen* 4. *anzuziehen/überzuziehen* 5. *abziehen* 6. *erziehen* 7. *verziehst* 8. ziehen *... an*

bildhafte Wendung:
nach jds. Pfeife tanzen = jdm. widerspruchslos gehorchen, nach jds. Willen handeln: *Mein Großvater ist noch immer das Oberhaupt der Familie. Sogar mein Vater muß nach seiner Pfeife tanzen.*

71 1. ausgehändigt 2. bot 3. überlassen ... verkauft 4. veranstalteten 5. bezahlt 6. schenkten 7. gewährte 8. verliehen 9. wird sicher bald nachlassen

72 *kommen*
1. Der Tag des Abschieds kam viel zu schnell. 2. Mein Bruder kam mit dem Zug 12.20 Uhr. 3. Das Gewitter kam ganz plötzlich. 4. Morgen kommt mein Freund mit seiner Frau. 5. Lange bin ich nicht auf die Lösung der Aufgabe gekommen. 6. Der Ingenieur ist an ein anderes Institut gekommen.

7. Mein Lehrer kommt aus der Lausitz. 8. Meine Lieblingsschokolade kommt aus der Schweiz.

73 1. fliegen 2. bewegen 3. entfernen 4. zupfte 5. zeichnet 6. dringt 7. erstreckte sich 8. genommen

74 1. zerknüllt; gegessen; ist heimlich weggegangen 2. ist so gewachsen, daß der Anorak nicht mehr paßt; sind eng verbunden; heilt 3. verschwendet; erleben; an einen anderen Ort gebracht

umgangssprachlich: verdrücken = essen, verdrücken = heimlich weggehen
bildhaft: verwachsen = eng verbunden sein, sich verwachsen = heilen
regional: verbringen = verschwenden
Amtsdeutsch: verbringen = an einen anderen Ort bringen

75 1. gesendet 2. anwenden 3. eingezeichnet 4. übersetzt 5. umgeformt 6. erteilt 7. ging auf das Kind über 8. hat seine Zimmernachbarn mit der Grippe angesteckt

76 1. *geht auf:* wird geöffnet/öffnet sich; wird am Horizont sichtbar; keimt und wächst aus der Erde 2. *aufziehen:* die Uhrfeder spannen, um den Mechanismus (wieder) in Gang zu setzen; ein Tier ernähren und pflegen, bis es ausgewachsen ist; am Mast nach oben ziehen 3. *aufgeben:* als Frachtgut mit der Post verschicken; erteilen; aufhören zu hoffen

77 1. *bricht ein:* dringt mit Gewalt in die Bank ein, um Geld zu stehlen; fällt durch die Prüfung; stürzt durch das Eis ins Wasser 2. *eingehen:* etwas riskieren; heiraten; einen Vorschlag akzeptieren; ein Kleidungsstück wird beim Waschen kleiner oder enger

78 *umgeschlagen*
1. der Wind hat die Richtung geändert 2. ein wollenes Tuch umgelegt 3. die Hosenbeine hochgekrempelt 4. ist umgestürzt 5. haben die Bäume gefällt 6. meine trübe Stimmung hat sich ins Gegenteil verwandelt 7. hat umgeblättert 8. werden verladen

bildhafte Wendung: *das/sein Mäntelchen nach dem Winde hängen/drehen* = sich sofort jeder Situation anpassen, ohne feste Grundsätze sein, sich der jeweils herrschenden Meinung anschließen: *Vor 1933 bezeichnete er sich gern als einen Demokraten. Als aber die Nazis an die Macht kamen, hat er sogleich sein Mäntelchen nach dem Winde gehängt und ist in die Nazipartei eingetreten.*

79 *untergegangen*
1. ist am Horizont niedergegangen 2. ist versunken 3. sind übertönt worden 4. sind verlorengegangen 5. ist zusammengebrochen 6. sind vergessen worden

80 1. *herausgekommen:* hat damit großen Erfolg gehabt; man hat ermittelt, wer ...;

hat sich eine andere Summe ergeben/hat man eine andere Summe errechnet; auf den Markt gebracht worden 2. *hinabgelassen:* hat sich abgeseilt; hat nie mit ihnen persönlich verkehrt/hat nie Kontakt zu ihnen aufgenommen; hat bisher kaum bei der Hausarbeit geholfen 3. *herangezogen:* groß gezogen; zu Hilfe genommen/im Wörterbuch nachgeschlagen; hat sich ein Gewitter genähert

bildhafte Wendung: *jdm. auf der Nase herumtanzen* (umg.) = jdm. nicht gehorchen, jdm. gegenüber frech sein, sich gegenüber jdm. große Freiheiten erlauben: *Ich glaube, die beiden sind zu ihren Kindern nicht streng genug. Die Kinder tanzen ihnen doch auf der Nase herum.*

1. rütteln   2. schütteln   3. humpelte   4. rumpelte   5. wickelte   6. wackeln **81**
7. bimmelten   8. bammelten

1. rasselte   2. raschelte   3. zappelt   4. krabbelt   5. schmunzelten ... run- **82**
zelte   6. drängelt   7. schlängelt   8. rempelte   9. kremple

bimmeln – Straßenbahn; krabbeln – Käfer; murmeln – Bach; prasseln – Feuer; **83**
rascheln – Maus (im Stroh); strampeln – Baby; winseln – Hund (vor Freude oder Schmerz); zappeln – Fisch (im Netz)

1. raschelte   2. bimmeln   3. rumpelte   4. prasselte   5. murmelte   6. win- **84**
selte

1. häufelt   2. werkelt   3. häkelt   4. witzelt   5. fältelt   6. lächelt   7. frö- **85**
stelt

1. Ich wurstle nicht daran herum, ich arbeite intensiv daran.   2. Ich verscher- **86**
ble meine Bücher nicht, ich verkaufe sie an interessierte Freunde.   3. Ich zwiemle meine Schüler nicht mit den Schemata, ich übe mit ihnen.   4. Ich vermaßle nicht jede Prüfung, ich habe eben nur manchmal Pech in den Prüfungen.
5. Ich quengle nicht, ich bin nur unzufrieden, daß man mir meine Zeit stiehlt.
6. Ich kanzle meinen Freund nicht ab, ich kritisiere ihn bloß, weil es eine schlechte Angewohnheit ist, zu spät zu kommen.   7. Ich versuche nicht zu mogeln, ich nutze nur alle meine Vorteile aus, wenn ihr nicht aufpaßt.

1. klapperte   2. polterte   3. kicherten   4. klimpern   5. knatterte   6. plät- **87**
scherte   7. rattern

1. stochert   2. zwinkern   3. flatterte   4. schlotterten   5. zitterte   6. schlin- **88**
gerte

1. loderten   2. flackerte   3. schimmern   4. flimmerten/glitzerten   5. glit- **89**
zerte   6. schillerten

1. plätschert   2. glitzert   3. flattert   4. klappert   5. flackert   6. zittert **90**
7. knattert   8. rattert   9. schlingert   10. schimmert

bildhafte Wendung: *(wie) auf (glühenden) Kohlen sitzen* = ungeduldig warten, in einer unangenehmen Lage sein, weil man es eilig hat und nicht weggehen kann: *Die Versammlung dauerte länger, als ich gedacht hatte, und ich saß wie auf Kohlen, denn ich wollte noch ins Theater.*

91 1. ... *stellte* die Mannschaft neu *zusammen* 2. ... *entwickeln* sich die Leistungen in dieser Sportdisziplin *nicht weiter* 3. ... *führten* ein hartes Training im Hochgebirge *durch* 4. ... *stieß* einer der Wettkämpfer mit einer unaufmerksamen Zuschauerin *zusammen* 5. *überprüft* 6. ... *erklärte* die Sperrung des Sportlers *für ungültig* 7. *zusammenarbeiten*

bildhafte Wendung: *jdm. (einen) Knüppel zwischen die Beine werfen* = jdm. Schwierigkeiten machen, gegen jdn. intrigieren, jdm. hinderlich sein: *Er behauptet, daß man ihm im Betrieb ständig Knüppel zwischen die Beine wirft und daß er deshalb nicht vorwärtskommt.*

92 1. akzeptieren 2. dominieren 3. blamiert 4. ... riskierst du deinen Namen als Fachmann 5. ignoriert 6. Wir alle protestieren gegen deine Anmaßung. 7. resümieren

93 1. karikiert ... charakterisiert 2. debütiert ... deputiert 3. dosiert ... doziert 4. fungiert ... fingiert 5. kondensiert ... konzentriert 6. intrigiert ... integriert

94 1. Dirigent 2. Gast 3. Kandidat 4. Spion 5. Tyrann 6. kontrollieren 7. konzertieren 8. musizieren 9. porträtieren 10. protestieren 11. asphaltieren 12. bandagieren 13. motorisieren 14. prämieren 15. zementieren 16. analysieren 17. idealisieren 18. pulverisieren 19. symbolisieren

95 1. Er gibt in der ganzen Welt Gastspiele/tritt in der ganzen Welt als Künstler auf 2. Alle wollen ein Auto oder Motorrad haben. 3. ..., quält sie die ganze Familie mit ihren Wünschen 4. ... geleitet (Umleitung) 5. ... sucht Vera in allen Verstecken, ob ... 6. verhärtet

96 1. adress*ieren* 2. alphabet*isieren* 3. argument*ieren* 4. dokument*ieren* 5. elektr*isieren*/elektr*ifizieren* 6. experiment*ieren* 7. ident*ifizieren* 8. kassie*ren* 9. klass*ifizieren* 10. kristall*isieren* 11. magnet*isieren* 12. modell*ieren* 13. person*ifizieren* 14. protokoll*ieren* 15. rebell*ieren* 16. signal*isieren* 17. tabell*ieren* 18. terror*isieren* 19. transport*ieren* 20. zentr*ieren*/zentral*isieren*

97 1. ... entwickelt sich das Baugewerbe stark 2. ... ein Auto durch einen Leihvertrag gekauft 3. aufgeteilt 4. mit Geld unterstützt 5. mich entspannen 6. elegant angezogen, mit Make up und der passenden Frisur 7. ... zeitlich genau abstimmen 8. ... weil er seinem Pferd Aufputschmittel gegeben hatte

1. ärgert   2. (Schlechtes) vorausgesagt   3. daß er Unsinn redet   4. ist er **98**
beleidigt/trotzig gewesen   5. (angestrengt) gelernt   6. gelaufen   7. gesucht
8. gestohlen   9. (auf listige Art) abgenommen   10. verschmutzt   11. geärgert   12. ziehe ich mich zurück

1. gut geschrieben   2. gutgeschrieben   3. freigesprochen   4. frei gespro- **99**
chen   5. richtig gestellt   6. richtiggestellt   7. frei gehalten   8. freigehal-
ten

1. sicher gegangen   2. sichergehen   3. leichtgefallen   4. leicht fallen   5. voll **100**
gelaufen   6. vollgelaufen   7. hoch trägt   8. hochtragen

bildhafte Wendung: *die Nase hoch tragen/hochnäsig sein* = überheblich sein,
arrogant auftreten, eingebildet sein, hochmütig sein: *Seitdem sie Abteilungslei-*
terin geworden ist, trägt sie die Nase so hoch, daß kaum noch ein persönliches
Gespräch mit ihr möglich ist.

1. *hielt* seine Freunde *frei*   2. wurden seinem Konto *gutgeschrieben*   3. woll- **101**
te *sichergehen*   4. *stellte* den Buchungsfehler *richtig*   5. *fiel* es *schwer*
6. ist die Arbeit am Computer (immer) *leichtgefallen*   7. (von Schuld) *frei-*
sprechen

1. Ilka hat ihn *losgebunden.*   2. Die Raupen haben sie *kahlgefressen.* **102**
3. Hans hat es *vollgepumpt.*   4. Opa hat ihn *geradegebogen.*   5. Petra hat sie
saubergemacht.   6. Vater hat es *fertiggekocht.*

1. festgesetzt   2. vollbracht   3. offenbart   4. schwergefallen   5. frohlockt **103**
6. bloßgestellt   7. übelgenommen   8. bekanntgegeben

1. radzufahren   2. zu handhaben   3. kopfzustehen   4. standzuhalten   5. zu **104**
fachsimpeln   6. hauszuhalten   7. zu lobpreisen   8. schrittzuhalten

bildhafte Wendung: *etw. aus dem Ärmel/den Ärmeln schütteln* = etw. mühelos
leisten, etw. schnell und leicht hervorbringen: *Der Professor ist in Gesellschaft*
ein ausgezeichneter Unterhalter und schüttelt die witzigen Einfälle und geist-
reichen Bemerkungen nur so aus dem Ärmel.

1. sitzen geblieben (direkte Bedeutung)   2. sitzengeblieben (übertragene Be- **105**
deutung)   3. stehengeblieben (übertr.)   4. stehen geblieben (dir.)   5. sitzen
lassen (dir.)   6. sitzenlassen (übertr.)   7. verlorengegangen (übertr.)   8.
einkaufen gegangen (dir.)   9. sprechen gelernt (dir.)   10. kennengelernt (übertr.)

1. anbieten   2. vorschlagen   3. anbieten   4. anbieten   5. vorschlagen **106**
6. anbieten   7. vorschlagen   8. anbieten   9. vorschlagen   10. anbieten
11. anbieten/vorschlagen

1. *gehört* meinen Eltern   2. *zu* dem ... *gehört*   3. *gehört* der Europäischen **107**
Union (EU) *an*   4. *gehört zu* Indonesien   5. wem ... *gehört*   6. *gehören zu*

den besten der Ausstellung 7. *gehört* ... dem Vorstand der Fachgruppe DaF *an* 8. *gehört zum* Fachverband Moderne Fremdsprachen

108 (a) 1. *an* das Klima in Mitteleuropa *gewöhnen* 2. *an* den Lärm im Wohnheim *gewöhnt* 3. das Kaffeetrinken *angewöhnt* 4. *an* die Adoptiveltern *gewöhnte* 5. eine gute Ausdrucksweise *angewöhnt* 6. an Schlafmittel *gewöhnt* 7. bessere Manieren *angewöhnt* 8. *an* ihre häufige Unpünktlichkeit *gewöhnt* ... Pünktlichkeit *angewöhnt* 9. das Rauchen *angewöhnt* ... *an* das Rauchen *gewöhnt*

109 **bildhafte Wendung:** *für jdn./etw. die Hand ins Feuer legen* = für jdn./etw. garantieren, sich für jdn./etw. verbürgen: *Er ist sehr zuverlässig und ehrlich. Er würde nie einen Betrug begehen. Dafür lege ich die Hand ins Feuer.*

Verb (b): jdm. trauen

110 1. erholen 2. auszuruhen 3. zu erholen 4. ruhe dich ein wenig aus 5. Erhole 6. erhole

111 1. ausspannen 2. verschnauft/rastet 3. rastet/verschnauft 4. verschnaufen 5. rasten 6. ausspannen

112 (a) 1. Zwei Leute, die sich kennen, sehen sich auf der Straße schon von weitem und *grüßen* sich, indem sie sich zuwinken. 2. Zwei Bekannte stehen sich gegenüber und *begrüßen* sich, indem sie sich die Hände geben/schütteln. 3. Die Zuhörer *begrüßen* den Redner bei seinem Eintritt mit herzlichem Beifall/durch Händeklatschen.
(b) 1. begrüßt 2. begrüßen 3. grüßen 4. begrüßt

113 1. Bringe 2. Hole 3. brachte 4. holte 5. holen 6. bringt 7. holte 8. holte 9. brachte 10. geholt 11. bringt

bildhafte Wendung: *jdn. auf die Palme bringen* = jdn. wütend machen, jdn. in Zorn versetzen: *Seitdem die U-Bahn gebaut wird, gibt es in der Stadt zahlreiche Umleitungen. Das bringt die Kraftfahrer auf die Palme.*

114 1. B: vertreten, A: ersetzen 2. B: ersetzen, A: ersetzen 3. B: ersetzen, A: vertreten 4. B: ersetzen, A: vertritt

115 1. Der Gärtner *leitet* das Regenwasser in ein Auffangbecken. 2. Der Verkehrspolizist *führt* den Blinden über die Straße. 3. Die Studienrätin *leitet* die Realschule seit mehreren Jahren. 4. Der wissenschaftliche Mitarbeiter *leitet* das Seminar zur Vorlesung von Professor Schubert. 5. Der Soldat *führt* die Hand zum Gruß an die Mütze. 6. Der Förster *führt* den Jagdhund an der Leine. 7. Der Generalleutnant Blücher *führte* die Schlesische Armee in der Völkerschlacht bei Leipzig. 8. Der Junge *führt* das Fahrrad beim Bergaufsteigen. 9. Der Institutsdirektor *leitet* die Diskussion zum Vortrag des Gastprofessors. 10. Die Ärztin *leitet* den Kurantrag an die Krankenkasse.

1. stellt ... legt ... setzt 2. stellt 3. Stelle/Setze 4. legt 5. gestellt **116**
6. gelegt 7. stellt 8. stellen 9. legte 10. setzte 11. gesetzt

bildhafte Wendungen:
(a) *in der Tinte sitzen* = in Schwierigkeiten sein, sich in einer unangenehmen
Lage befinden: *Da er mir das Geld nicht zum versprochenen Termin zurückgegeben hat, sitze ich jetzt selbst in der Tinte.*
(b) *sich zwischen zwei Stühle setzen/zwischen zwei Stühlen sitzen* = von zwei
Möglichkeiten keine nutzen; alle Gelegenheiten verpassen: *Er hat die Stelle im
Chemiebetrieb nicht angenommen, weil er auf eine Zusage des Forschungsin-
stituts hoffte. Nun hat er sich zwischen zwei Stühle gesetzt und keine von beiden
Stellen bekommen.*

leihen: ein Auto, einen Krimi(nalroman), zwanzig Mark, einen Fotoapparat **117**
mieten: eine Autogarage, ein Ferienhaus, ein möbliertes Zimmer
pachten: einen Garten, einen Weinberg, zwei Hektar Wiese

Fahrrad und Pferdefuhrwerk sind keine motorisierten Verkehrsmittel wie Auto, **118**
Motorrad etc. und haben kein Steuer.
1. gesteuert 2. steuert 3. lenken 4. gesteuert 5. lenkt 6. gesteuert
7. lenken 8. gesteuert 9. lenkt

1. studiert 2. gelernt 3. studiert 4. lernen 5. gelernt 6. gelernt 7. ge- **119**
lernt 8. studiert 9. lernt

bildhafte Wendung: *jdm. etw. eintrichtern* = jdm. etw. mit viel Geduld und
Mühe beibringen, jdn. mit intensivem Drill unterrichten: *Die grammatischen
Regeln, die mir mein Lateinlehrer in der Schule eingetrichtert hat, kann ich
noch heute nach dreißig Jahren auswendig.*

1. Beim Aufstieg ... *zählten* die Kinder die Stufen. 2. Für den Weg ... hatte **120**
ich zwei Stunden *gerechnet*. 3. ... *zählten* wir 15 Personen, die Kinder nicht
mitgerechnet. 4. ... und dann sicherheitshalber noch einmal schriftlich *gerechnet*. 5. ..., daß ich stets auf ihre Hilfe *rechnen/zählen* kann. 6. ..., daß
ich fest damit *rechne*, daß ... 7. Für mich *zählen* nicht Versprechungen ...
8. Ich *rechne/zähle* mich zu ... 9. Er *zählt* noch keine Dreißig und ist schon
Professor.

1. Die Schauspielerin *spricht* Gedichte von Brecht auf der Matinee. 2. Die **121**
Tochter *sagt* den Eltern gute Nacht. 3. Der Lehrer *sagt* den Schülern ein paar
freundliche Worte zum Abschied. 4. Die alte Bäuerin *spricht* Dialekt.
5. Die Schülerin *redet* nur Gutes über den alten Lehrer. 6. Das kleine Kind
im Alter von nur einem Jahr *spricht* schon ganze Sätze. 7. Der neue Student
sagt der Sekretärin Name und Anschrift. 8. Der Ausländer *spricht* Deutsch
mit leichtem Akzent. 9. Der Tourist *redet* beim Einkaufen mit Händen und
Füßen. 10. Der Redner *sagte* kein Wort zum Umweltschutz. 11. Der Vater
spricht als Weihnachtsmann mit verstellter Stimme. 12. Das Kind *sagt* der
Mutter etwas ins Ohr. 13. Der Professor *sprach* auf der Festveranstaltung oh-

ne Konzept. 14. Der Betreuer *redet* ein ernstes Wort mit dem undisziplinierten Auszubildenden. 15. Der Mitarbeiter *redet* dem Direktor nach dem Mund.

122 1. tauscht 2. tauschen 3. wechseln 4. wechseln 5. wechseln 6. wechseln 7. tauschen

123 1. *auf* die geplante Auslandsreise *verzichten* 2. den Tanz *abgeschlagen* 3. hat seine Teilnahme an der Konferenz kurzfristig *abgesagt* 4. Eine Tasse Tee ... *abschlagen.* 5. hat die Wahl zum Vorsitzenden aus gesundheitlichen Gründen *abgelehnt.* 6. hat den unangemeldeten Besucher höflich, aber bestimmt *abgewiesen* 7. hat die Aussage *verweigert* 8. hat die Klage des Mieters gegen den Hausbesitzer *abgewiesen* 9. mußte man das Konzert *absagen* 10. hat *auf* sein Honorar zugunsten der Welt-AIDS-Hilfe *verzichtet* 11. wurde eine telefonische Auskunft über den Patienten *verweigert*

bildhafte Wendung: *jdm. einen Strich durch die Rechnung machen* = jds. Absichten/Vorhaben verhindern, jds. Unternehmen unmöglich machen: *Wenn uns das Wetter nicht einen Strich durch die Rechnung macht, werden wir am Sonntag eine Wanderung ins Gebirge unternehmen.*

124 **(a)** 1. umgestaltet 2. umgestaltet 3. vertauscht 4. verwandelt 5. vertauscht 6. verwandelten 7. umgearbeitet 8. umbenannt 9. umarbeiten 10. umbenannt 11. verwandelt
(b) 1. hat *sich ... gewandelt* 2. hat *sich ... gewandelt* 3. *schlug ... um* 4. *wechseln* 5. *schlug ... um* 6. *wechselt* 7. *wandelt sich/wechselt* 8. hat *sich* die Situation im östlichen Teil gründlich *gewandelt*

125 **(a)** 1. beenden 2. aufheben 3. aufgeben 4. beenden 5. abbrechen 6. aufheben 7. aufgeben 8. abbrechen
(b) 1. unterbrochen 2. unterbrochen 3. eingestellt 4. geschlossen 5. stillgelegt 6. schließt 7. eingestellt 8. stillgelegt

126 **(a)** 1. ist stehengeblieben 2. haben ausgesetzt 3. ist erloschen 4. verklungen ist 5. ist erloschen 6. hat ausgesetzt 7. ist stehengeblieben/hat ausgesetzt
(b) 1. hat aufgehört 2. hat geendet 3. ist ausgegangen 4. sind versiegt 5. ausgegangen ist 6. hat geendet 7. hat aufgehört

127 1. Viele Dächer wurden vom Sturm *beschädigt.* 2. Rauchen *schädigt* deine Gesundheit. 3. Auf dem Transport wurde ein wertvolles Bild *beschädigt.* 4. Durch unüberlegte Worte *verletzte/kränkte* Paul seinen Freund. 5. Bei den Kämpfen wurden mehrere hundert Menschen *verwundet.* 6. Ein Flugzeug *verletzte* den Luftraum. 7. Bei dem Autounfall wurden einige Personen *verletzt.* 8. Durch Unzuverlässigkeit ist das Ansehen des Unternehmens *geschädigt* worden. 9. Durch den Spott des Mädchens ist der Junge in seinem Stolz *verletzt/gekränkt* worden.

Zum Bezeichnen von seelischem Schaden gebraucht man: *kränken, verletzen, verwunden*

bildhafte Wendung: *über jdn. den Stab brechen* = jds. Verhalten verurteilen, über jdn. sehr hart urteilen, sich über jdn. sehr negativ äußern, jdn. abwerten: *Auch wenn Peter nicht die Wahrheit gesagt hat und aus Angst geschwindelt hat, darfst du ihn nicht als Lügner bezeichnen und den Stab über ihn brechen, denn so kann man niemanden zur Wahrheitsliebe erziehen.*

(a) 1. Sport *treiben* 2. *sich* in der Seminararbeit mit Theorien zum Zweit- **128** spracherwerb *beschäftigen* 3. den Beruf eines Kraftfahrers *ausüben* 4. Studien über Schmetterlingsarten *betreiben* 5. Handel mit Korbwaren *treiben* 6. *sich* seit vielen Jahren mit der deutschen Sprache *beschäftigen*
(b) 1. Sport treiben 2. den Beruf eines Architekten/... ausüben 3. beschäftigt 4. treiben 5. betreibt

1. löschen 2. roden 3. tilgen 4. stillen (Ehrgeiz/Wißbegier stillen = **129** übertr. Bedeutung) 5. jäten 6. streichen 7. entfernen 8. verbrennen

(a) 1. fliegen ... gefahren 2. fährt 3. treibt 4. schlängelt sich 5. treibt **13**
(b) 1. gleitet 2. schwimmt 3. rollt 4. gleitet 5. fließt 6. fließen

bildhafte Wendung: *mit jdm. schlittenfahren* = jdn. scharf tadeln, jdn. zur Rechenschaft ziehen, jdm. gehörig die Meinung sagen: *Wenn er mir nicht bald das Buch zurückbringt, werde ich einmal ganz gehörig mit ihm schlittenfahren.*

(a) *Schnelligkeit:* hasten, hetzen, huschen **131**
Zielstrebigkeit: marschieren, wandern
Ziellosigkeit: bummeln, schlendern, trotten
Behinderung der Fortbewegung: hinken, humpeln, waten

bildhafte Wendung: *die Beine unter den Arm/die Arme nehmen/die Beine in die Hand nehmen* = sich beeilen, schnell laufen, rennen: *Als der Gärtner die Kinder unter den Kirschbäumen überraschte, nahmen sie die Beine unter den Arm und verschwanden über den Zaun.*

(b) 1. schlich 2. marschierte 3. wanderte 4. wateten 5. humpelte 6. bummelten 7. stapften
(c) **normalsprachlich:** eilen, hasten, laufen, preschen, rasen, rennen, sausen, sprinten
umgangssprachlich: fegen, flitzen, hetzen, pesen, socken, wetzen, wieseln
(d) 1. eilen 2. lief/eilte 3. eilte/hastete 4. liefen 5. eilen/hasten/laufen

1. Als Kasus *bezeichnet* man Nominativ, Genitiv, Dativ und Akkusativ. ... **132** 2. Die Kasus *heißen* Nominativ, Genitiv, Dativ und Akkusativ. ... 3. Unter den Kasus *versteht* man Nominativ, Genitiv, Dativ und Akkusativ. ... 4. Zu den Kasus werden Nominativ, Genitiv, Dativ und Akkusativ *gezählt*. ... 5. Zu den Kasus *gehören* Nominativ, Genitiv, Dativ und Akkusativ. ...

133 1. Professor Berger *hält* seine Vorlesung mittwochs. 2. Das Lexikologie-Seminar *hält* der Oberassistent *(ab)*. 3. Die Klasse 8 hat ihren Ausflug trotz des schlechten Wetters *unternommen*. 4. Die Eröffnung *nahm* der Verkehrsminister *vor.* 5. Anschließend *nahmen* die Regierungsvertreter die Besichtigung des Ausstellungsgeländes *vor.* 6. Alle vier Jahre werden Wahlen *abgehalten*. 7. Zur 500-Jahr-Feier der Stadt wird ein großer Festumzug *veranstaltet*. 8. In Halle werden alljährlich die Händel-Festspiele *veranstaltet*.

134 1. konstruierte ... entdeckte ... schuf ... begründete 2. entwickelte ... entdeckte ... konstruierte ... aufgestellten ... begründete ... formulierten 3. erfand ... entwickelte ... schuf ... entwickelte ... begründete 4. begründete ... fand ... entwickelte ... schuf
bildhafte Wendung: *ein Haar in der Suppe finden* = etw. wegen einer Kleinigkeit ablehnen, an einer Sache etw. auszusetzen haben, den Nachteil einer Sache finden: *Er bleibt auf keiner Stelle lange. In einem Werk stört ihn der Schichtbetrieb, in einem anderen ist ihm die Bezahlung zu gering, dann wieder sind es die Kollegen, mit denen er nicht auskommt. Immer findet er ein Haar in der Suppe.*

135 1. duldet 2. verträgt 3. ertragen 4. duldet 5. ertragen 6. dulden 7. duldet 8. verträgt 9. zugelassen 10. zulasse

136 **(a)** 1. gewinnen 2. erobern 3. bestehen 4. überwinden 5. bewältigen 6. bezwingen 7. erringen 8. erreichen
(b) 1. Die Wanderer *bewältigten* die geplante Tagesstrecke am Abend. 2. Der Nanga Parbat wurde erstmalig 1953 vom Österreicher Hermann Buhl *bezwungen*. 3. Die Berliner Mannschaft *bezwang* den Europapokalsieger (mit) 16:15. 4. Die junge Schauspielerin *eroberte* die Herzen der Zuschauer. 5. Der Märchenheld *besteht* viele Abenteuer. 6. Torsten *bestand* die Fahrprüfung bei der zweiten Wiederholung. 7. Der Stoff der Diplomarbeit wurde von dem Germanistikstudenten *bewältigt*. 8. Die Geschirrspülautomaten haben schon lange eine große Zahl von Haushalten *erobert*.

137 **(a)** 1. abrichten 2. erziehen 3. abrichten 4. erziehen 5. abrichten 6. beibringen 7. beibringen
(b) 1. aufgezogen 2. erzogen 3. aufgezogen 4. erziehen
jdn./ein Tier aufziehen: ein Kind bis zu seiner beruflichen Selbständigkeit großziehen/ein junges Tier großziehen, bis es ausgewachsen ist
erziehen: ein Kind Verhaltensnormen und -prinzipien lehren und so seine geistige und charakterliche Entwicklung formen
(c) 1. angehalten 2. angeleitet 3. anzuhalten 4. angeleitet/angehalten 5. angehalten
(d) 1. an einer Maschine, im Handwerksbereich, im Dienstleistungsbereich, ... 2. an einer Berufsschule, Fachschule, Hochschule, Universität, in Kursen, ... 3. an der Hochschule, Universität, ... 4. in Kursen, Schulungen, Weiterbildungsveranstaltungen, ... 5. in der Grundschule, Hauptschule, Realschule, am Gymnasium, an der Fachschule, ...

Lehrausbilder: anlernen, ausbilden, lehren, unterrichten; *Professor:* ausbilden, lehren, unterrichten; *Fahrschullehrer:* ausbilden, lehren, schulen, unterrichten; *Meister:* anlernen; *Lehrer:* lehren, unterrichten; *Ausbilderin im Kurs „Erste Hilfe":* ausbilden, lehren, schulen, unterrichten

(a) 1. erspähen 2. ansehen 3. beobachten 4. zusehen 5. erblicken **138**
(b) 1. erblicken 2. beobachten 3. ansehen 4. zusehen 5. erspähen/erblicken
(c) 1. ..., deshalb müssen seine Eltern seine Schulaufsätze *durchsehen.* 2. ..., deshalb wollte er ihn nun genauer *besichtigen.* 3. ..., daß man sie nicht mit bloßem Auge *wahrnehmen* kann. 4. ... und wollte jedes Bild gründlich *betrachten.* 5. ..., daß alle sie wortlos *anstarrten.* 6. ... und kann noch nicht alle Probleme *überblicken.*

1. loben – tadeln 2. arbeiten – faulenzen 3. erfreuen – verärgern 4. fest- **139** stellen – übersehen 5. behalten – vergessen 6. sich aufregen – sich beruhigen 7. zustimmen – ablehnen 8. sich streiten – sich vertragen 9. standhalten – nachgeben

1. geht auf 2. aufgeblüht 3. stieg auf 4. tauchte auf 5. bauen auf **140** 6. aufgenommen 7. aufgehoben 8. aufgehängt 9. hellte sich auf 10. drehte auf 11. aufzusetzen 12. aufschließen 13. ..., aufzustehen

1. eingezogen 2. eingesetzt 3. eingesammelt 4. eingeschlafen 5. ein- **141** bauen 6. in den Tennis-Club eingetreten 7. eingenommen 8. eingestellt 9. einlegen 10. sind in den Bus eingestiegen. 11. habe ... auf mein Konto eingezahlt

(a) 1. verdünnen 2. verbreitern 3. vergröbern 4. verkürzen 5. ver- **142** mindern/verringern 6. verbessern 7. verbilligen
(b) 1. verbessert 2. verbreitert 3. verkürzt 4. verbilligt 5. vermindert/verringert

1. Aber nein, sie hat mich durchkommen lassen. 2. ... sie ist abgestiegen. **143** 3. ... er hat sich gefügt. 4. ... er hat sich beherrscht. 5. ... sie beziehen ihn ein. 6. ... er hat alles aufgearbeitet. 7. ... er hat mich gefördert. 8. ... er hat sie stehen lassen.

bildhafte Wendungen:
(a) *jdm. den Kopf waschen* = jdn. scharf ermahnen, jdn. heftig tadeln, jdn. zur Rede stellen
(b) *jdn. mit offenen Armen aufnehmen/empfangen* = jdn. sehr herzlich begrüßen, jdn. freudig willkommen heißen

1. bestellt ... abgeerntet 2. verwüstet ... wiederhergestellt 3. erwärmt sich **144** ... kühlt ... ab 4. staute sich ... abgeflossen 5. gefroren ... aufgetaut 6. eingegangen ... überlebt 7. sträuben ... glätten

145 1. verfallen 2. abgeschickt/abgesendet 3. abheben 4. kassierte 5. verbilligt 6. auflegen 7. angeschlossen

146 1. reparieren 2. überhole 3. einbaue 4. geschoben 5. fahren wir weiter/vorbei 6. abstellt/ausstellt/ausschaltet 7. bremsen 8. ungehindert/frei fahren

147 1. abgefahren 2. zurücktreten 3. verlangsamte 4. verpaßt 5. gesperrt 6. schloß 7. weiterfahren 8. fuhr durch

bildhafte Wendung:
wie die Heringe stehen = in einer Menge gedrängt stehen, eng aneinandergepreßt stehen: *... in der zweiten Klasse haben wir wie die Heringe gestanden.*

148 1. Das Bad *stärkt* den Patienten nicht, sondern *schwächt* ihn. 2. *... beugt* die Knie nicht, sondern *streckt* sie. 3. ..., sondern *setzt* sie *herauf/erhöht* sie. 4. ..., sondern *verstärkt* sie. 5. ..., sondern *erlaubt/befürwortet* ihn. 6. ..., sondern *beansprucht/belastet* ihn. 7. ..., sondern *öffnet* sie. 8. ..., sondern *spannt* ihn.

149 2. höre ich zu 3. schweige ich 4. erinnere ich dich daran 5. erfülle ich dir die Bitte 6. tröste ich dich

150 1. erlaubt 2. abgezogen 3. abgelehnt 4. aufstehen 5. unterhalten 6. vertragen 7. abgelehnt

bildhafte Wendung:
es geht zu wie in einem Taubenschlag = viele Leute kommen und gehen: *... sondern es ging zu wie im Taubenschlag.*

151 1. ziehen 2. schütten 3. weicht aus

152 1. geht 2. gekocht 3. hört auf 4. zerronnen 5. nimmt 6. heilen 7. kratzen 8. herholen 9. gewonnen

153 1. summt 2. quakt 3. schnattert 4. zirpt 5. kräht 6. gackert 7. bellt 8. wiehert 9. krächzt 10. blökt 11. zischt 12. grunzt 13. heult 14. meckert

154 *Gefahr:* bellen, kläffen, knurren; *Schmerz:* jaulen, winseln; *Freude:* bellen, winseln

155 1. Katze und Großkatze (Angriff, Verteidigung) 2. Taube (Verständigung) 3. Affe (Freude, Gefahr) 4. Vogel, Ratte, Murmeltier (Verständigung) 5. Vogel, Maus (Verständigung, Gefahr) 6. Eisbär, Nilpferd (aus dem Wasser auftauchend) 7. Schwein, Meerschwein 8. Hirsch in der Brunftzeit 9. Katze (Wohlgefühl) 10. Gans, Schlange (Angriff und Verteidigung) 11. Vogel (Verständigung, Freude)

Hund, Katze, Uhu, Käuzchen, Kuckuck, Schaf, Frosch, Vogel, Esel, Ente, **156**
Hahn, Schwein

1. weinen 2. redeten/erzählten 3. (laut) lachte 4. schimpft 5. Rede **157**
nicht immer rein!/Sprich nicht immer dazwischen! 6. Wollt ihr etwas (Alko-
holisches) trinken?

klirren: Kette, Kristalleuchter, Schlüsselbund, Weinglas **158**
knarren: Baum, Dielen, Treppe, Tür
knirschen: Kies, Sand, Schnee
krachen: Bombe, Donner, Schuß
rattern: Lastwagen, Maschine, Motor

1. schnalzte ... knallte 2. schnaubten 3. knirschte 4. knurrte 5. knab- **159**
berten ... knackten 6. schnarchte

bildhafte Wendung: *mit den Wölfen heulen* = sich der herrschenden Meinung
anpassen, sich den Anschein gleicher Meinung geben: *Sein Standpunkt ist stets
wohlüberlegt und unbeirrbar. Es ist nicht seine Art, mit den Wölfen zu heulen.*

1. Wasserfall – rauschen 2. Meer – rauschen 3. Springbrunnen – plät- **160**
schern 4. Bach – murmeln, plätschern 5. Rinnsal – rieseln 6. starker Regen – klatschen, prasseln, platschen 7. Quelle – sprudeln, murmeln, plätschern 8. Wasserschlauch – spritzen 9. Strom – rauschen

1. Wasser 2. Schaumstoff 3. Blechbüchse 4. Dachpappe 5. Pferd **161**
6. Regen

individuelle Bildungen: wirrt, pispert, flistert, dappelt **162**
usuelle Bildungen: pfeift, kling(e)t, klirrt, schleift, rausch(e)t, knistert,
schwirrt, rappelt, klappert, tos(e)t, kos(e)t (nicht lautmalendes Verb)

Beispiele: *bellen:* Rehe; Menschen, die husten; *knurren:* schlechtgelaunte **163**
Menschen; der Magen, wenn man hungrig ist; *schnurren:* die Nähmaschine;
knirschen: Menschen können es mit den Zähnen tun; *ranpirschen:* Mensch, der
sich an jd. anderen anschleicht; *pfeifen:* Vögel; *keifen:* können Frauen jeden
Alters (= in sehr schrillen Tönen schimpfen); *plärren:* kleine Kinder (= laut
weinen); *matschen/herumpatschen:* machen manchmal auch Erwachsene gern;
quatschen: machen alle Menschen gern; außerdem quatscht feuchter, sumpfiger
Boden, wenn man über ihn geht (weitere Bedeutungsvariante des Wortes); *krachen:* viele Gegenstände, wenn sie kaputtgehen; *keckern:* Menschen (= helles,
abgehacktes Lachen); *meckern:* können alle, die etwas zum Schimpfen finden;
summen: Menschen, wenn sie mit geschlossenen Lippen einen Laut wie ein
langes *m* machen und dabei eine Melodie hervorbringen; Bienen; Mücken;
Stromleitungen; Motoren; *brummen:* Menschen, die mit tiefer Stimme (und
nicht sehr schön) singen; Fliegen; Käfer; Motoren; Flugzeuge; *wiehern:* so
nennt man auch ungehemmtes Lachen beim Menschen; *schnauben:* auch Men-

schen, die vor Wut heftig durch die Nase atmen, daß die Nasenflügel beben; sich die Nase putzen

164 1. dich grüßen ... dich einladen   2. beginne zu grübeln ... interessiert sich für mich   3. will dich nur an einen Namen erinnern ... hat ihre Doktorarbeit abgeschlossen ... bereitet ihren Doktorschmaus vor   4. ahnte ... daß ihr vor mir etwas verheimlicht   5. wollten dich überraschen ... hast du dich nicht zu sehr aufgeregt   6. danke ihr ... küsse sie von mir

bildhafte Wendung: *viele/vieles unter einen Hut bringen/bekommen* = Verschiedenes vereinigen, Unterschiedliches zusammenfassen, Gegensätzliches in Übereinstimmung bringen

165 1. hat Robert die Anregung zu einem Buch gegeben   2. hat einem Lektor den Auftrag gegeben   3. eine Nachricht geben   4. den Rat gegeben   5. die Zusicherung gegeben   6. hat der Veröffentlichung ihre Zustimmung gegeben/ihre Zustimmung zu der Veröffentlichung gegeben   7. das Versprechen gegeben   8. gibt Robert die Garantie für

166 1. von dem Ablauf eine falsche Darstellung gegeben   2. Andeutungen gemacht   3. hat die Erklärung gegeben   4. konnte keine genauen Angaben machen   5. eine Einwilligung zu einer Alkoholkontrolle geben   6. machte eine Mitteilung über die Ergebnisse der Untersuchung   7. keine weiteren Ausführungen machen   8. gibt regelmäßig Berichte

167 1. erfährt ständig Ergänzungen   2. finden Berücksichtigung   3. findet immer stärkere Beachtung   4. finden weite Verbreitung   5. finden Verwendung   6. erfuhren eine Abrundung   7. erfuhr eine Vervollkommnung   8. findet/erfährt Ablenkung

168 1. treffen   2. leisten   3. leisten   4. treffen   5. treffen   6. leisten   7. treffen   8. leisten

169 1. beabsichtigt   2. hatte keine Ahnung   3. fürchtete er sich vor   4. hat eine stark schmerzlindernde Wirkung   5. sorgte sich um   6. versteht nichts von ... hat kein Interesse für   7. hatte ich immer den Wunsch   8. vertraut seinem alten Freund   9. hatte Zweifel an

170 1. Durch den Ausflug bin ich wieder auf andere Gedanken gekommen.
2. Durch das Gelächter der Zuschauer kamen die Fußballspieler in Wut.
3. Durch die Ermahnungen seines Freundes kam er wieder zur Vernunft.
4. Durch den Zwischenfall kam die Mannschaft aus dem Konzept.   5. Durch das Experiment kam ich auf die richtige Lösung.   6. Durch deine Fragen kommen wir in Verlegenheit.   7. Durch die Ausstellung kommen die Verdienste des Wissenschaftlers zur Geltung.   8. Durch das Kontrastmittel kommt das Krankheitsbild zum Vorschein.

1. in Anspruch genommen   2. Einsicht nehmen zu dürfen in   3. nehmen Sie **171**
... in Verwahrung   4. in Empfang genommen hatte   5. hat Einfluß genommen auf   6. Rache zu nehmen   7. wollte kein Ende nehmen   8. in Haft genommen   9. hat einen normalen Verlauf genommen

1. in   2. unter   3. auf   4. zur   5. aus dem   6. zur   7. auf die   8. in   **172**

1. zu Ansehen gelangen   2. in Bedrängnis geraten   3. in Bewegung geraten **173**
4. zum Durchbruch gelangen   5. zur Entfaltung gelangen   6. zur Geltung gelangen   7. in Konflikt geraten   8. in Not geraten   9. in Schwierigkeiten geraten   10. in Verdacht geraten   11. zur Verteilung gelangen   12. zum Vorschein gelangen   13. in Wut geraten

1. Er hat sich zum Ziel gesetzt, ...   2. sind ... in Kenntnis gesetzt worden **174**
3. ist ... in Aussicht gestellt worden   4. wird er ... unter Beweis stellen können   5. setzte ihn in die Lage   6. sind ... außer Kraft gesetzt worden   7. ist unter Strafe gestellt   8. hat in Abrede gestellt

1. zu Gast (nur Sing.!)   2. in enger Verbindung mit (kein Artikel, andere Prä- **175**
position)   3. einen Beitrag (unbest. Artikel)   4. großer Beliebtheit/einer großen Beliebtheit   5. einen/seinen Abschluß   6. eine Darstellung finden
7. einen Selbstmordversuch unternehmen/Selbstmord begehen   8. spielt eine große Rolle/hat eine große Bedeutung   9. außerunterrichtlichen Veranstaltungen mehr Aufmerksamkeit schenken   10. Unterricht erteilen (kein Artikel)
11. gab mir den Ratschlag   12. als Kollegen zu betrachten (kein Funktionsverbgefüge möglich)

1. Gestühl   2. Gebirge   3. Gesträuch   4. Geäst   5. Gefieder   6. Gehörn **177**
7. Gestein ... Gebüsch   8. Gewitter

1. Gebäude   2. Gebell   3. Gefäß   4. Gehör   5. Gemälde   6. Gepäck **178**
7. Gericht   8. Geschoß   9. Gesetz

1. Gepfeife   2. Geseufze   3. Gefrage   **179**

Getue, Gekichere, Geprahle, Gefluche, ...

(a) 1. die Rückfahrt   2. die Rückkehr   3. Der Rücktritt   4. Rückstand **180**
5. das Rücklicht   6. einen schweren Rückfall   7. dem Rückweg   8. Rückzug   9. der Rückfront   10. Rückantwort
(b) [a] Rücklicht, Rückweg, Rückseite; [b] Rückfahrt, Rückkehr, Rücktritt, Rückstand, Rückfall, Rückzug, Rückantwort

1. Untiefen [a]   2. Unsummen [c]   3. zu seinen Ungunsten [a]   4. Unpäß- **181**
lichkeit [b]   5. eine Unzahl [c]   6. Unverstand/Unwissenheit ... Unvermögen/Unfähigkeit [a]   7. Unkraut [b]   8. Ungeheuer/Untier [b]

1. Wiederaufbau   2. Wiedersehen   3. Widerrede   4. Wiederholung   5. Wi- **182**

derhall   6. Wiederkäuer   7. Widerwillen   8. Widerspruch   9. Wiederkehr
10. Widerspiegelung

183   1. Selbstlerner   2. selbsttätige Maschine; keine deutsche Entsprechung
3. Zwischenspiel   4. Zwischenraum   5. Miteinander verschiedener Systeme; keine deutsche Entsprechung   6. zusammengesetztes Wort   7. Mitlaut
8. Anbau einer einzigen Pflanzenart; keine deutsche Entsprechung   9. Einzelrede (deutsche Entsprechung nicht gebräuchlich)   10. Vorsilbe   11. Vorsitzender   12. Zusammenkunft von Fachleuten; keine deutsche Entsprechung
13. gleichzeitiger Verlauf; keine deutsche Entsprechung   14. Übertragung
15. Umformer   16. Beförderung von Lasten; keine deutsche Entsprechung

184   1. *Aus*bruch   2. *Auf*bruch   3. Tages*an*bruch   4. *Zusammen*bruch
5. *Durch*bruch   6. *Ab*bruch   7. *Ein*bruch   8. *Um*bruch

185   1. *Rück*fall   2. *An*fall   3. *Zu*fall   4. *Un*fall   5. *Ab*fall   6. *Ein*fall   7. *Bei*fall   8. *Aus*fall

186   1. *Nieder*lage   2. *Auf*lage   3. *Unter*lagen   4. *Bei*lage   5. *Aus*lage   6. *An*lagen   7. *Zu*lage   8. *Ein*lagen

187   1. *Auf*satz   2. *Ab*satz   3. *Um*satz   4. *Gegen*satz   5. *Vor*satz   6. *Er*satz   7. *Zu*satz

188   1. *Vor*schlag   2. *Zu*schlag   3. *Ab*schlag   4. *Aus*schlag   5. *An*schlag   6. *Um*schlag   7. *An*schlag

189   1. *Über*schrift   2. *In*schrift   3. *An*schrift   4. *Auf*schrift   5. *Unter*schrift   6. *Vor*schrift

190   1. *Ab*sicht   2. *Aus*sicht   3. *Ein*sicht   4. *Rück*sicht   5. *Nach*sicht

191   1. Bücher*be*stand   2. Spartacus*auf*stand   3. *Zu*stand   4. *Rück*stand   5. *Aus*stand   6. Rechts*bei*stand   7. *Ab*stand

192   1. *Auf*trag   2. *Ver*trag   3. *Er*träge   4. *Bei*träge   5. *Vor*trag   6. *Ein*träge   7. *An*trag

193   1. Führerschein*entzug*   2. Truppen*abzug*   3. Hosen*anzug*   4. Bett*bezug*   5. Roman*auszug*   6. Karnevals*umzug*

194   1. *Abonnent*   2. *Assistent*   3. *Demonstrant*   4. *Dirigent*   5. *Emigrant*
6. Wer jdm. zum Geburtstag oder zu einem Jubiläum gratuliert, ist ein *Gratulant.*   7. Wer gegen einen anderen intrigiert, weil er ihm schaden will, ist ein *Intrigant.*   8. Wer im wirtschaftlichen Wettbewerb gegen andere Personen, Firmen o. ä. konkurriert, ist ein *Konkurrent.*   9. Wer in einer Versammlung, einem Kongreß o. ä. präsidiert, ist der *Präsident.*   10. Wer ständig queruliert

220

und damit anderen Leuten auf die Nerven fällt, ist ein *Querulant.* 11. Wer in einem Seminar, auf einer Tagung o. ä. über ein bestimmtes Thema referiert, ist ein *Referent.* 12. Wer eine bestimmte Gruppe von Menschen, eine Institution ö. ä. in der Öffentlichkeit repräsentiert, ist ein *Repräsentant.* 13. Wer ein Buch, einen Film, ein Theaterstück ö. ä. in einem Zeitungsartikel rezensiert, ist ein *Rezensent.*

Scherzrätsel: Stud*en*te, Absolv*en*te, Doz*en*te, ...
Monument/Moment

1. der Absolv*ent* 2. der Aspir*ant* 3. der Diplom*and* 4. der Divid*end* **195**
5. der Doktor*and* 6. der Doz*ent* 7. der Intend*ant* 8. der Konkurr*ent*
9. der Kontrah*ent* 10. der Labor*ant* 11. der Multiplik*and* 12. der Oppon*ent* 13. der Praktik*ant* 14. der Subtrah*end* 15. der Summ*and*

Hochschule: Absolvent, Aspirant, Diplomand, Doktorand, Dozent
Berufe: Intendant, Laborant, Praktikant ·
Wirtschaft/Politik: Konkurrent, Kontrahent, Opponent
Mathematik (Zahlbegriffe): Dividend, Multiplikand, Subtrahend, Summand

1. Destill*at* 2. Dress*ur* 3. Fabrik*at* 4. Fris*ur* 5. Inser*at* 6. Karikat*ur* **196**
7. Korrekt*ur* 8. Präpar*at* 9. Ras*ur* 10. Refer*at* 11. Test*at* 12. Zen-*sur* 13. Zit*at*

Abi, Uni, Auto, Pulli, Farbfoto, Krimi, Profi, Zahlenlotto, Abo **197**

bildhafte Wendung: *vom/aus dem Regen in die Traufe kommen* = seine Lage verschlechtern, anstatt sie zu verbessern, aus einer unangenehmen Lage in eine noch unangenehmere kommen: *Sie hat sich von ihrem ersten Mann wegen seiner ständigen Eifersüchteleien scheiden lassen. Mit ihrer zweiten Ehe ist sie jedoch vom Regen in die Traufe gekommen.*

1. Bügel 2. Deckel 3. Flügel 4. Gürtel 5. Hebel 6. Kreisel 7. Schlüs-**198**
sel 8. (Schnür-)Senkel 9. Sessel 10. Würfel 11. Zügel

Singular = Plural

1. starker Raucher 2. ewiger Träumer 3. leidenschaftlicher Esser 4. gu-**199**
ter Weinkenner 5. genauer Beobachter 6. aufmerksamer Zeitungsleser
7. besessener Spieler 8. sicherer Autofahrer 9. miserabler Sänger

Person: 1. Rundfunkhörer 2. Schauspieler 3. Schiedsrichter 4. Herren-**200**
schneider 5. Fallschirmjäger 6. Preisträger 7. Buchhalter 8. Eisläufer
9. Phrasendrescher 10. Dachdecker 11. Tierfänger 12. Schwarzseher
13. Rundfunksprecher
Sache: das jeweils andere Wort aus dem Wortpaar

Rätsel: Retter
Wegweiser

nicht ganz ernst gemeinte Fragen:
1. Der Zitronenfalter heißt so, weil er gelbe Flügel hat, die an (die Farbe von) Zitronen erinnern. 2. Ein Treppenläufer ist ein langer, schmaler Teppich, der eine Treppe bedeckt. 3. Ein Gaskocher ist ein mit Gas betriebenes Kochgerät. 4. Ein Brotmesser ist das Messer zum Schneiden des Brotes.

201 **senkrecht:** 1. Trockenrasierer 2. Fueller 3. Ascher 4. Rasenmaeher 6. Eisenbahner 7. Frachter 9. Laster
waagerecht: 2. Fussballer 5. Texter 8. Stahlwerker 10. Staedter 11. Fernseher

202 1. Algerier/-in 2. Argentinier/-in 3. Birmane/Birmanin 4. Brasilianer/-in 5. Chilene/Chilenin 6. Franzose/Französin 7. Georgier/-in 8. Grieche/Griechin 9. Guatemalteke/Guatemaltekin 10. Holländer/-in 11. Inder/-in 12. Iraker/-in 13. Ire/Irin 14. Isländer/-in 15. Japaner/-in 16. Jemenit/-in 17. Jordanier/-in 18. Kameruner/-in 19. Kasache/Kasachin 20. Kenianer/-in 21. Kolumbianer/-in 22. Koreaner/-in 23. Kroate/Kroatin 24. Kubaner/-in 25. Laote/Laotin 26. Lette/Lettin 27. Litauer/-in 28. Neuseeländer/-in 29. Nicaraguaner/-in 30. Nigerianer/-in 31. Rumäne/Rumänin 32. Russe/Russin 33. Schwede/Schwedin 34. Senegalese/Senegalesin 35. Slowake/Slowakin 36. Spanier/-in 37. Syrer/-in 38. Tibeter/-in, auch: Tibetaner/-in

nicht ganz ernst gemeinte Fragen:
weil Kolumbus auf der Suche nach dem westlichen Seeweg nach Indien den falschen Erdteil erreicht hatte und den dortigen Bewohnern einen falschen Namen gab

Afghane = Hund; *Perser* = Teppich; *Amerikaner* = süßes Gebäck; *Persianer* = Pelzmantel; *Wiener* = Würstchen; *Schweizer* = Käse; *Schotte* = Whisky; *Franzose* = verstellbarer Schraubenschlüssel; *Araber* = Pferd

203 Einfach*heit*, Heiter*keit*, Freundlich*keit*, Genauig*keit*, Gründlich*keit*, Ehrlich*keit*, Offen*heit*, Bescheiden*heit*, Schüchtern*heit*, Selten*heit*, Eitel*keit*, Gutgläubig*keit*, Dumm*heit*, Wahr*heit*

bildhafte Wendungen:
(a) *jdn. um den (kleinen) Finger wickeln (können)* = jdn. leicht lenken (können), bei jdm. alles erreichen
(b) *jdn. ins Herz schließen* = jdn. liebgewinnen, jdn. gern haben

204 1. Sperling (Tiername) 2. Eindringling (negative Eigenschaft von Personen) 3. Frischling (Tiername)

205 **(a)** *Personengruppen:* 4., 7., 11.
Wissenschaftsgebiete: 2., 6., 23.
Staatsformen: 8., 22.
Fachwörter: 1., 3., 5., 9., 10., 12., 13., 14., 15., 16., 17., 18., 19., 20., 21., 24., 25., 26., 27.

(b) **[iː]** Anatomie, Aristokratie, Biologie, Bourgeoisie, Demokratie, Diphtherie, Epidemie, Galerie, Garantie, Kategorie, Kopie, Manie, Melodie, Monarchie, Ökonomie, Zeremonie
[jə]: Aktie, Arie, Arterie, Familie, Folie, Komödie, Linie, Materie, Pelargonie, Prämie, Serie

I *Person:* Juwelier, Kavalier, Offizier; *Sache:* Papier, Quartier, Revier, Schar- **206** nier, Spalier
II *Person:* Australier, Parlamentarier, Spanier, Vegetarier
III *Person:* Bankier, Portier, Premier; *Sache:* Atelier, Dossier, Metier

1. [ˈkroːnɪk] 2. [ˈeːtɪk] 3. [fabˈrik] 4. [gɛrmaˈnɪstɪk] 5. [ˈgeːstɪk] **207**
6. [ˈkliːnɪk] 7. [ˈkoːlɪk] 8. [kriˈtik] 9. [ˈlyːrɪk] 10. [ˈloːgɪk]
11. [matəmaˈtik] 12. [ˈmiːmɪk] 13. [muˈziːk] 14. [ˈɔptɪk]
15. [ˈpaːnɪk] 16. [fyˈzik] 17. [poˈleːmɪk] 18. [poliˈtik] 19. [reˈplik] 20. [repuˈblik] 21. [reˈtoːrɪk] 22. [roˈmantɪk] 23. [ruˈbrik]
24. [zysteˈmaːtɪk]

1. das 2. das (ɛ̃:) 3. das 4. das (ɛ̃:) 5. der 6. das (ɛ̃:) 7. die **208**
8. der 9. der (ɛ̃:) 10. das 11. das (ɛ̃:) 12. die 13. der 14. der
15. der (ɛ̃:) 16. der 17. das

1. Abstrakt*ion* 2. Addit*ion* 3. Akklimatis*ation* 4. Artikul*ation* 5. As- **209** simil*ation* 6. Definit*ion* 7. Demonstr*ation* 8. Diskuss*ion* 9. Emanzi- p*ation* 10. Improvis*ation* 11. Infekt*ion* 12. Infiltr*ation* 13. Informa- *tion* 14. Injekt*ion* 15. Instrukt*ion* 16. Interven*tion* 17. Investit*ion* 18. Kalkul*ation* 19. Klassifik*ation* 20. Konfront*ation* 21. Konstrukt*ion* 22. Konzentr*ation*

1. das 2. das 3. der 4. das 5. der 6. der 7. der 8. das 9. der **210** 10. der 11. das 12. der 13. das 14. das 15. das 16. der

1. das 2. die 3. das 4. das 5. das 6. die 7. die 8. die 9. das **211** 10. das 11. das 12. das 13. die 14. das 15. das 16. das 17. das 18. das

1. denken 2. fliehen 3. frieren 4. gebären 5. geben 6. glühen 7. gra- **212** ben 8. gönnen 9. können 10. laden 11. mögen 12. nähen 13. säen 14. schlagen 15. schreiben 16. sehen 17. siechen 18. tragen 19. verlieren 20. ziehen

1. der letzte Band 2. einem Bündel 3. einer Binde 4. eines Mieterbun- **213** des 5. ein militärisches Bündnis 6. einer Drogenbande 7. ein seidenes Band 8. ein Bund 9. eine gute Bindung 10. ein grauer Binder

1. die sinnvolle *Verwendung* der Technik im Sprachunterricht 2. die ordentli- **214** che *Schrift* im Aufsatz 3. häufige *Tests* der Studenten im Sprachunterricht

4. die zeitweilige *Befreiung* des Kindes vom Sport   5. das leidenschaftliche *Interesse* der Tochter für Technik   6. der ständige *Zweifel* der Schülerin an ihren Fähigkeiten   7. die vorzügliche *Unterbringung* der Sportler zu den Weltmeisterschaften   8. die pünktliche *Ankunft* der Delegation in Berlin

215 **zu unterstreichen sind:** Jasager, Standesamt; Säugetiere, Pellkartoffeln; Tierärzte, Kreisärzte, Oberärzte, Tierkreis, Ärztekreis, Oberkreistierarzt, Oberkreistier

216 1. *Meeres*algen   2. *Meeres*boden   3. *Meer*busen   4. *Meer*enge   5. *Meeres*kunde   6. *Meeres*gott   7. *Meer*katzen   8. *Meer*schaum   9. *Meer*schweinchen   10. *Meeres*spiegel   11. *Meer*wasser   12. *Meeres*säugetiere

Das berühmte Wahrzeichen von Kopenhagen heißt „Die kleine *Meerjungfrau*" (nach dem gleichnamigen Märchen des dänischen Dichters Hans Christian Andersen).

217 1. der *Tage*bau für die Braunkohleförderung   2. das *Tage*buch des jungen Mädchens   3. die *Tages*leistung eines Bergmanns   4. die *Tag*seite des Mondes   5. das *Tage*geld für eine Dienstreise   6. die *Tages*ordnung einer Versammlung   7. die *Tages*schau im Fernsehen   8. der *Tag*falter mit seinen bunten Flügeln   9. der *Tages*ablauf eines Spitzensportlers   10. die *Tages*zeitung für eine Region

218 1. *Kinder*kleid   2. *Kinder*lied   3. *Kindes*alter   4. *Kind*taufe   5. *Kindes*entführung   6. *Kinder*hand   7. *Kindes*mißhandlung   8. *Kinder*arzt

Eine *Kinderfrau* ist eine Frau, die gegen Bezahlung die Kinder einer Familie betreut; eine *Kindfrau* ist a) ein junges Mädchen, das kindlich ist, zugleich aber auch schon Reize einer Frau ausstrahlt, b) eine noch sehr kindlich wirkende, unselbständige junge Frau.
Die *Kindesliebe* ist die Liebe des Kindes zu den Eltern; die *Kinderliebe* ist a) die Liebe (von Erwachsenen) zu Kindern, b) eine kindliche Liebe zwischen einem Mädchen und einem Jungen.

219 **A:** die Hausaufgabe, der Hausschlüssel, der Hausflur, der Hausarzt, die Hauswirtschaft, die Hausnummer, das Haustier
B: die Salzlösung, der Salzstreuer, das Salzbergwerk, der Salzsee, das Salzgebäck, das Salzwasser, die Salzgurke
C: die Landenge, die Landkarte, der Landregen, die Landplage, das Landhaus, die Landstraße, die Landmaschine
D: das Notsignal, der Notverband, der Notstand, der Notarzt, die Notreife, das Notgeld, der Nothelfer

220 1. Ausstellung, in der *künstlerische* Werke gezeigt werden   2. *künstlicher* Darm   3. *künstliches* Harz   4. *künstliches* Haar   5. Betrachtung von *künstlerischen* Werken   6. Hochschule, auf der man eine *künstlerische* Ausbildung erhält   7. Handwerker, der *künstlerische* Gegenstände (nicht Gebrauchsgegenstände) schafft   8. *künstlicher* Dünger

224

für: Kaffeetasse, Trainingsanzug, Radweg, Blumentopf, Puddingschüssel, Kaf- **221**
feelöffel, Trainingsmatte, Aktentasche
aus: Porzellantasse, Baumwollanzug, Sandweg, Keramiktopf, Tonschüssel, Silberlöffel, Bastmatte, Ledertasche

Für ein *Glasfenster* braucht man *Fensterglas,* für *Bohnenkaffee* braucht man **222**
Kaffeebohnen, ...

an: Flurschaden, Sachschaden, Wildschaden, Karosserieschaden, Maschinen- **223**
schaden, Personenschaden, Umweltschaden
durch: Blitzschaden, Hochwasserschaden, Wildschaden, Brandschaden

1. [a]   2. [c]   3. [c]   4. [b]   5. [a]   6. [a]   7. [a]   8. [c]   9. [a] **224**
10. [c]   11. [b]   12. [b]   13. [a]   14. [a]   15. [b]

1. Autofahrer   2. Armbanduhr   3. Froschmann   4. Herstellungsdatum **226**
5. Museumsbesucher   6. Regenwetter   7. Spaßmacher   8. Umweltsünder

1. Bienenfleiß   2. Hasenfuß   3. Bullenhitze   4. Hundekälte   5. Katzen- **227**
wäsche   6. Pferdekur   7. Rabenvater   8. Gänsehaut

1. Amtsschimmel   2. Bücherwurm   3. Fleischwolf   4. Frechdachs **228**
5. Pechvogel   6. Sündenbock   7. Leseratte   8. Laufkatze   9. Unglücks-
rabe

(a)   der Adamsapfel, der Ell(en)bogen, die Fußsohle, die Gallenblase, die **229**
Kniescheibe, die Luftröhre, das Ohrläppchen, die Pulsader, das Schlüsselbein
(b)   1. den Ell(en)bogen   2. die Luftröhre   3. Ohrläppchen   4. der Gallenblase   5. die Kniescheibe   6. das Schlüsselbein   7. die Fußsohle   8. Adamsapfel   9. die Pulsadern

1. Der Mützenschirm gibt der Schirmmütze ihren Namen.   2. Stuhllehne ... **230**
Lehnstuhl ...   3. ...

1. Kunsturteil   2. Geburtstagsgeschenk   3. Getreideernte   4. Musikinter- **231**
esse   5. Kindheitserinnerungen   6. Liebesheirat

3. Der Lehrer lehrt den Stoff.   4. Ich lese das Buch.   5. Die Maschine mäht. **232**
6. Der Schrank kühlt.   7. Ich rühre den Kuchen.   8. Das Mittel scheuert.
9. Ich schlage die Sahne.   10. Das Gerät nimmt die Fernsehsendung auf.
11. Der Vogel singt.   12. Ich trinke das Wasser.   13. Der Stuhl webt.
14. Die Bekleidung schützt (z. B. vor radioaktiver Bestrahlung).

(a)   1. die Eisschnellaufweltmeisterin   2. das Fußballweltmeisterschaftsqua- **233**
lifikationsspiel   3. das Erdölverarbeitungswerk   4. der Programmsteuerungs-
techniker   5. die Weltjahresbestleistung
(b)   1. die Plakette zur Sonderuntersuchung der Abgase   2. das Gesetz zur

Dämpfung der Kosten der Kassen für die Kranken   3. die Reparatur der Maschine zum Mischen von Beton   4. der Verkauf von Artikeln der Oberbekleidung von Kindern   5. der Skandal der Bank der Spender vom Mark der Knochen   6. die Berechnung der Temperatur des Durchschnitts des Jahres

234 (a) 1. Affen*art*   2. Apfel*sorte*   3. Boden*art/-sorte*   4. Brot*sorte*   5. Edelstahl*sorte*   6. Gemüse*art/-sorte*   7. Gesteins*art*   8. Getreide*art/-sorte*   9. Käfer*art*   10. Kaffee*sorte*   11. Kartoffel*sorte*   12. Käse*sorte*   13. Katzen*art*   14. Nadelholz*art*   15. Papier*sorte*   16. Pflanzen*art*   17. Pilz*art*   18. Reis*sorte*   19. Sport*art*   20. Tabak*sorte*   21. Ton*art*   22. Virus*art*   23. Vogel*art*   24. Wein*sorte*   25. Weizen*sorte*   26. Wort*art*
(b) 1. Weißbrot, Schwarzbrot, Mehrkornbrot, ...   2. Obst-, Laub-, Nadelbäume, ...   3. Roggen, Hafer, Mais, ...   4. Burgunder, Chianti, Veltliner, ...   5. Meisen, Papageien, Stelzvögel, ...

235 1. der Hauptstraße   2. der Bahn   3. die Wege   4. Bahnen   5. Landstraßen   6. Radwege und Wanderwege   7. die Planetenbahn   8. der Gegenfahrbahn   9. Straßen   10. einer elliptischen Bahn   11. Straßenrand

236 (a) 1. Böden   2. Boden   3. Erde   4. unsere Erde   5. Boden   6. Erdkrumen
(b) 1. ebener Erde   2. Den Dachboden   3. Muttererde   4. die Erde   5. des Bodens   6. einen Trockenboden   7. die Erde   8. zu Boden (auch: auf die Erde)   9. Der Boden   10. von der Erde/vom Boden   11. der Erde

237 (b) 1. Fahrt   2. Reiseagenatur ... Kanadareise   3. Fahrt   4. Fahrt   5. Fahrt   6. Reise   7. Fahrt   8. Gastspielreise   9. Reise

238 1. Genesungs*urlaub*   2. Hitze*ferien*   3. Abenteuer*urlaub*   4. Schwangerschafts*urlaub*   5. Semester*ferien*   6. *Urlaubs*vertretung   7. Bildungs*urlaub*   8. Erholungs*urlaub*   9. Winter*urlaub/-ferien*   10. Theater*ferien*   11. *Ferien*kurs   12. Kurz*urlaub*   13. *Urlaubs*sperre   14. *Urlaubs*saison   15. *Ferien-/Urlaubs*tag   16. *Urlaubs*antrag   17. Weihnachts*ferien/-urlaub*   18. Mindest*urlaub*   19. *Ferien-/Urlaubs*reise   20. Kälte*ferien*   21. Parlaments*ferien*

239 1. Folge   2. Folgen   3. Wirkung   4. Wirkung   5. Folgen   6. Wirkung   7. Folge   8. Wirkung   9. Wirkung   10. Folge

240 1. Ursache   2. allen Grund   3. Grund   4. Ursache   5. der Grund   6. Grund   7. eigentliche Ursache

241 1. Der eigentliche Zweck   2. einen Zweck   3. Ziel   4. Zweck   5. keinen Zweck   6. einen guten Zweck   7. ein klares, bestimmtes Ziel   8. Untersuchungszwecke   9. Das weitgesteckte Ziel   10. seinen Zweck   11. ihrem Ziel   12. dem Ziel

242 2. mein Gesundheitszustand   3. in der Lage   4. eine sehr ruhige Lage   5. in einem Zustand   6. unsere finanzielle Lage ... in einem sehr schlechten

Zustand ... in einen bewohnbaren Zustand ... in der Lage   7. eine bequemere Lage

(a) 1. Menschen   2. Leute   3. Leute   4. Menschen   5. Menschen **243**
6. Menschen/Leute   7. Leute   8. Leute
(b) 1. Menschen   2. Leute   3. Leute   4. Leuten/Menschen

1. Zeile   2. Linien   3. Reihe   4. Linienblatt ... Zeilen   5. Zeile   6. Rei- **244**
he   7. Reihe   8. Reihe   9. Linie

(a) *Aufforderung:* einen Aufruf an die Bevölkerung erlassen, Ermahnung zu **245**
Ruhe und Ordnung, jdm. eine Mahnung schicken
Reglementierung: jdm. Vorschriften machen, die Vorschriften einhalten, eine
Anweisung befolgen, etw. auf jds. ausdrückliche Anweisung tun, die nötigen
Anweisungen geben, eine Vorschrift verletzen
Ratschlag: jdm. eine Empfehlung geben, sich bei jdm. Rat holen, jds. Vorschlag annehmen, etw. auf jds. Empfehlung tun, jds. Rat brauchen
Wunsch: eine Bitte äußern, jdm. eine Bitte erfüllen, an jdn. mit einer Bitte herantreten
(b) 1. Oberstes Gebot   2. eine Mahnung   3. ein Gebot   4. der Aufruf
5. eine   detaillierte   Gebrauchsanweisung   6. einen   Rat   7. Empfehlung
8. den   Vorschlag   9. einer   Bitte   10. wiederholter   Ermahnung(en)
11. Vorschrift   12. Anweisung   13. deine Empfehlung

(a)   AIDS-Kongreß/-Tagung, Arbeitsberatung, Einwohnerversammlung, Fach- **246**
tagung über Solarenergie, Gemeinderatssitzung, Gipfelkonferenz, Jahrestagung
der Buchhändler und Verleger, Rektorenkonferenz, Umweltkonferenz/-tagung/-
kongreß, Wählerversammlung
(b)   **Vorschläge:** An der Jahrestagung für Deutsch als Fremdsprache haben
auch ausländische Deutschlehrer teilgenommen. Der Unternehmensvorstand
hat eine Krisensitzung einberufen. ...

1. eine Auskunft   3. einen Hinweis   4. eine Erklärung   5. keine Antwort **247**
6. einen Bescheid   8. eine falsche Darstellung   9. das Versprechen

1. einen Pflug   2. ein Beil   3. eine Säge   4. einen Lötkolben   5. einen **249**
Zirkel   6. einen   Pinsel   7. eine   Kelle   8. eine   Feile   9. eine   Schere
10. eine Ahle   11. einen Hobel   12. eine Wasserwaage

bildhafte Wendungen:
(a)   *jdm. Brief und Siegel (auf etw.) geben* (Notar) = jdm. etw. fest versprechen, sich für etw. verbürgen, jdm. die größte Gewißheit geben: *Er hat mir
Brief und Siegel darauf gegeben, daß die Reparatur der Maschine nur einige
Stunden dauert.*
(b)   *alle/alles über einen Kamm scheren* (Friseur) = keine Unterschiede
berücksichtigen, undifferenziert urteilen, alle/alles nach einem Schema behan-
deln/bewerten: *Bei seiner ersten Auslandsreise hat er eine sehr umständliche*

und langwierige Zollkontrolle erlebt. Seitdem schert er alle Grenzbeamten über einen Kamm und nennt sie Bürokraten.

250 1. Wer züchtet Bienen? – Der Imker. Er füttert die Bienen mit Zuckerlösung, um ihren Honig zu ernten./... 2. Wer regelt den Straßenverkehr? – Der Verkehrspolizist. Er leitet den Verkehr an der Unfallstelle um./... 3. Wer geleitet das Schiff? – Der Lotse. ... 4. Wer leitet ein Orchester? – Der Dirigent. ... 5. ... Der Glaser. ... 6. Der Notar 7. Der Bildhauer 8. Der Graphologe 9. Der Förster 10. Der Antiquar

251 1. Haß 2. ewige Treue 3. Angst 4. Freude(n) 5. Lust 6. Optimismus 7. wegen ihres Fleißes 8. Schadenfreude über Pechmarie 9. Stolz

252 **waagerecht:** 1. Passivitaet 2. Export 3. Praxis 4. Quantitaet **senkrecht:** 5. Original 6. Abstraktion 7. Sympathie 8. Produktion 9. Minimum

253 1. Totalschaden – Teilschaden 2. Laubbäume – Nadelbäume 3. Trockenzeit – Regenzeit 4. Schnellzug – Nahverkehrszug 5. Kleinstadt – Großstadt 6. Süßwasser – Salzwasser 7. Leichtindustrie – Schwerindustrie 8. Nebengebäude – Hauptgebäude

254 **(a)** 1. Altbau 2. Fremdsprache 3. Schwachstrom 4. Vollautomat 5. Direktstudium 6. Rotwein 7. Weißbrot 8. Flachland **(b)** 1. Neubau 2. Muttersprache 3. Starkstrom 4. Halbautomat 5. Fernstudium 6. Weißwein 7. Schwarzbrot 8. Bergland

255 **(a)** 1. der Held 2. der Feind 3. der Schüler 4. der Gastgeber **(b)** 1. Goliath war ein *Riese*. 2. an den *Empfänger* 3. nein, *Junggesellen* 4. nein, es ist in erster Linie für den *Laien* geschrieben

256 1. die Schwägerin 2. die Cousine 3. die Enkelin 4. die Mutter 5. die Tochter 6. die Tante

Lösungswort: *Schwiegermutter*

bildhafte Wendungen:
(a) *jdn. auf Händen tragen* = jdn. verwöhnen, jdn. mit viel Liebe und Fürsorge behandeln: *Man erzählt, daß er seine Frau auf Händen trägt und ihr jeden Wunsch von den Augen abliest.*
(b) *Hahn im Korbe sein* = (1) der einzige Mann unter lauter Frauen sein, (2) in einer Gesellschaft die wichtigste Person sein: *(1) Petra hat zu ihrem Geburtstag ihre Schulfreundinnen eingeladen. Ihr Bruder war der einzige männliche Gast. Er war Hahn im Korbe. (2) Mein Freund kennt viele amüsante Witze. Auch bei unserer Weihnachtsfeier hat er alle unterhalten und war Hahn im Korbe.*

257 1. Ende 2. Bremse 3. Teilschaden 4. Heckscheibe 5. Beinen 6. Ordnung

1. Aussaat – Ernte   2. Nässe – Trockenheit   3. Sonne – Regen   4. Mangel **258**
– Überschuß   5. Licht – Dunkelheit   6. Hitze – Kälte

1. Ruhe   2. Abend   3. Gipfel   4. Weite   5. Nähe   6. Erholung/Pause **259**
7. Kühle

1. Parkbänken   2. Banken   3. Mütter   4. Muttern   5. Blumensträuße **260**
6. Strauße   7. Taschentücher   8. Tuche

Beispiele: 1. Vor kurzem ist der letzte Band der neuen Goethe-Ausgabe er- **261**
schienen. – Das junge Mädchen trug ein seidenes Band im Haar.   2. Der Mie-
terbund ist eine Interessenvertretung der Mieter. – Ich habe auf dem Markt Tomaten und ein Bund Mohrrüben gekauft.   3. Ich kaufe nur Milch mit einem
niedrigen Fettgehalt. – Mein Freund bezieht als Chemiker ein hohes Monatsgehalt.   4. Das rote Knochenmark dient zur Blutbildung. – Die Mark ist seit
1871 die deutsche Währungseinheit.   5. Der Busfahrer riß das Steuer herum
und bremste scharf. – Die Steuer wird vom Monatsgehalt abgezogen.   6. Ich
fahre jedes Jahr im Urlaub an die Ostsee. – Der Bodensee liegt im Länderdrei-
eck zwischen Deutschland, der Schweiz und Österreich.

1. funkelnder   2. ein starkes   3. Ein großes   4. einen geringen   5. Der **262**
6. ein nichtrostendes   7. Die   8. Ein neuer   9. der fünfte   10. Das   11. einen eisernen   12. das

1. auf dem Flur/im Flur   2. auf der Flur   3. der Junge   4. das Junge **263**
5. die Kiefer   6. der Kiefer   7. der Leiter   8. mit einer Leiter   9. ein
(elektrischer) Leiter   10. an dem Mast   11. die Mast

richtige Verwendung von *Worte* und *Wörter*: 1., 2., 5., 7., 8. (auch: *Stichwör-* **264**
ter) und 10. bis 13.
fehlerhafte Verwendung: 3. *(Vorworte)* 4. *(Worten)* 6. *(Wörter)* 9. *(Worten ...*
Wörter) 14. *(Worten)*

1. eine Akte   2. Der erste Akt   3. eine Niete   4. einem Niet   5. eine **265**
Sprosse   6. den/einen ersten Sproß   7. in einer Schublade   8. In dem Ge-
müseladen   9. eine Leiste   10. den Leisten

1. Deck   2. eine Tablette   3. Eine Streife   4. die Etikette   5. dem Etikett **266**
6. Kohle   7. im Stollen   8. Der Kohl   9. Die Decke   10. einem/dem Tablett   11. einen Streifen   12. eine Stolle

1. Fernrohr   2. Schilfrohr   3. Bildröhre   4. Kanonenrohr   5. Hörrohr **267**
6. Speiseröhre   7. Blasrohr

1. *in*direkte   2. *un*ästhetisch   3. *un*interessant   4. *un*kollegial   5. *in*kon- **268**
sequent   6. *un*disziplinierte   7. *in*tolerant   8. *un*produktiv   9. *in*kompe-
tent   10. *un*rational   11. *un*harmonisch   12. *in*diskret   13. *in*operabel

269 1. fehler*lose*   2. *un*ernster   3. geschmack*loses*   4. ungast*liches*
5. schlaf*lose*   6. *un*natürliche   7. ton*loser*   8. *un*nötige   9. takt*lose*
10. *un*persönlicher   11. licht*loser*   12. lücken*loser*   13. hilf*loser*   14. *un*-
ruhige   15. *un*reife

270 1. unendlich 2. endloses 3. formlosen 4. unförmige 5. unwilligen 6. willenloses
7. untröstlich 8. trostlosen 9. unrechten 10. rechtlos 11. sinnloses 12.
unsinnig/sinnlos

271 1. der triumph*ale* Sieg [b]   2. die redaktion*elle* Überarbeitung [c]   3. die
zentr*ale* Kommission [a]   4. die kultur*elle* Entwicklung [a]   5. die bakte-
ri*elle* Erkrankung [c]   6. die provinzi*elle* Inszenierung [b]   7. der materi*elle*
Wohlstand [a]   8. die ministeri*elle* Anweisung [c]   9. die opposition*elle*
Gruppe [a]   10. das phänomen*ale* Gedächtnis [b]   11. die industri*elle* Revolution [a]   12. die geni*ale* Idee [b]

272 1. ration*al* ... ration*ell*   2. form*elles* ... form*al*   3. ide*ale* ... ide*elle*   4. re*el*-
ler ... re*al*   5. origin*ale* ... origin*elles*

273 1. acht*bare* Leistung, acht*sam*er Umgang   2. ausführ*bares* Kraftwerksprojekt, ausführ*liches* Protokoll   3. bieg*bares* Eisenblech, bieg*sam*er Weidenzweig   4. ehr*bare* Bürgerstochter, ehr*licher* Finder   5. furcht*bare* Hitze,
furcht*sam*es Kind   6. heil*bare* Krankheit, heil*same* Strafe   7. kost*bar*er
Goldschmuck, köst*licher* Humor   8. nutz*bare* Wasserkraft der Flüsse, nütz-
liches Haushaltgerät   9. straf*bar*er Verstoß, sträf*liche* Sorglosigkeit   10. unaussprech*bares* Fremdwort, unaussprech*licher* Schmerz   11. veränder*bar*er
Mechanismus, veränder*liches* Aprilwetter   12. wunder*bare* Wirkung des Medikaments, wunder*licher* alter Mann

274 1. sport*lich*, beruf*lich*, einfühl*sam* (= Gefühle und Probleme anderer verstehen), streb*sam*en (= zielbewußt, fleißig), fröh*lichen*   2. leidenschaft*liche*, vor-
bild*liche*, frau*liche* (= weiblich, feminin), anschmieg*sam* (= mit einem starken
Bedürfnis nach Zärtlichkeit), ehr*lichen*, persön*lich*   3. vorzeig*bar* (= attraktiv), unterhalt*sam* (= amüsant, humorvoll), den sehn*lichsten* (!) (= dringend),
alltäg*liche*, sinn*lich* (= an körperlichen Genüssen/an Sexuellem interessiert)
4. annehm*bares* (= attraktiv), natür*lich*, arbeit*sam* (= fleißig), schweig*sam* (=
wenig reden), gemüt*liches*, unheim*lich* (= sehr)

275 (a) -*bar:* 2., 9., 11., 13., 15., 17., ; -*lich:* 1., 3., 5., 6., 8., 10., 18., 19. -*sam:* 4.,
7., 9., 12., 14., 16.

bildhafte Wendungen:
(a) *sein Herz auf der Zunge haben/tragen* (redselig) = allzu offen Gefühle
aussprechen, sein Inneres verraten, nichts für sich behalten können: *Sie trägt
ihr Herz auf der Zunge und erzählt ihren Freundinnen den ganzen Kummer, den
sie mit ihrem Mann hat.*
(b) *die Flinte ins Korn werfen* (leicht entmutigt) = den Mut verlieren, eine Sa-

che entmutigt aufgeben, vor einer Aufgabe kapitulieren: *Obwohl das Experiment auch beim dritten Mal mißlang, warf der Chemiker nicht die Flinte ins Korn, sondern begann von neuem.*
(c) *den Stier bei/an den Hörnern packen/fassen* (mutig) = eine gefährliche bzw. schwierige Aufgabe schnell entschlossen beginnen: *Wenn du Schwierigkeiten mit deiner Diplomarbeit hast, dann sprich sofort mit deinem Betreuer. Ehe du die Sache verzögerst, packe lieber den Stier bei den Hörnern.*
(d) *sich ein/kein Bein ausreißen* (eifrig/faul) = viel/wenig Eifer zeigen, sich große/wenig Mühe geben, sich (nicht) sehr anstrengen: *Als Student war er nicht sehr fleißig. Aber seitdem er die Assistentenstelle hat, reißt er sich fast ein Bein aus.*

(b) 1. gewalt*same* Unterdrückung, gewalt*iges* Bauwerk   2. heil*same* Strafe, heil*iges* Abendmahl   3. lang*same* Bewegung, läng*liches* Metallstück   4. spar*same* Hausfrau, spär*liches* Haar   5. wirk*sames* Heilmittel, wirk*liches* Leben

1. Bayr*isch* Kraut = süßsaures Weißkraut   2. Brem*er* Stadtmusikanten = Tiere aus einem Märchen der Brüder Grimm   3. Dresd(e)n*er* Stolle = süßes Gebäck zu Weihnachten   4. Hamburg*ische* Dramaturgie = Prosawerk von Lessing   5. Jena*er* Glas = feuerfestes Glas   6. Köln*isch* Wasser = Parfüm   7. Leipzig*er* Allerlei = Eintopf mit vielerlei Zutaten   8. Meiß*ner* Porzellan   9. Russ*isch* Brot = süßes Gebäck in der Form kyrillischer Buchstaben **276**

1. gläs*erne* Vitrine, glas*iger* (= starrer) Blick   2. gold*ene* Uhr, gold*iges* (= niedliches) Kind   3. hölz*ernes* Regal, holz*ige* (= harte) Birne   4. seid*enes* Kleid, seid*iges* (= weiches, feines) Haar   5. stein*erne* Treppe, stein*iger* (= von Steinen bedeckter) Feldweg   6. woll*ene* Decke, woll*iges* (= dichtes, krauses) Haar **277**

1. leistungs*mäßig*   2. regel*mäßig*   3. schul*mäßig*   4. termin*gemäß*   5. sach*gemäß*   6. vorschrifts*mäßig/-gemäß*   7. wunsch*gemäß*   8. plan*mäßig/-gemäß* **278**

(a) 1. alters*mäßig* (betreffend)   2. alters*gemäße* (passend)   3. verkehrs*mäßig* (betreffend)   4. verkehrs*gemäß* (obligatorisch)   5. wetter*mäßig* (betreffend)   6. wetter*gemäße* (obligatorisch)   7. zeit*mäßig* (betreffend)   8. zeit*gemäß* (passend: aktuell)   9. bären*mäßigen* (ähnlich)   10. bären*gemäßes* (passend) **279**

1. bild*haft*er (= metaphorisch) Titel, bild*liche* Darstellung (= in Form eines Bildes)   2. herz*haftes* (= kräftig) Frühstück, herz*licher* (= von Herzen kommend) Neujahrsgruß   3. kränk*liches* Aussehen (= leicht/etwas krank), krank*hafte* (= übertrieben, oft unbegründet) Eifersucht   4. nament*liche* (= mit dem Namen) Abstimmung, nam*hafte* (= berühmt) Persönlichkeit   5. schad*haft*er (mit einem Schaden) Zahn, schäd*liches* (Schaden verursachend) Nikotin   6. schmerz*hafte* (Schmerz verursachend) Verletzung, schmerz*licher* (= trauriger) Abschied   7. schreck*liches* Eisenbahnunglück (sehr groß, mit Toten und **280**

Verletzten), schreck*haft*es (= leicht zu erschreckendes) Kind   8. stimm*liche* (Gesangs-)Begabung, stimm*haft*er (mit Stimmbändern gebildet, weich) Konsonant

281   1. [a]   2. [b]   3. [b]   4. [b]   5. [a]   6. [b]   7. [a]   8. [a]   9. [b]

282   1. brüder*lich*   2. jugend*lich*   3. wehmüt*ig*   4. anmut*ig*   5. läst*ig*   6. gast*lich*   7. hast*ig*   8. traur*ig*   9. bäuer*lich*   10. nöt*ig*   11. töd*lich*   12. sport*lich*   13. frost*ig*   14. günst*ig*   15. dunst*ig*   16. bärt*ig*   17. art*ig*   18. mäß*ig*   19. mass*ig*   20. mächt*ig*   21. nächt*lich*   22. wolk*ig*   23. körn*ig*   24. zorn*ig*   25. häus*lich*   26. staub*ig*   27. natür*lich*   28. luf*tig*   29. durst*ig*   30. vernünft*ig*   31. gebürt*ig*   32. schäd*lich*   33. sach*lich*   34. spaß*ig*   35. kräft*ig*

283   1. vierzehntäg*lich*   2. vierzehntäg*ig*en   3. halbstünd*lich*   4. halbstünd*ig*en   5. vierteljähr*lich*en   6. vierteljähr*ig*en   7. zweistünd*ig*e   8. zweistünd*lich*

284   1. bäuer*lich*er Grundbesitz, bäur*isch*es (pejorativ) Benehmen   2. geist*lich*er Würdenträger, geist*ig*e Arbeit   3. heim*lich*e Verabredung, heim*isch*es Tier   4. herr*lich*er Sonnenuntergang, herr*isch*es (pejorativ) Auftreten   5. höf*lich*er Mensch, höf*isch*e Dichtkunst   6. kind*lich*e Naivität, kind*isch*er (pejorativ) alter Mann   7. münd*lich*e Prüfung, der münd*ig*e Jugendliche   8. sinn*lich*e Wahrnehmung, sinn*ig*es Geschenk   9. verständ*lich*er Text, verständ*ig*es Kind   10. vorzeit*lich*es Tier, vorzeit*ig*e Abreise 11. unglaub*lich*e Nachricht, ungläub*ig*er Mensch

285   1. eine Bekannte/einen Bekannten   2. wegen der Streikenden   3. eine Angestellte/einen Angestellten   4. die Vorgesetzte/den Vorgesetzten, eine Vorgesetzte/einen Vorgesetzten   5. nichts Neues   6. Alte, Kranke, Behinderte/die Alten, die Kranken, die Behinderten ... mit den/ihren Kleinen   7. Bekannte/Bekannter ... Abgeordnete/Abgeordneter   8. der/dem Vorsitzenden   9. die/der Vorsitzende ... das Übliche

286   1. Deutsch   2. deutsch   3. in gutem Deutsch   4. Im Deutschen   5. in Deutsch   6. deutsch ... Deutsch   7. Deutsch   8. Goethes Deutsch/Das Deutsch Goethes ... vom heutigen Deutsch   9. ins Deutsche   10. deutsch

287   1. ins Blaue   2. Rot   3. Weiß   4. in Grün/grün   5. das Blaue   6. Weißer   7. Rot   8. Das Weiße   9. etwas Grünes (= Salat)   10. in Weiß   11. Das Rot   12. Das Blau   13. im Grünen   14. Grün

288   1. wald*arm*, wasser*reich*   2. rohstoff*arm*, landwirtschaftlich sehr ertrag*reich*   3. sauerstoff*arm*, stickstoff*reich*   4. figuren*arm*, handlungs*reich*   5. gefühls*arm*, einfalls*reich*   6. phantasie*reich*, z. B. kontakt*arm*   7. fischarm, z. B. pflanzen*reich*   8. holz*arm*, z. B. erdöl*reich*

289   1. nikotinarme/nikotinreiche   2. kalorienarme/kalorienreiche   3. niederschlagsarmer/niederschlagsreicher   4. schneearme/schneereiche   5. ideenarmes/ideenreiches   6. vegetationsarme/vegetationsreiche

1. ist ausbaufähig   2. ist lernfähig   3. ist belastungsfähig   4. ist transport- **290** fähig   5. ist nicht mehr manövrierfähig/ist manövrierunfähig   6. sind keimfähig   7. bin nicht mehr aufnahmefähig

1. keim*freie*   2. respekt*loses*   3. rost*freier*   4. ziel*lose*   5. schlaf*lose* **291** 6. porto*freier*   7. sinn*lose*   8. wartungs*freier*   9. disziplin*loser*   10. eis-*freier*   11. chancen*lose*   12. fieber*freier*   13. gebühren*freie*   14. kultur-*loser*   15. störungs*freier*   16. talent*loser*

1. arbeitslose (negativ) Eisenbahnerin   2. ärmelloser Pullover   3. gewissenlo- **292** ser (neg.) Verbrecher   4. grundlose Aufregung   5. nahtloses Rohr   6. schnurloses Telefon   7. sonnenloser (neg.) Tag   8. treuloser (neg.) Verlobter 9. waffenloser Polizist

1. der verantwortungs*volle/-lose* Mensch   2. die geschmack*volle/-lose* Ein- **293** richtung   3. die liebe*volle*/lieb*lose* Behandlung   4. der sehnsuchts*volle/–* Brief   5. das vertrauens*volle/–* Gespräch   6. der takt*volle/-lose* Hinweis 7. das temperament*volle/-lose* Mädchen   8. die ehrfurchts*volle/-lose* Haltung 9. die effekt*volle/–* Darbietung   10. der vorwurfs*volle/–* Blick

1. ein dunkelhaariges Kind   2. ein blauäugiger Junge   3. eine dickschalige **294** Frucht   4. ein feinkörniger Film   5. ein gleichseitiges Dreieck   6. ein hochrädriger Wagen   7. ein langohriges Tier   8. ein kurzbeiniger Hund

1. vierflammiger Gasherd (ausgestattet mit 4 Flammen)   2. siebenarmiger **295** Leuchter (bestehend aus 7 Armen)   3. vierundzwanzigteiliges Speiseservice (bestehend aus 24 Teilen)   4. sechsseitige Beilage (bestehend aus 6 Seiten) 5. zweisitziges Sportflugzeug (ausgestattet mit 2 Sitzen)   6. dreizehnstufige Treppe (bestehend aus 13 Stufen)   7. achtfüßiges Tier (ausgestattet mit 8 Füßen; Krake!)   8. sechsspurige Autobahn (bestehend aus 6 Spuren) 9. zweiflüglige Tür (bestehend aus 2 Flügeln)   10. dreirädriges Fahrzeug (ausgestattet mit drei Rädern)

1. *grund*falsch   2. *felsen*fest   3. *nagel*neuen   4. *haar*scharf   5. *stock*steif **296** 6. *stein*reich ... *stroh*dumm   7. *baum*langer ... *spindel*dürrer   8. *spott*billig 9. *blitz*gescheit

1. spinnefeind sein = sehr verfeindet sein   2. lammfrommes Tier = harmloses, **297** gehorsames Tier   3. aalglatter Charakter = unpersönlich liebenswürdig, auch: listig   4. hundemüde sein = sehr müde sein   5. pudelnaß sein = völlig durchnäßt sein   6. rabenschwarzes Haar = tiefschwarzes Haar   7. bärenstarker Mann = Mann mit viel Kraft   8. sich mäuschenstill verhalten = ganz leise sein 9. mausetot = tot sein (scherzhafte Verstärkung)

bildhafte Wendungen:

(a) *wie ein begossener Pudel dastehen/abziehen* = beschämt sein, betrübt und enttäuscht sein: *Als das Mädchen den Tanz mit dem jungen Mann ablehnte, zog er wie ein begossener Pudel ab.*

(b) *wie die Katze um den heißen Brei herumgehen/herumschleichen/um den Brei herumreden* = die offene Aussprache scheuen, einer klaren Stellungnahme ausweichen: *Ich habe ihn wiederholt gefragt, wann er die Arbeit abgeben will, aber er geht wie die Katze um den heißen Brei herum und nennt keinen Termin.*

(c) *wie Hund und Katze zusammen leben/zueinander sein* = einander feind sein, in ständigem Streit miteinander leben: *Einige Monate war es eine große Liebe, und heute sind die jungen Eheleute wie Hund und Katze.*

298 **(a)** 1. *umweltzerstörende* Produktionsmethoden 2. ein *sonnenenergiegetriebener* Motor 3. eine *schmerzstillende* Tablette 4. einen *schneebedeckten* Berg 5. einen *blumengeschmückten* Tisch 6. *lautnachahmende* Wörter 7. einen *sinnentstellenden* Fehler 8. einen *fachbezogenen* Sprachunterricht

(b) 1. Die Mikrobiologen untersuchen Bakterien, die *Krankheiten erregen.* 2. Der Arzt verschrieb dem Patienten ein Mittel, das *das Herz stärkt.* 3. Dieser Motor, der *mit Luft gekühlt wird,* ... 4. ... die Stirn, die *mit/von Schweiß bedeckt* war. 5. die Direktorin, die *die Geschäfte führt* 6. Fleisch, das *von Fett durchwachsen* ist 7. Teller, die *mit der Hand gemalt* sind 8. Leinentücher, die *von Motten zerfressen* sind 9. Läufer, die *zum Start berechtigt* sind 10. ein Streit, der *die Nerven aufzehrt* 11. mit einer Stimme, die *von Tränen erstickt* war 12. eine mathematische Begabung, die *von der Natur gegeben* ist

(c) 1. *vom* Meer umrauscht 2. *mit* der Maschine geschrieben 3. *gegen* Stoß gesichert 4. *im* Dienst erfahren 5. *durch* die Konjunktur bedingt 6. *auf* die Gegenwart bezogen 7. *an* die Person gebunden 8. *mit* Eisen beschlagen 9. *des* Amtes enthoben 10. *von* Reben umsponnen

299 1. engen 2. schmal 3. eng 4. schmal 5. eng 6. schmales 7. eng 8. eng 9. eng

300 1. festem 2. festes 3. harten 4. hart 5. harten 6. hartes 7. hartes/festes 8. harte/feste 9. festen 10. fest 11. fester 12. hartes

301 1. genau 2. pünktlich 3. Pünktlich 4. genau 5. pünktlich 6. genau 7. pünktlich 8. genau 9. pünktlich

302 1. scharfe 2. spitze 3. scharfe 4. spitze 5. spitze 6. spitze 7. spitze 8. spitze 9. spitze 10. scharfe 11. scharfe 12. scharfe/spitze 13. scharfe/spitze 14. spitze 15. scharfe 16. scharfe 17. spitze 18. spitze 19. scharfe 20. spitze

303 1. schief 2. schief 3. schräg 4. Schiefe 5. schrägen 6. schräg 7. schiefen 8. schiefe 9. schief 10. schräg

(a) 1. bitter 2. süße ... saure 3. schal 4. saftig 5. ranzig 6. scharf **304**
7. fade 8. herb 9. prickelnden 10. versalzen
(b) Beispiele: *würzig:* Wurst, Suppe, Salatsauce, ...; *Käse:* weich, schnittfest, hart, ...; *Butter:* sahnig, ranzig, gesalzene, ...; *Kirschen:* sauer, süß, reif, ...; *süß:* Obstsaft, Kuchen, Sahne, ...

(a) 1. *verärgert:* entrüstet, erbost, mißmutig, verdrossen, verstimmt, wütend, **305** zornig
2. *traurig:* bedrückt, bekümmert, betrübt, kummervoll, schmerzerfüllt, verzweifelt, wehmütig
3. *erstaunt:* entgeistert, überrascht, verblüfft, verdutzt, verwundert
4. *hochmütig:* arrogant, hochmütig, hochnäsig

1. *ausdauernd:* beharrlich, beständig, hartnäckig, stetig, unentwegt, unermüd- **306** lich, zäh
2. *bescheiden:* anspruchslos, genügsam, mäßig, sparsam
3. *eigensinnig:* bockig, halsstarrig, querköpfig, starrsinnig, störrisch, stur, trotzig, verbohrt, verstockt, widerspenstig
4. *mutig:* beherzt, entschlossen, furchtlos, heldenhaft, heroisch, kühn, tapfer, unerschrocken, verwegen, waghalsig

1. überlegtes 2. gescheiten/schlauen 3. Geschickt 4. verständiger 5. wei- **307** se

Ich trage am liebsten sandfarbene Blusen aus Seide und helle Hosen aus Lei- **309** nen./...

(a) 1. gebrechliche 2. seltener 3. offenherziger 4. redselige/schwatz- **310** hafte 5. zartes 6. schlanker/dünner 7. kleinliche/geizige
(b) Mit einer Person verbindbar: blaß, ehrlich, geizig, mächtig

Antonyme: blaß – frisch, gesund, rosig, ... (Gesicht); blaß – dunkel, kräftig, tief, ... (Farbton); blaß – deutlich, anschaulich, lebendig, ... (Darstellung/Redeweise); durchlässig – dicht; ehrlich – unehrlich; entlegen – nah; geizig – großzügig; intakt – beschädigt, defekt, kaputt, ...; gespannt, gestört, zerrüttet (Verhältnis); mächtig – schwach; peinlich – angenehm, erfreulich (Begegnung); spät – früh; unwirksam – effektiv, effektvoll, wirksam, wirkungsvoll

1. blonde Haare (braune, dunkle/schwarze) 2. finsteres Gesicht (heiteres) **311**
3. gelenkige Glieder (ungelenkige/steife) 4. gerade Haltung (gebeugte/gebückte/geneigte/gekrümmte/krumme) 5. gerötete Wangen (blasse) 6. hohe Stimme (tiefe) 7. hungriger Magen (satter/voller) 8. zierliche Figur (dicke/ kräftige/mollige/vollschlanke)

(a) 1. unhöflich 2. schmutzig 3. fleckig 4. schal 5. kalt 6. hart, zäh **312**
7. stumpf 8. altbacken
(b) 1. pünktlich 2. ruhig/ausgeglichen 3. reichhaltig/vielseitig 4. rein
5. würzig 6. mehlig 7. freundlich/gesprächig 8. niedrig

313 1. echtes/wahrhaftes/wirkliches   2. objektiv/sachlich   3. langweiliger   4. notwendig/wichtig/bedeutsam   5. herzliche/warmherzige/freudige   6. langjährige/tiefe   7. leise/gedämpfte   8. seltener   9. aufgeschlossenen/kontaktfreudigen/offenherzigen   10. mit geringem/wenig Eifer

314 1. grobes/vollkörniges   2. bittere   3. reifes   4. dünnen   5. herbe/trockene   6. fett(ig)   7. eßbare   8. alte

315 1. kahle   2. bedeckter/bewölkter   3. ebene/flache   4. breiter   5. sonniger   6. grelles   7. tiefe   8. niedriges   9. trockene/karge   10. üppiges   11. dunkle/finstere   12. glattes/abgeschliffenes

316 1. *flach* (Land) → eben → gebirgig; *flach* (Wasser) → seicht → tief; *flach* (Urteil) → oberflächlich → gründlich; *flach* (Dach) → gerade → schräg;   2. *stark* (Erkältung) → schwer → leicht; *stark* (Dosis) → groß → klein; *stark* (Mauer) → dick → dünn; *stark* (Bursche) → kräftig → schwächlich   3. *schwer* (Musik) → ernst → heiter; *schwer* (Strafe) → streng → milde; *schwer* (Fieber) → hoch → leicht; *schwer* (Übung) → kompliziert → einfach;   4. *steif* (Kragen) → hart → weich; *steif* (Bein) → unbeweglich → beweglich; *steif* (Grog) → stark → schwach; *steif* (Empfang) → förmlich → herzlich   5. *matt* (Papier) → glanzlos → glänzend; *matt* (Interesse) → schwach → stark; *matt* (Licht) → gedämpft → grell; *matt* (Herzton) → leise → laut;   6. *frisch* (Hemd) → sauber → schmutzig; *frisch* (Butter) → neu → alt, ranzig; *frisch* (Luft) → sauber → verbraucht, abgestanden; *frisch* (Brot) → knusprig → alt, altbacken

317 1. Schönberg, Schöneck, Schönhausen, ...   2. Neustadt, Neu-Ulm, ...   3. Kleinaspach, Kleinmachnow, Kleinwallstadt, ...   4. Schwarzheide, Schwarzenberg, ...   5. Süßen, ...   6. Lauterbach, Lautertal, ...   7. Warmensteinach

318 1. unzufrieden/nicht zufrieden   2. –/nicht befreundet   3. –/nicht gleichgültig   4. unbekannt/nicht bekannt   5. unfreundlich/nicht freundlich   6. –/nicht streng   7. unglücklich/nicht glücklich   8. –/nicht erstaunt   9. –/nicht überzeugt   10. unverständlich/nicht verständlich

319 1. nicht laut und langsam genug   2. zu leicht   3. nicht hell genug   4. zu klein   5. nicht breit und hoch genug   6. zu kalt   7. zu wenig   8. nicht hoch genug

320 1. sauer   2. alte   3. groben   4. schwer   5. schwerer   6. süßer   7. große   8. gute   9. kleine   10. nüchtern   11. vollen

Quellenverzeichnis

S. 12: Anekdote nach: Buscha, Annerose und Joachim, *Sprachscherze. Anekdoten für den Ausländerunterricht,* Verlag Enzyklopädie, Leipzig 1979, S. 120.

S. 18: Karl Kraus, *Aphorismen und Gedichte,* Auswahl 1903–1933, hrsg. v. Dietrich Simon, Verlag Volk und Welt Berlin, Lizenzausgabe des Kösel-Verlages München, S. 32.

S. 44: Gedicht von Hildegard Wohlgemuth aus: Krusche, Dietrich/Krechel, Rüdiger (Hrsg.), *Anspiel. Konkrete Poesie im Unterricht Deutsch als Fremdsprache,* Inter Nationes, 1988, S. 29.

S. 46: Heinz Erhardt-Text aus: Heinz Erhardt, *Das große Heinz-Erhardt-Buch,* Goldmann-Verlag, Hannover 1970, S. 151.

S. 47: Heinz-Erhardt-Text aus: Heinz Erhardt, *Das große Heinz-Erhardt-Buch,* S. 152.

S. 85: Heinrich Hofmann, *Der Struwwelpeter (Die gar traurige Geschichte mit dem Feuerzeug),* Rütten & Loening, Frankfurt a. M. 1913, S. 6f.

S. 87f.: nach: *Meyers Neues Lexikon,* Bibliographisches Institut Leipzig; Text 1: nach Bd. 5, 1972, S. 225f.; Text 2: nach Bd. 10, 1974, S. 80f.; Text 3: nach Bd. 5, 1972, S. 269ff.; Text 4: nach Bd. 10, 1974, S. 379.

S. 99: Georg Christoph Lichtenberg, *Schriften und Briefe I, Sudelbücher,* Heft A, S. 39, Zweitausendeins, 1994, Lizenzausgabe des Carl Hanser Verlages München.

S. 102: Johann Wolfgang Goethe, *Gedichte,* Erster Band, Verlag Cotta, Stuttgart 1869, S. 88f.

S. 108: Anekdoten nach: Buscha, Annerose und Joachim, *Sprachscherze;* Text 1: S. 111, Text 2: S. 13, Text 3: S. 70.

S. 113: Gedicht von Gerhart Bücken aus: Krusche, Dietrich/Krechel, Rüdiger (Hrsg.), *Anspiel,* S. 14.

S. 116: Gedicht von Gerd Karpe aus: *Sächsisches Tageblatt,* 7. 2. 1987, S. 7.

S. 119: Friedrich Schleiermacher, *Räthsel und Charaden,* Berlin 1874.

S. 122: Anekdote nach: Buscha, Annerose und Joachim, *Sprachscherze,* S. 95f.

S. 130: Anekdote nach: Buscha, Annerose und Joachim, *Sprachscherze,* S. 84f.

Lesebogen

**Fiktionale Texte mit Aufgaben, Antwortblättern und
Lösungsschlüsseln für den Unterricht Deutsch als Fremdsprache**

Arbeitsmappe mit fertigen Unterrichtsentwürfen für literarische Texte in
3 Schwierigkeitsgraden, vor allem aus dem Bereich der Jugendliteratur
(kopierfertig).
Von K. van Eunen, J. Moreau, F. de Nys und M. Wildenbeest.
192 Seiten, DIN A4, im Ringordner, ISBN 3-468-49476-9.

Grammatikbogen

**Fiktionale Texte mit Aufgaben und Lösungsschlüsseln
für den Unterricht Deutsch als Fremdsprache**

Der **Grammatikbogen** enthält wie der Lesebogen eine Sammlung
didaktisch aufbereiteter literarischer Texte in 3 Schwierigkeitsgraden:
27 Unterrichtsentwürfe mit Aufgaben zu allen wichtigen grammatischen Themen der Grundstufe können in der Klasse ohne weitere
Vorbereitung des Lehrers eingesetzt werden. Die selbständige Bear-
beitungsmöglichkeit macht den **Grammatikbogen** darüber hinaus
auch für den Selbstlerner einsetzbar.
*Von K. van Eunen, J. Moreau, F. de Nys, B. Stenzel und
M. Wildenbeest.*
192 Seiten, DIN A4, im Ringordner, ISBN 3-468-49478-5.

Langenscheidt **L**
...weil Sprachen verbinden

Postf. 40 11 20 · 80711 München · Tel. 0 89/360 96-0